U0032434

思想

REFLEXION ㉚

宗教的現代變貌

編輯委員會

總　編　輯：錢永祥

編輯委員：王智明、汪宏倫、沈松僑、林載爵
　　　　　周保松、陳正國、陳宜中、陳冠中

聯絡信箱：reflexion.linking@gmail.com

網址：www.linkingbooks.com.tw/reflexion/

馬來亞制憲過程與族群糾葛：
一個憲政闕失的初步考察[1]

許德發

「……余感覺爲著余之優秀同事之名譽，余必須聲稱：對於現在形式之憲法完全不能負責，余必須讓其保持如此。」

——李特爵士（Sir Reid）

一、緒言：

二戰後，英國政府重返馬來亞，並於1946年擬定馬來亞聯盟（Malayan Union）憲法，之後為因應馬來人的反抗而於1948年代之以聯合邦憲法。不及十年間，即1957年馬來亞之獨立建國又催生了基本沿用至今的立國憲法。從二戰後至獨立這短短的十餘年間，馬來亞竟走完了許多國家需要付出昂貴的社會成本、歷經艱辛過程的立憲之路，此時段可以說是馬來亞政治史上的「軸心時代」。幾次重大的憲制確立了聯邦制度，亦標記著殖民統治之結束、更確立了馬來亞作為一個獨立國家的本質。

---

[1] 本文初稿曾發表於「重返馬來亞：政治與歷史思想」國際學術研討會，亞際書院「亞洲現代思想計劃新馬辦公室」主辦（吉隆坡：隆雪華堂），2014.8.1-2014.8.3。

　　西方國家諸如法國、英美的立憲歷史與戰爭、革命緊密聯繫著，
也因此它們的憲制是一種自然的演化，一種蘊涵著人民本身對自身
公民權利的掙扎與醒覺。馬來亞的憲制與許多第三世界國家類似，
卻是一種被賦予的，具有深刻的後殖民色彩，因此馬來亞雖屬於君
主立憲國體，而且行憲數十年，但與西方的憲政民主仍有一段距離。
實際上，**憲法易擬，憲政卻難行**。所謂憲政（constitutionalism），
又稱立憲主義，是時常與法治交替使用的術語，廣義而言，意指奠
定憲法運作基礎的實踐機制，狹義而言，則是明確界定以有限政府
和人權保障為其本旨的立憲精神[2]。易言之，憲政主義強調「公民」
權利，而且假設了民主、人人平等的基本前提，人民也以至高無上
的憲法作為國家認同的座標。一部堪稱符合憲政主義之宗旨的憲
法，應該是一部以人權憲章為核心、並以制度設計為配套的憲法[3]。
同時，由於憲制首先是一套民主秩序，權力屬於全體公民，並因此
形成公民對憲政之認同。「憲政認同」所指涉的是一國之內族群及
公民超越血緣、文化、宗教及地域認同，而以憲政為基礎架構，並
在此層面上，構成社會共同體，共享著基本價值、精神。以哈貝馬
斯的術語來說，其實就是「憲政愛國主義」，即指人民的愛國情緒——
指向熱愛憲法中所保障的自由人權與公平正義[4]。

　　憲政認同之建構對多元族群國家尤其重要，是其所面臨的基本
任務，故此，立憲基礎的關鍵並非去尋根或尋求原生血緣和族群意
識，而主要是考量賦予人民普及公民權，以促進公民不分族群地向

2　蕭高彥，〈國族民主在台灣：一個政治理論的分析〉，《政治與社
　　會哲學評論》，第11期，2004年12月，頁37。

3　蕭高彥，〈國族民主在台灣：一個政治理論的分析〉，頁37。

4　蕭揚基，〈公民身分與認同〉，《通識教育學報》，第4期，頁99。

國家歸屬與整合[5]。然而，在1950年代的馬來亞獨立憲法擬定之過程中，卻嵌入了過多的族群化想像與血緣歷史論述，使得馬來亞憲法烙印著族群主義之印記，多於上述公民憲政精神。種族族群主義對憲政的戕害似有其普遍性，但馬來西亞的個案卻更為尖銳，影響也更為真實深刻，本文即主要探討馬來亞獨立運動時期族群認同及政治權益之博弈，對立國憲法的影響與衝擊，如何使得憲政認同建構失去了先天條件。本文的研究途徑，主要聚焦於李特憲制委員會（Reid Commission）所提呈的《李特憲制報告書》及隨後的爭議與修訂，乃至馬來亞正式憲法確立之過程，並嘗試以思想史的角度分析此過程中所揭示的馬來亞憲政闕失，以及種族主義大潮與各族之間的憲政創造力量及資源之匱乏，對馬來西亞憲政進程的戕害。必須立即說明，此處所謂「憲政」是取上述狹義的定義而言。本文亦將借用葛雷的多元主義的自由主義視角[6]，再檢視《李特憲制報告書》，最後將指出種族主義與憲政之間的嚴重矛盾與緊張關係，並因此預示了馬來西亞憲政之路的維艱與難行。必須說明的是，限於筆者的研究領域和能力，本文僅從歷史與政治思想的角度論述，對馬來亞的憲法政治提出考察，尤其是針對極具爭論性的公民權、語言、宗教、基本人權等幾項攸關國家本質與普遍公民權利議題切入，而未能全面觸及憲法細節與技術層面。

5　蕭揚基，〈公民身分與認同〉，頁98-99。

6　John Gray, *Two Faces of Liberalism*, Cambridge: Polity Press, 2000. 中文版見顧愛彬、李瑞華譯，《自由主義的兩張面孔》，南京：江蘇人民出版社，2005。

二、馬來亞的憲法時刻：獨立建國與李特制憲

　　1956至1957年獨立前夕之制憲，對包括三大族群在內的各族群而言，都攸關他們自身在新興國度中的位置與權利，因為憲制不但關涉馬來亞的國家命運，而且亦關涉每個人的未來。在這異於平常、全民沸騰的時刻，它實實在在是一個創造國家根本大法（higher law）的重大「憲法時刻」（constitutional moment）。一個重大的憲法詰問——「何種國家、誰之憲制」——成了每個人以及群體需要面對的問題。

（一）何種國家、誰之憲制？

　　由於馬來亞人群的複雜性，當時人所面對的問題是：究竟馬來亞要建立「怎樣的國度？國家本質為何？」對此問題可謂眾議紛紛，各族群、階層都頻密動員，輿論活躍。要了解上述問題之所以是問題以及為何那麼重要，我們必須立即追問在此「憲法時刻」，社會現實與歷史基礎以及左右憲法取向的動力為何？顯然，由於馬來亞多元族群之事實以及各族群對未來國家建構之想像的不一致，導致了各種不同的憲制構想。這些重要構想包含巫統及其馬來建國主義、其他族群所期待的多元共生想像等等，皆指向了不同的、甚至是矛盾的國家本質期待。然而值得注意的是，此憲制卻受到兩大現實因素所限定。首先，制憲是英國非殖民化的一個過程，而這一段過程中民族主義運動形成了時代高潮，反殖民主義的力量（尤其共產黨）不斷加強，英國被迫採取憲制改革措施。在此特殊的憲制改革時期，不管憲制改革的程度如何，英國對殖民地的憲制改革與權力轉移仍有相當大的控制能力。在英國非殖民化過程中，其殖民地

總督的權力是決定性的。即使是在殖民地獨立前夕，總督的權力受到某些限制，但總督仍擁有諸多保留的權力，包括對殖民地立法機關通過的法律有否決權。從某種意義上講，英國掌握著憲制和權力移交的主動權，在一定程度上顯現於能夠選擇權力移交的方式與對象，並在被迫撤出殖民地時，英國往往寧願把權力交給相對比較溫和的民族主義政黨[7]。事實上，巫統或聯盟即是在這樣的後二戰背景下成為獨立與憲制談判的對象。其次，馬來民族假定此地乃「馬來人的馬來亞」，而英國也承認其宗主權奪自馬來統治者。在馬來民族主義之論述下，馬來「人民」在形成民族（國族）之後，便成為制憲活動之主體——馬來人是具有制憲權的民族[8]。具有主權的「民族」同時成為憲制之權力根源後，馬來亞憲法之天秤注定要往親馬來人方向傾斜，而這正是獨立制憲的社會與歷史基礎所在，也是其他族群憂患之所在。

現實如此，不難理解李特憲制委員會為何被規定了制憲工作的綱領與範圍。英政府根據與聯盟政府的倫敦協議之規定，於1956年3月8日成立了一個憲制調查團，負責草擬馬來亞的憲法以因應快速的獨立步伐。被譽為20世紀一位偉大法律界專才的李特勳爵（Lord William Reid）被委任為調查團之主席，在各州蘇丹與聯盟政府的同意下，調查團之團員委定如下：詹甯爵士（Sir Ivor Jennings英國）、麥克爾爵士（Sir William McKell 澳洲）、馬力大法官（Hakim B Malik 印度）、阿都哈密大法官（Hakim Abdul Hamid 巴基斯坦）。憲制

7　張順洪，〈英國的反殖民化〉，《世界歷史》，1996年第6期，頁3。

8　有關「制憲權」的相關論述，參閱蕭高彥，〈共和主義、民族主義與憲政理論〉，《政治科學論叢》，第27期，2006年3月，頁124。亦見氏著〈台灣的憲法政治：過去、現在與未來〉，《二十一世紀》，2005年12月號（總第92期），頁28-43。

調查團被規定的工作綱領爲下列五點原則（依據「1948年聯合邦協定」）：

1. 建立一個強有力的中央政府，州及殖民地（檳甲）可享受相當程度的自治，中央政府與州及殖民地之間，對憲法中指定之若干財政事項，設有協商之機構。

2. 維護各州蘇丹作爲各州憲制統治者之地位與威信。

3. 由各州蘇丹中選出一位聯合邦的最高憲制元首。

4. 建立聯合邦全境的共同國族地位（nationality）。

5. 維護馬來人之特殊地位，及其他民族之合法利益。[9]

顯而易見，此五點原則主要是對應於前面提及的有關憲制兩大現實因素而出現的，即：除了強中央、弱地方之外，最重要的是馬來統治者的主權及馬來人的特殊地位。然而，一方面既要保障馬來人特殊地位、統治者地位，又要建立不同族群的共同國族地位，這本身已經內涵難以融合的困境[10]。

同年5月27日，李特勳爵抵達吉隆坡做調查。他向記者宣稱：「將以一個若谷之懷，絕不存有半點成見來處理此事，而政府亦予以絕大之自由……」，然而有關團體和個人所呈遞的備忘錄，似乎也只允許在上述「1948年聯合邦協定」所規定的基礎上提出建議。由於

9　*Report of the Federation of Malaya Constitutional Commission*, Rome: Food and Agriculture Organisation, 1957, p. 2. 本文有關「李特憲制報告書」論述，主要參閱拙作〈大局與獨立：華人社會在獨立運動中的反應〉，文平強編，《馬來西亞華人與國族建構》，吉隆坡：華社研究中心，2009，頁92-98。

10　實際上，另一明顯的矛盾是，既要維護各州自治地位，同時又要建立強有力的中央政府。可參閱：Ratnam, K. J., *Communalism and the Political Process in Malaya*, Kuala Lumpur: University of Malaya Press, 1965. pp. 57-58.

局限在這個範圍內，輿論擔憂人民公意不可能完全充份的表達[11]。
調查團一共收到英國、蘇丹、聯合邦政府、聯盟、全馬華人社團、
各政黨、團體及個人之備忘錄一百三十一份，而面見提供意見者則
有三十一個單位[12]。1956年秒，調查團團員分批離開馬來亞，到羅
馬聯合國辦事處起草憲制報告書[13]。李特憲制報告書於1957年2月20
日正式發表。可是出乎意料的是，報告書的最顯著特點是它一方面
維持馬來人特權，但另一方面又強調法律上平等的原則，給予馬來
特權時間限制。客觀而言，在上述「兩大現實要素」的語境下，該
報告書可說做出了相當「大膽」的建議，即主要認為：

（一）馬來特殊地位：

　　憲制委員會鑒於過去簽訂的條約（指「1948年聯合邦協定」）
以及調查之發現，反對將現時制度（馬來人特權）延長一段時間者，
為數甚少（但卻有很多方面反對增加現有優惠及繼續過度延長），
而且突然撤銷馬來人特權將置馬來人於嚴重不利之地位，因此建議
應當繼續施行十五年。但特別聲明，在這期間不得再增加馬來人保
留地，其他優先權（preference）如政府職位的「固打」（配額）限
制，若干商業准證及獎學金方面不得增加，也不得擴大。15年後，
政府應負責提呈報告，讓立法議會決定是否要保留、削減或完全終

11　《中國報》，1956年8月25日。

12　呈交備忘錄的機構包括多個今天已不復存在的組織，諸如歐亞人聯
　　盟（The Eurasian Union），馬來亞出生之印度人組織等。*Report of the
　　Federation of Malaya Constitutional Commission*, p. 3, 107-110.亦見
　　〈英馬雙方昨同時發表 李特制憲報告書〉，《南洋商報》，1957
　　年2月22日。

13　李特爵士表明，選擇去羅馬而非英國，是為了不與任何人磋商，以
　　使得憲法之草擬「絕對獨立」。（《南洋商報》，1956年10月26日。）

止馬來人的優先權[14]。

　　同時，必須指出的是：李特憲法草案中並沒有賦權最高元首保護馬來特殊地位，也沒有獨立憲法所謂的「馬來特殊地位」的名目，及底下獨立的單一條款（如獨立憲法的153條款），而是把所謂的「馬來特殊地位」分為82及157條款，分別列明馬來保留地及固打制（即公務員、獎學金及准證），[15]這是與獨立憲法非常重要的差別之處。157條款甚至以「臨時和過渡規定」（temporary and transitional provisions）列於憲法草案中[16]。

（二）公民權與歸化：

　　馬來統治者的臣民（subjects，即馬來人）及於獨立日或以後在聯合邦出生者，自動成為公民。但委員會不接受非馬來人所提出的出生主義，因此於獨立日之前在本邦出生者，若在申請前七年中有五年居住於本邦，並略懂馬來文者，可登記為公民。但重要的是建議，若獨立後一年內提出申請公民權者，獲得豁免語言考試。

　　同時，在獨立日居住於本邦者，若申請前之十二年內有八年居住於本邦，並且略懂馬來文，亦可登記為公民，但如果年齡四十五歲或以上者在獨立後一年內申請公民權，也將獲得豁免語言考試，這與華團的五年雖要求不同，但卻接受華團對語言考試的建議[17]。

（三）國語與官方語言：

　　馬來語為聯合邦國語，並在未來十年內，英文繼續作為官方語文，十年之後再由國會決定其地位；至於華團及其他族群的華文、

14　*Report of the Federation of Malaya Constitutional Commission*, Kuala Lumpur: Government Press, 1957, p. 72.

15　上引 *Report*, pp. 150-151, 183.

16　上引 *Report*, pp. 181, 185.

17　上引 *Report*, pp. 14-17.

印度文列為官方語言建議，則不被接受。但是值得注意的是，在議會中可用母語發言，為時十年，但議會主席必須是能通曉該語言者。政府通告、佈告及其他文件，應如過去般如常維持使用中文及印度文[18]。

（四）國教之規定：

委員會基本上認為不需要規定回教為聯合邦國教，但委員會成員之一阿都哈密法官（巴基斯坦人）一人認為新憲法應明文規定回教為本邦國教，報告書附錄其意見。報告書同時指出，蘇丹會議並不贊成列明回教為國家宗教[19]。

在教育方面，李特委員會規定，任何公民不能由於種族、宗教、出身，或出生地的原因，而被拒絕就讀於政府維持的任何教育機關；也不能因為歧視之理由而拒絕提供本邦公民教育財政援助。此外，也值得注意的是，委員會並沒有規定蘇丹議會（馬來統治者會議）之體制與任務，這可被視為已淡化了馬來蘇丹地位。質言之，李特憲制報告可說已把國家本質、國族基礎含混化、模糊化，很大程度上淡化了馬來性在新興國家的作用，同時減弱了馬來特殊地位，並稍微增進了其他族群的權利[20]。

---

18 上引 *Report*, p. 14.

19 上引 *Report*, p. 73. 有關李特報告，亦可參閱《南洋商報》，1957年2月21日，第九、十版。此外，蘇丹議會掌璽大臣曾針對「國教」一事發表文告澄清，蘇丹議會認為回教不適合列為聯合邦國教，因為這將侵犯各州及其政府單獨處理回教之權利。這是因為，一、各州均設回教首長，回教已經在各州憲法間設立；二、現在法律及新憲法之辦法，回教保留為各州之事宜。（〈掌璽大臣澄清，關於回教問題〉，《南洋商報》，1957年2月22日第九版。）

20 可參閱 Ratnam, K. J., *Communalism and the Political Process in*

（二）檢討歷史，含混的國家本質

　　李特報告雖然接受大部分聯盟政府之建議，但這樣的結果事實
上還是使聯盟、甚至可能連馬來亞殖民當局也感到錯愕。李特憲制
委員會的出發點不完全是基於英國所給予上述的五項原則要點，而
實際上，報告書自稱：

　　　調查團在草擬報告時，經常注意及兩項目的：其一，必須有最
　　　充分之機會，發展爲團結、自由及民主之國家；其二，予一
　　　切之方便以開發國家之資源，維持及改善人民之生活水準。而
　　　此目的只能由人民自力而達到，調查團之工作，乃使到結構盡
　　　量符合此種成就。調查團不但檢討過去歷史，而且檢討現今
　　　社會及經濟之情形。在改變政治及行政之形式時，所提建議，
　　　必須合乎實際，以及對每一社會成員公允。[21]

　　上述兩項原則其實說明了李特委員會重視民主與公民權利（第
一項）以及資源的開發與公平分配（第二項）。第一個目標毫無疑
問是典型的民主憲法原則，第二個目標則說明當時的現實是憲制委
員會所清楚意識到的：他們需要調和與折衷理想和現實之間的平衡
[22]。這其實可說符合自由主義者強調憲政主義的基本原則，而這兩
項原則似乎又有違馬來特殊地位，對此張力與複雜性，李特憲制委
員會在思索憲法時頗為用力：

（續）──────────────────
　　　Malaya, p. 58.
　21　《南洋商報》，1957年2月21日，第9版。
　22　Abdul Aziz Bari, "The Evolution of Malaysian Constitutional
　　　Tradition," *ASLI Inaugural Conference*, 2004, p. 183.

......吾人認識維護巫人特別地位，以及其他種族權益之重要，
吾人對此問題曾特下工夫考慮之。[23]

　　然而很值得注意的是，李特憲制委員會的「檢討過去歷史」決
定。實際上，馬來特殊地位就是立基於馬來原地主義者的「歷史論
述」，認為馬來人是土地之子以及對馬來亞具有主權。「對歷史之
檢討」似乎揭示，李特憲制委員會並沒有完全依照英國政府與聯盟
政府的「意願」行事，儘管他確認了「馬來主權」（承認蘇丹地位、
馬來特殊地位、馬來文作為唯一國語），但又對之作出限制或不作
出規定（特權十五年限期、不可增加及擴大固打、沒有特別的「馬
來特殊地位」專款，沒有聯邦宗教、淡化蘇丹議會任務、強調國語
政策實行的過渡期以對各社群公平）[24]，而同時強調「**對每一社會
成員公允⋯⋯**」[25]之原則（議會語言十年限期、沒有聯邦宗教、公
民權資格放鬆、教育及機會平等），在更大程度上「承認」其他族
群、社群的公民地位與身分[26]。李特憲制委員會主觀的核心關懷似
乎在於：如何在各族利益分歧的狀態中，創造後殖民馬來亞新的政
治秩序。
　　該報告書之建議出台後，得到許多正面的回應。依據當時的媒

23　《南洋商報》，1957年2月21日，第9版。

24　《南洋商報》，1957年2月21日，第8版。

25　《南洋商報》，1957年2月21日，第9版。

26　有關華人社會的要求「承認」，可參閱拙作〈「承認」的鬥爭與華
　　人的政治困擾〉，文平強、許德發編，《勤儉興邦——馬來西亞華
　　人的貢獻》，吉隆坡：華社研究中心，2009。

體報導，法律界認為它並非革命性、新奇之文件[27]，但是一般輿論
大體上卻認為它溫和、合理、平衡：

> 總而言之，對問題大部分之處理，都係循聯盟及蘇丹議會所提
> 供之意見，在大體上，該報告書可說得上夠公允。自然，一件
> 如斯重大之問題，當不會使各方面滿意，其中最顯著者，馬來
> 人對其特權，就現行實施，只保留十五年，當然會不滿。其次
> 回教之未列入為國教，將有煩言。華人方面，對出身地公民權
> 之被忽略，自表不甚滿意。渠等指出調查團之苦心孤詣，在予
> 年青之獨立馬來亞國以健全之基礎，甚屬可嘉。憲制調查團要
> 尋途徑，加強中央政府之權力，但同時賦予十一州之寬大之自
> 治權力，無疑為一件艱鉅之工作。就公民權問題，調查團之建
> 議，已超越聯盟之意見，而對申請公民權之語言考試及宗教問
> 題，調查團亦難免有越俎代庖之嫌。所以渠等希望果真以馬來
> 亞為永久家鄉及矢誠矢忠於斯之馬來亞人士不會興波作
> 浪。……顯然，李特憲制調查團以巧妙之手法，將世界最優良
> 最偉大之民主，移植於年青及健康之馬來亞。[28]

從報導上分析，首先須注意的是：報告書「就公民權問題，調
查團之建議，已超越聯盟之意見，而對申請公民權之語言考試及宗

27　〈李特憲制報告書，並非革命性文件〉，《南洋商報》，1957年2
　　月21日，第9版。著名律師Tommy Thomas亦有類似的評語，而且認
　　為它寫得「優雅、清晰及流暢」，見"The Social Contract: Malaysia's
　　Constitutional Covenant," 14th *Malaysian Law Conference*, 2007, p. 22.
28　見〈吉隆坡一般輿論 大體上認為合理〉，《南洋商報》，1957年2
　　月22日第9版。

教問題，調查團亦難免有越俎代庖之嫌」，說明當時輿論已注意到李特報告書的「逾越」。各主要憲制博弈力量，包括馬來人及華人也都有不滿意之處。但顯而易見，這是一個相對中肯、兼顧歷史（馬來主權）與現實（多元事實）、對各方平等的妥協文件。事實上，在現代社會中，就憲政認同而言，需要承擔現實社會資源競爭、分配、整合與矯正，並賦予資源配置正當性、合理性與合法性的功能，也需要承擔人類生存的價值需求與精神依賴的功能。正是這種功能，使得各民族共同體中的個體能超越特定民族文化而感受到安全、和平、自尊與被尊重[29]。以此論之，上述四點原則大體在肯認某些歷史因素下，把馬來亞未來歸途導向一個相對符合普遍公民理念的社會，強調資源分配的公平正義，在承認馬來群體的既得利益之時，同時使非馬來群體的安全與自尊更具未來可能性。

在李特憲制報告書中，委員會完全意識到，在馬來特殊地位與建立民主方式的政府之下的普遍國民身分之間有所矛盾[30]。該報告書曾言明，前述英國政府所限定的五點憲制綱領第5點（維護馬來人之特殊地位），與第4點（建立聯合邦全境的共同國籍）是有矛盾的[31]。第4點內含建立一個民主政府及平等的社會，但又要兼顧馬來特殊地位，那是艱難的。從理論上而言，其實李特憲制報告書是把馬來特權及（議會）語言問題此兩項難以獲得永恒有效的普遍共識之

29　涂少彬、肖登輝，〈憲政認同：民族認同的現代性轉向〉，《河南省政法管理幹部學院學報》，2009年　第4期。

30　*Report of the Federation of Malaya Constitutional Commission*（Rome: Food and Agriculture Organisation），Kuala Lumpur: Government Press, 1957, p. 71.

31　*Report of the Federation of Malaya Constitutional Commission*, p. 71.

問題，做了「暫定協議」的處理[32]，以求得一個能維持和平但符合
起碼合法性的情境，而將真正的「憲政共識」寄望於未來。此處乃
借用葛雷的術語，而葛雷主要是站在多元主義的立場，認為人類價
值理想多元，而且這些理想可能不斷衝突，難以妥協，也難以說哪
一種更有價值[33]。葛雷雄辯的指出，「權利所保護的人類利益有著
太多的差異和衝突，從而使這樣一種理論（無所不包的權利理論）
成為不可能」，而且建立同質性國家會大規模違反基本人權[34]。李
特憲制委員會相當清楚，馬來特殊地位儘管與普遍國族概念相衝
突，但是涉及既得利益與歷史協議，又考慮到馬來人當時的落後，
難以陡然廢除，是以他提倡追求非單一理性共識的理想，代之以承
認差異、尊重差異的社會「暫定協議」，把其列為憲法草案中的「臨
時和過渡規定」。同時，李特報告書也規定各語言、宗教以自由及
平等原則：「……法律不得因宗教、種族、家世或出生地理由，而
有何歧視，政府或公共機關亦不得以上述理由在決定委任、合同或
是允許進入任何教育機關或發出有關學生財政援助時，有所歧視。」
[35]。實際上，馬來人及其它各族群的許多利益及建國想像，可說是
處於一種價值理想多元呈現的狀態中，難以獲得徹底的化解、安頓
與妥協。這些問題似乎是無法通約共量的，因此「暫定協議」更為

32 John Gray, *Two Faces of Liberalism*, Cambridge: Polity Press, 2000. 中
國大陸的譯本則把modus vivendi翻譯為「權宜之計」，見顧愛彬、
李瑞華譯，《自由主義的兩張面孔》。
33 John Gray, *Two Faces of Liberalism*. 亦參見江宜樺，〈擺盪在啟蒙與
後現代之間——評John Gray著，蔡英文譯《自由主義的兩種面
貌》〉，《政治與社會哲學評論》，第6期，2003年9月，頁239-248。
34 顧愛彬、李瑞華譯，《自由主義的兩張面孔》，頁151、171。
35 《南洋商報》，1957年2月21日，第九版。

符合中道與多元形勢之所需[36]。

三、憲政闕失：種族（特殊）壓倒平等（普遍）

然而誠如前述，李特憲制報告書發表後，馬來人甚不滿意，《每日新聞》與《前鋒報》批評十五年條款，這使得聯盟政府受到極大壓力[37]，蘇丹也對其權力相對減少甚為不滿[38]，首席部長東姑因此出面說明李特憲制報告還得經過英國、聯盟政府及蘇丹議會三方面的通過。以馬來人為主的國民黨、泛馬回教協會，及馬來亞人民黨認為，如果接納該報告書，無異將馬來人擠出馬來亞。該三政黨擬聯成一條陣線，以應付此問題。事實上，他們尚未正式仔細研究李特報告書，即已對馬來人特權限定為十五年表示失望。據報導：

> 爾等指出，馬來人特權並非創舉，而系自蘇丹與英廷簽署第一
> 次之協定，即有此規定，自憲制成立後，馬來人之特殊地位，
> 並無改變，數百年來，馬來人之特殊地位，少有變更，何以今
> 年竟限定之享受十五年。[39]

36　江宜樺上引文，頁239-248。

37　這裡必須立即說明的是，聯盟政府在會見李特憲制委員會時，曾口頭通知「馬來特殊地位十五年審查」事項。但由於強大的馬來批判聲音，而最終在憲草中修改此條款。（見Tommy Thomas: "The Social Contract: Malaysia's Constitutional Covenant," p. 24-25.）

38　Tommy Thomas: "The Social Contract: Malaysia's Constitutional Covenant," p. 27.

39　見〈馬勞工黨及巫人政黨不滿李特憲制報告書〉，《南洋商報》，1957年2月24日第12版。

拿督翁嘉化（Onn Jaafar）也指出，他初步研究憲制報告書的印象是「馬來人徹頭徹尾被出賣」[40]。此外，華人社會也表示不滿的，主要是出生地主義的公民權原則及官方語言建議不被接納。至於馬來特權，雖與華人要求平等待遇不完全一致，但因有限期，倒沒有引起太大的怨言[41]。

阿倫特（Hannah Arendt）曾認為，美國的被殖民經驗是美國立憲的基本歷史要件，她也強調殖民地的居民自我構成各種「政治體」（civil bodies politic），對於未來的極端重要性在於形成了一個新的政治領域，並在不具有、也不宣稱主權的情況下，得以享有權力，有資格主張應有之權利[42]。但是在馬來亞，歷史條件完全不一樣。誠如前述，對馬來人而言，他們具有某種程度的「制憲權」，他們也是原地之子，這一點也為英國人所承認，而且已經彰顯於「1948年的聯合邦協議」之中。東姑阿都拉曼在獨立前夕曾就公民權事宜明確指示，英國政府必須把國家主權歸還馬來人，再由馬來人決定是否賦予其他族群公民權[43]。據報章報導，當時存在一個重要的說法是，殖民地欽差大臣曾針對華人公民權利益對馬華公會總會長陳禎祿說，只要巫統說「Yes」，英國這方面就沒問題[44]。因此李特憲制報告書公佈後，欽差大臣大概出於安撫的目的，立即指出李特報告書是可以修改的、未確定的，[45]並指出依照程序，李特報告書發

40　〈馬勞工黨及巫人政黨 不滿李特憲制報告書〉，《南洋商報》，1957年2月24日第12版。

41　崔貴強，《新馬華人國家認同的轉向，1945-1959》，廈門：廈門大學出版社，1989，頁405。

42　引自蕭高彥，〈共和主義、民族主義與憲政理論〉，頁134。

43　見拙作〈「承認」的鬥爭與華人的政治困擾〉，頁239。

44　拙作〈「承認」的鬥爭與華人的政治困擾〉，頁239。

45　《南洋商報》，1957年7月22日。

表後，將先由各州蘇丹、聯盟政府及英政府三方面代表組成十一人工作團，作初步的考慮，然後再由蘇丹議會、聯合邦行政會及英政府作進一步的審查[46]。最後，始向聯合邦立法議會及英國國會提出，尋求正式通過。這個程序其實說明了李特制憲報告書在這些一道一道的制憲程序中，處處都得經過既定政治實力與意識形態的左右與制衡。

（一）制憲權與國家本質、特別地位的再確認

果不其然，經過長達五個月的政治談判與妥協，最終李特報告書被刪改至少高達40%，其中包括馬來特權被無限期保留及華、印語被允許為議會語言十年被除去，回教國家化入憲等等[47]，以致後來李特爵士本人也公開嚴正表達對新憲草持不承認的態度，並認為這是英聯邦國家中最不具水準的憲法。李特勳爵在7月29日英國國會上議院二讀通過馬來亞獨立法令時，激烈批評新憲法的修改，並提出抗議[48]，指他完全不對此憲法負責，「余並不因此項修改而氣惱，但此項憲草遠不及吾人在政府法案中所慣見之高水準」，「又謂：余感覺為著余之優秀同事之名譽，余必須聲稱：對於現在形式之憲

46　「李特憲制報告書正式呈遞英女王及九州蘇丹後，於2月21日發表，嗣後為英政府、蘇丹議會及聯合邦政府之事務，研究其建議，尋求三方面之同意，以接納或修正之。隨即成立一個十一人工作委員會，包括聯合邦欽差大臣，輔政司，律政司及蘇丹與聯合邦政府兩方面各派四代表，自2月22日至4月27日之間，曾開過二十三次會議，向蘇丹會議報告三次，即3月14日，4月10日及5月7日三次，向聯合邦行政會議於5月3日及6日報告共兩次。」閱〈憲制白皮書全文〉，《南洋商報》，1957年7月3日第九、十版。

47　《南洋商報》，1957年7月3日。

48　《星洲日報》，1957年7月31日。

法完全不能負責，余必須讓其保持如此。」又謂，「修改之處大部
分係小節，但余認為，新形式遠不若吾人所建議者明晰」[49]。今天
回眸重看，馬來亞人或許虧欠了李特委員會五個委員[50]。無論如何，
形勢比人強，英國政府、蘇丹會議及聯盟政府三方面代表組成的憲
制工作團最終通過了新憲法草案。新草案與白皮書遂於1957年7月2
日在倫敦與吉隆坡二地同時發表。

在新憲制草案中，主要針對李特憲制報告書做了以下幾項主要
修訂：

（一）有關公民權方面：

大致接受李特憲制報告書的建議，但最重要的是，它加入一條
限制，即**申請歸化者需要部長的審批**。這也與華團要求居住期五年
有差距。

（二）關於語言問題：

（1）對李特報告書最重要的修改是取消有關在獨立後十年內，
允許有條件的在立法會議以華語或印語發言。

（2）任何人不受阻止或禁止以應用、或教授，或學習任何語言；

（3）列明聯合邦與州政府須保護與扶助其他任何民族語文的應
用與學習。

（三）馬來人特殊地位：

（1）取消李特憲制調查團建議馬來人所享有的優先權之十五年
限定，使得馬來特殊地位成為永久性。但建議改為由最高元首隨時

---

49 《南洋商報》，1957年7月31日。

50 Tommy Thomas也說過「後代欠了李特委員會等五人」，但他是針
    對李特接受聯盟之建議，尤其有關「社會契約」及其「憲草之高雅、
    清晰與流暢」的貢獻而言。見The Social Contract: Malaysia's
    Constitutional Covenant, 14th *Malaysian Law Conference*, 2007, p. 22.

檢討之。

（2）加入條款規定最高元首須負責維持馬來人的特殊地位，以及其他民族的合法權益。同時，在執行此責任時，應根據內閣的意見行事。

（3）最高元首可以指示及保證「合理」固打或比例。除此而外，國會沒有權利單純為了保留「固打」額給馬來人之目的，而對商業施行限制。

（四）關於宗教方面：

（1）修改李特報告書沒有國教的建議，而**以回教為本邦國教**。

（2）規定最高元首為馬六甲、檳城二州的回教首長[51]。

　　顯然，上述幾項重大修改，把國家的本質再確定為馬來人的馬來亞，馬來蘇丹權力更為鞏固、馬來人獲得了永久、無限期的特殊地位，同時回教列為聯邦宗教，少數族群語言更不是議會語言，這可說基本回歸到1948年馬來亞聯合邦協定的老路。實質上，現代憲政體制須確認公民身分所涵蓋的權利與義務，以此宣示、體現基本憲政價值[52]，但新憲草規定某些群體之間的公民權利差別固定化，其實說明了國家本質的馬來民族化。馬來性（Malayness）的三大支柱即語言（馬來語）、宗教（回教）及王室（蘇丹），加上「馬來特殊地位」得到了憲法的再確認，從此確立了馬來主權作為憲法主體精神，淡化了李特憲制對馬來亞作為一個相對符合公民憲政國家的制度設計。正如論者所指出的，「1957年，《馬來亞聯合邦憲法》

51　〈憲制白皮書全文〉，《南洋商報》，1957年7月3日第九、十版。

52　錢永祥，〈承認是一項憲政價值嗎？——論承認的政治性格〉，《動情的理性——政治哲學作為道德實踐》，台北：聯經出版公司，2014，頁177。

反映了國家性質的變化。在過去和現在，我國就是一個奇異的組合：
它是自由民主的理想和種族性優惠待遇，這兩者相結合的產物。它也
含有宗教元素（例如：穆斯林個人法律，是根據以伊斯蘭經文爲根基
的伊斯蘭法律所制定的），這些看來是和憲法第4條相牴觸的。」[53]

　　據《南洋商報》的報導，「原被本邦三大民族認為堪稱公允之
李特報告書所建議各項，經包括英國代表、蘇丹代表及聯合邦政府
代表組成之工作委員會，作多度之會議研究後，已將其建議作將近
四十巴仙之修正。有兩項在原則上作重要之修改，即為加強馬來人
特殊地位之保障，由國家元首負責保證之，所規定馬來人享有之特
殊地位，列入為永久性，另一項則以巧妙之措辭，否定議會使用多
語言制度，即為李特憲制報告書所建議擬定十年期限，應予有限度
之權利，在議會中以華語或印語發言，而改以將不禁止或防止任何
人使用（惟官方語言例外）或教授或學習任何語言，其次，為聯合
邦及州政府有權保持及支持在聯合邦內，使用或研究任何民族之語
言。」[54] 與此同時，憲制白皮書暨憲法草案公布，聯盟及蘇丹一致
稱讚，東姑稱新憲法已爲本邦獨立奠下良好基礎。東姑呼籲給與新
憲法機會，將多元民族之本邦建立爲統一的國家。東姑指出，巫人
所持有者乃目前經已享有的而已。彼等並無獲得新東西，或增加些
什麼[55]。

53　Azmi Sharom, "Broken Promises: The Malaysian Constitution and Multiculturalism," paper presented at "Revisiting Pluralism in Malaysia" a seminar organised by the South East Asian Studies programme, National University of Singapore, Singapore, 9-10 July 2009.

54　《南洋商報》，1957年3月7日。

55　《南洋商報》，1957年7月5日。

　　顯然易見，「1948年聯合邦協議」在此中起了深遠的決定性影響，它可說對馬來社會普遍上造成一種既得的（status quo）的心理底線，使得任何現狀的變化難以進行。馬華公會的陳修信在稍後的立法會議上也指出，「馬來特權已在馬來亞聯合邦協定下賦予，無人願意放棄既得利益，而馬來人聰慧、有自尊心，因此時機到來，他們會自動放棄。」[56]由此可見，「既得利益觀點」應該是一道重要的憲制修改的依據。有趣的是，陳修信進而指出，「吾人長遠之興趣，乃支持任何改善巫人經濟地位之措施。馬來亞四分之三為原林，可以養活兩倍本邦人口，故巫人特殊地位，無人會受到損失……。」[57]

（二）憲政（限權）力量的低聲與匱乏

　　上述憲法草案及白皮書除了在國內被直面批評之外，英國本土的媒體也有許多不同的評價。《曼徹斯特衛報》對此有極為持平的評述，直截了當指出，新憲制盡量迎合了馬來人針對華人而提出的保障要求，「當然，馬來亞的馬來人心平氣和下獨立是件好事，而將他們的恐懼消除，也是適當的。」[58]但它進而問道，「……馬來人為了本身的利益，堅持目前憲制草案中的一切條文，是明智的嗎？棘手的就是那些有關公共服務、土地擁有權及公民權的規定。」而且，「白皮書內的公民權規定，比李特調查團所擬定的條文使華人更難獲得投票權。李特調查團的建議是非在本邦出世，但有公民權資格者，即能申請為公民；而現在的白皮書卻規定，他們的申請須

56　《南洋商報》，1957年7月11日。

57　《南洋商報》，1957年7月11日。

58　〈批評馬憲制白皮書，認為偏重巫人要求〉，《曼徹斯特衛報》，
　　引自《南洋商報》，1957年7月5日。

由負責的部長裁決。」[59] 但更爲重要的是，它指出「聯盟中的印度
人，可能會分享一些與華人同樣的遺憾」，「華巫印三大民族至少
可以發現到，在目前的制度下，他們可能過著一種互相容忍的生活」，
然而「要達到這樣，其條件爲較大民族不應彼此相迫太甚。」[60] 倫敦
《泰晤士報》則在社論中批評憲制修正草案，「如果保證的條件能
好好地解釋的話，華人可能樂於讓馬來人治理聯合邦，而他們卻繼
續經營馬來亞的大部分生意。」「……在獨立後的馬來亞憲制下，
華人的政治形勢，還是一個未知數。」[61] 從這些外報評論可知，憲
制白皮書是極具爭論性的，尤其是公民權限制及馬來特權等課題，
許多輿論都將其與李特憲制報告書做對比，可見李特報告的某些「暫
定協議」處理方式是中間輿論較可接受的、最好的權宜之計[62]。

　　1957年7月10日，憲制白皮書在馬來亞議會中提出時，曾引起一
番辯論，但終於通過被接納。7月19日，在英國國會中，也在數位議
員針對「平等」與宗教、語言提出質疑與辯論。保守黨議員得禮生
更提出更改的動議，以符合平等待遇的原則，即各族獲同等公民權、
信仰自由及准許其他語言爲官方語言。保守黨女議員維克斯小姐則
指出，根據李特憲制報告書，各民族具有平等權利與機會，沒有區
別，但憲法白皮書則未完全如此。工黨蘇連生提出，希望多種語言
獲得承認至少一段時間，他進而指出甚至華人尤其年長者反對學習
馬來文，希望此點得到重視。他也提出，回教即便列爲國教，也應
該予其他宗教絕對自由。保守黨的培茲氏則謂：「一些危險先例一

59　引自《南洋商報》，1957年7月5日。

60　引自《南洋商報》，1957年7月5日。

61　《南洋商報》，1957年7月4日。

62　見拙作〈大局與獨立：華人社會在獨立運動中的反應〉，頁102。

經訂下,即減少了一些公民權利,印度人很多方面處不利地位。」[63]
工黨的前殖相克裏芝若思士對反對黨的一些同情的修改建議表示同
意。他指出,「對於公民權、宗教、土地規定發生了極大的不安,
許多議員接獲馬來亞一些負責任團體代表的信件,說明憲制報告書
對某些種族有不公之點。這些團體代表希望至少一些法案必須訂
立,以保全各民族的平等待遇。」[64]然而,殖相波藹在答覆時則回
應道:「有關消除種族及宗教的仇視,今後將盡力鼓勵……。」[65]但
他言道,「公民權(之達致協議)乃不同方面應用良好態度造成之
結果。」對於語言的承認方面,他認為若依照要求,實際上是承認
多個語言而非一種語言,因為華人並不能全講一個同樣的語言。「宗
教方面,他指出英政府必須同意,因為蘇丹及聯盟強烈要求,但宗
教自由已得聯盟及蘇丹會議的同意。」[66]最終殖相波藹迴避問題,
以技術問題拒絕接受修改動議,結果國會通過馬來亞獨立法令。殖
相的理由是:「接受動議必丟棄去年的工作,而再度討論,而原來
的協議已得聯盟部長、蘇丹及甚多人民所贊成。」[67]據劉伯群指出,
這些議員的質詢是他們英倫之行的直接結果[68]。

　　我們把焦點回聚於當時的馬來亞國內。實際上,自由主義者強
調憲政主義主張可分為兩個基本原則:其一為「分配原則」,也就
是「個人自由領域被預設為一種先於國家存在的東西,而且個人自
由原則上不受限制;相反地,國家干預這個領域的權力原則上要受

63　《南洋商報》,1957年7月21日。

64　《南洋商報》,1957年7月21日。

65　《南洋商報》,1957年7月21日。

66　《南洋商報》,1957年7月21日。

67　《南洋商報》,1957年7月21日。

68　《南洋商報》,1957年8月9日。

到限制」；另一則為「組織原則」，也就是「國家權力有幾個機構共同分享，並被納入一個受限定的權限體系中」[69]。這也就是說，「分配原則」體現在公民的基本權利之中，而「組織原則」乃是通過政府的權力分立讓國家的權力運作具有可測度性[70]。然而不幸的是，這些憲政原則在當時都不被關注。馬來西亞立憲之初，華人或其他族群皆受到各自「族群認同」所限，僅僅關注於各自族群權益的保障，[71]完全沒有形成真正意義上的「公民認同」意識，因此沒有認真關注憲政中最重要的上述兩項基本原則：**普遍公民基本權利（人權）及（尤其是）限權（政府權力）問題**。當時的華人從族群權益角度對獨立建國憲法很不滿意，左派雖主張「民族解放」，但憲政啟蒙並不在他們的視野中。至於當時的馬來人組織，要麼不是支持新憲草，要麼就是諸如拿督翁國民黨的種族主義的立場，或就是從左翼角度立論，比如馬來人民黨。簡言之，馬來亞馬來人社會以民族主義思潮為主流，尤其主要來自於巫統的馬來建國主義，而不是任何可以導致自由民主憲政的自由主義民族主義（Liberal Nationalism）思想。

當時，似乎僅有人民進步黨是一道憲政主義力量的微弱低音，唯獨它從一個傾自由主義角度批評憲草。該黨在1957年7月8日立法

---

69 蕭高彥，〈共和主義、民族主義與憲政理論：鄂蘭與施密特的隱蔽對話〉，頁119。

70 蕭高彥，〈共和主義、民族主義與憲政理論：鄂蘭與施密特的隱蔽對話〉，頁119。

71 比如頗具代表性的華人社團組織的四大要求只觸及普遍公民權問題，但不觸及政府限權問題。華團的四大要求是（一）凡在本邦出生的男女均成為當然公民；（二）外地人在本邦居住滿五年者，得申請為公民，免受語言考試的限制；（三）凡屬本邦的公民，其權利與義務一律平等；及（四）列華印文為官方語言。

會議前夕呈書東姑，針對憲草中的「基本人權」事項提出尖銳批評，
反對新憲制規定立法機關（國會）可基於「治安需要」而對基本人
權及言論自由實施限制，但卻沒有指明限制必需「合理」（reasonable）
[72]。李特報告中的憲法草案在涉及言論自由、集會及結社的條款中，
註明其受聯邦法律（有關聯邦保安利益、與其他國家良好關係、公
共秩序或道德，或者在關係到藐視法庭、誹謗或煽動罪行）的「合
理限制」（reasonable restriction）[73]。同時進步黨也認為，新憲草並
沒有對人權及言論自由提供輔助，以防範立法機構對人權的侵害，
反而使立法機構超乎憲法之上，而且也沒有賦權最高法院審核「無
理的限制」。由此可見，進步黨的《備忘錄》實已觸及重要的「限
權」問題了。事實上，李特憲制報告書對此指出：

> ……對保證基本個人權利（除受緊急狀態有關條例之約束）是
> 不可反對者，此憲法保證法律至上，法庭具有權力與責任，
> 實施基本權利，並將以立法或行政行動等破壞任何此種權利
> 的企圖，作為無效。

我們建議隨時提供予以任何人對於人身自由，任何一方面受非
法侵犯之補救辦法。我們建議：任何人未經推事授予法權不得不加
以扣留，奴役或強迫勞作[74]。

進步黨是以認為，李特憲制報告對於基本人權的言論及發表自

72　見〈人民進步黨向首揆呈遞備忘錄，提出有關人權意見 認為新憲制
　　草案未如李特建議，充分保障基本人權及言論自由〉，《南洋商報》，
　　1957年7月10日 第10版。

73　*Report of the Federation of Malaya Constitutional Commission*, p. 126.

74　《南洋商報》，1957年2月21日，第九版。

由予以充分保障，甚至認為其所作保障符合聯合國憲章，使得馬來
亞人民獲得與英國、印度、巴基斯坦等國人民同樣的基本權利[75]。
但是在新憲制草案中，言論及發表自由只成為一種宣示，並沒有對
防範立法機構對此種權利的侵害作出補救。《備忘錄》認為，保障
人權的要點是必須使憲法能夠約束立法機構，可是新憲制草案不但
未使憲法高於立法機構，反使立法機構在憲法之上。除此之外，《備
忘錄》也注意到其他族群所忽略的重要人權事項。進步黨還發現，
「報章自由」並未包含在憲草中，因此沒有特別的相關保障。因此
《備忘錄》認為，「報章自由」可說是被含納入「言論及發表自由」
條例之中，但因為沒有防範與補救措施，報章自由亦受影響。《備
忘錄》舉例，比如對報紙發行之檢查，印度的高等法庭曾認為這是
「不合理的限制」而宣判無效，但假如馬來亞政府實行報紙檢查，
則法院亦無能為力。對於其他基本人權如集會自由等，《備忘錄》
亦提出同樣的意見，也認為李特憲制報告書的相關章節理應包含在
新憲制草案之中[76]。實際上，更具意義的是，李特憲制報告書在針
對「緊急狀態」條例時曾清楚聲明：

> 基本權利的存在或州與聯邦的分權，皆不許危及國家的安全或

---

75 不過就這一點，學者有不同意見。憲法學者Abdul Aziz Bari指出，
「李特委員會並沒有相當承諾走向完全功能的完善民主，因為他們
沒有看到有權利清單（bill of rights）的重要性。對基本自由憲章只
因為幾個組織堅持它的重要性後而接受。但不幸的是，委員會認
為，該規定應由議會來調節，須經由法院來審查。」（Abdul Aziz Bari,
The Evolution of Malaysian Constitutional Tradition, p. 183.）

76 見〈人民進步黨向首揆呈遞備忘錄，提出有關人權意見，認為新憲
制草案未如李特建議，充分保障基本人權及言論自由〉，《南洋商
報》，1957年7月10日第10版；《星洲日報》，1957年7月10日。

是民主生活方式之維護……。只有在國家受到（的）威脅特別
危險時，方可侵犯及基本權利及各州權利。

我們希望在新憲法生效以前，目前的緊急狀態結束，**我們並不
認為目前的緊急法令是完全令人滿意的**，並在預防性的扣留方
面，應有確切之規定，但在緊急狀態期間企圖修訂現存立法，
可能引起大困難，故我們主張，現存緊急法令，**於新憲法實施
時，應延續一年**，並有權可修訂或廢除其任何部分。[77]

　　顯然，有關進步黨的人權意見最終不被接受，而李特憲制委員
會的「一年後廢除緊急法令」建議亦為新憲草所捨棄。

　　當然，歷史的後見之明已經清晰的告訴我們，人民進步黨所提
及的少數超越族群的意見被淹沒於當時的種族浪潮中。這不僅反映
了種族主義、土著主權與憲政主義觀念在理論、現實層次上的緊張
關係，也揭示了當時具體歷史條件對馬來亞憲政的深遠影響。實際
上，「憲政」是一個龐雜而巨大的領域，其意義在很大程度上取決
於社會所面對的議題。透過對二戰後制憲經驗的重建，學者研究發
現，東亞國家的制憲經驗反映了三種制憲模式，即促進民主的制憲、
獨立建國的制憲、國族整合的制憲[78]。此外，台灣在威權時期，社
會主要關注的是落實憲法所規定的各種人民權利與限制政府權力；
在民主化之後，由於族群衝突加上台獨訴求，獨派關心的是如何重
新立憲立國，而關心民主的人士則關注如何限制多數人形成的民粹

77　《南洋商報》，1957年2月21日，第九版。

78　Wen-Chen Chang（張文貞），"East Asian Foundations for
　　Constitutionalism: Three Models Reconstructed," in *National Taiwan
　　University Law Review*, Vol. 3: 2, 2008, pp. 111-141.

政治。在今天中國大陸自由派中間，有不少人則關注憲政如何從共
產黨專政轉化為人民主權。這些個案說明，對憲政不同面向之凸顯，
取決於人們當下的認知、追求及策略。馬來亞當時的三大族群出於
對自身權利的憂患，聚焦於憲法對自身群體權利的保障，而不是嚴
格意義上的普遍人權概念，背景在此。即便華團已初步萌生普遍公
民意識，但是華人社會力量仍與其他族群一樣，對立憲更著眼於訴
諸「保障策略」，與巫統馬來民族主義者的差別只在於華人由於形
勢所迫，提出了「聯合國憲章」及「人權宣言」作為爭取權利的合
法性來源[79]。當然，巫統的「保障策略」背後亦有其確立馬來人作
為國家本質的民族建國主義動機。事實上，許多憲政思想家都強調，
制憲的政治決定必須預設「人民」（the people）經由理性的辯論、
思考與抉擇，將自身轉化為「公民」（citizens），而多數決定之正
當性，不能僅是多數實力使然，更需有理性的基礎[80]。但是，馬來
亞沒有這樣的公民醒覺基礎，自然沒有「公民社會理性」，同時也
欠缺這樣的機制，立憲只能以英國政府及屬於貴族階層的蘇丹議會
及巫統（聯盟）為主導力量。當時的《南洋商報》社論即指陳，「馬
來亞不是革命，憲法不是國民大會決定，而是必須經過英馬雙方的
協議。因此不易更易，立法會議看來只會通過……」[81]。事實上，
當時聯合國人權宣言儘管已經出台多年（1948年12月10日頒布），
但人們在種族主義大潮中，忽略了制憲是促進平等、自由與限權的

---

79 當然，這種時代逼迫也使得華人社會後來延伸出人權思想及限權意
   識。從歷史角度來看，1980年代華團的人權運動與兩線制度的提
   倡，都可追溯自此時期。

80 蕭高彥，〈台灣的憲法政治：過去、現在與未來〉，頁40。

81 〈我們對憲制白皮書的觀感〉，《南洋商報》社論，1957年7月4
   日。

重要歷史歷程與機遇，也因此錯過了馬來亞唯一的一次「憲法時刻」。

　　我們或可以張君勱來訪馬華公會會長陳禎祿再窺視一些現象。張君勱曾於1952年3月14日由新加坡抵達馬六甲，在沈慕羽諸人陪同下訪見陳禎祿。他們「談論中外各項問題，臨行前，張君勱對記者說，中共暴政，必定覆亡，海外同胞應一致反共抗俄，實行民主，中國方可得救。」[82]然而談鋒一轉，作為中國近代著名憲政主義代表性人物的張君勱又謂「華人既寄食斯土，為久居長安計，應該爭取政治權利，加入馬華公會，為實現此中理想，馬華公會設立政治訓練班，實甚需要云」[83]。看來，當憲政主義遇到華人族群權利時，族群權利壓倒了這位著名憲政大師一生所念茲在茲的普遍人權及限權理念。當時的人們似乎忘了（或不覺）**普遍人權以及限制政府與華人權利是一體兩面的**，正如著名學者史卡特・高登在其著作《控制國家：從古雅典到現代的憲政主義》所指稱的，憲法之基本精神即在於它的「多元制衡」以及「控制政府」內涵之上[84]。易言之，憲政主義政治透過權力分立與法律主治的制度，有效制約政府的權力，從而保證個人的各項權利，這也是憲政有別於其它任何政治體

82　見《古城月報》，1952年4月1日。

83　據報導，「今晨8.30，前社會民主黨張君勱乘機由新加坡抵達馬六甲。由程家驊、吳志淵、林其仁、沈慕羽諸先生陪同晉見陳禎祿，談論中外各項問題，情甚歡洽，嗣後參觀古蹟，中午陳禎祿招待午餐，而於3.30乘原機回返新加坡。張君勱是應印度政府邀請，到該國講學。此次經印尼、澳洲各地來新加坡，因慕陳禎祿為馬華領袖，特來訪候。」見《古城月報》，1952年4月1日。

84　引自廖元豪〈憲法何用：讚頌權力，還是控制權力？：評*Controlling the State: Constitutionalism from Ancient Athens to Today* by Scott Gordon〉，《台灣民主季刊》，第3卷第1期（2006.3），頁131-136。

制的一個根本特性。

四、餘論：憲法正義與社會的保守化

　　質言之，憲法必須正義，並能處理正義，而對像馬來西亞這樣的多元結構國家來說，憲法除了必須顧及權力制衡與人權，也要兼及對多元文化的歧異性之肯認（multi-cultural recognition）。然而正如前面已提及的，馬來亞當年的憲制擬定過程裝滿了太多的族群性，甚至深受種族主義的干擾，以致無法在較理性的環境中固守原則。獨立憲法是否已實現人之主權，以及是否對多元文化下的各種歧異性做出充分承認，並能解決族群紛爭或提供一個平等及妥當的處理機制，都已為人們所高度質問。獨立五十餘年之後，隨著觀念與歷史背景的變遷，世界各地追求「身分認同」已蔚為當代潮流，若在「公平對待公民的政治自主性」這項要求下來理解憲政價值，「承認」（recognition）確實構成一項憲政價值[85]。杜利在其《陌生的多樣性：歧異時代的憲政主義》書中，以「文化承認之政治」概括此一追求[86]。他認為，我們一般所談的現代憲政主義過度側重普遍性與一致性，無法面對文化歧異性的事實，結果產生種種不公不義的現象，而這就是我們這個時代之特性的「憲政問題」——這個問題將會是這個時代不得不關注的政治軸心[87]。對杜利而言，「若

85　錢永祥，〈承認是一項憲政價值嗎？——論承認的政治性格〉，頁　　180。

86　杜利（James Tully）著、黃俊龍譯，《陌生的多樣性：歧異時代的　　憲政主義》（*Strange Multiplicity: Constitutionalisme in an Age of*　　*Diversity*），上海：世紀出版集團，2005，頁2。

87　上引書頁2、14-15。

公民們的文化特性得到承認，並且被納入討論憲政結合體之形式的
協議內容當中，那麼就這個政治領域的面向而論，這樣的憲政秩序，
以及依此憲政秩序所建構的現實政治世界便是正義的。」[88] 重返馬
來亞憲法，這部憲法對國家本質的建構是高度建立在聯盟的發言權
與思想形態下的，而且形成了許多憲法詮釋傳統，但其他觀點在現
實力量匱乏下卻缺席了。顯然的，處此全球化時代，也即處於這個
歧異性的年代裏，各民族都得到合乎正義的承認已經越來越成為一
種普世價值，因此憲法是否承認並適應文化歧異性已經是一個必須
思索的問題了。

　　其實，有憲法，未必就有憲政。在歷經數十年獨立發展後，馬
來西亞這部違背「李特憲制報告書」高達四成、被李特爵士批評為
「共和聯邦國家中最不具水準的憲法」，又歷經了無以計數的修改，
以致律師公會前任主席拉惹阿茲（Raja Aziz Addruse）曾發表「憲
法沒有價值」論。在2007年的第14屆馬來西亞法律研討會中，拉惹
阿茲激烈批判國陣政府多次修改聯邦憲法，造成制衡體制和人權保
障的毀壞，使得這部國家大法的價值蕩然無存。他言道：「憲法保
護權利的說法已經說不通了，因為憲法可以隨時、隨意被行政權更
改，特別是當法庭做出不利政府的詮釋之時。對我而言，憲法目前
已經沒有價值。」[89] 大體上，拉惹阿茲與上文提及的人民進步黨當
年的關注並無二致，他們都從憲法失去制衡及人權保障的功能切
入，指出憲法問題之所在。馬來西亞憲法允許國會多數席位之修憲
權力，更進一步證實了憲政學界的一種意見，即「民主」與憲政主

88　杜利（James Tully）《陌生的多樣性：歧異時代的憲政主義》，頁
　　5-7。

89　〈「對我而言憲法沒有價值」，拉惹阿茲：頻密修憲精神蕩失〉，
　　《當今大馬》，2007年11月1日。

義的衝突與張力。[90]因為，在憲政主義的架構之內，多數治理與政
治平等的民主理想，就只能在憲法所闢建的政治制度及其公平程序
之中獲得實現，而無法深入及於對構成憲法本身的最核心成素——
權利典章——的實質審議[91]。易言之，憲政主義並不主張憲法的基
本權利被輕易修改，即便是多數人選擇，因為這可能導致少數人基
本權利被剝減，而獨立至今馬來西亞憲法之「不斷被修改」，「立
法機構凌駕憲法」，不正是當年馬來亞人們輕忽憲政主義原則所埋
下的伏筆嗎？馬來西亞憲法給予行政和議會的各種權力，已經不是
憲政主義合理的範圍內[92]。下筆至此，其實我們已經可以輕易判下
一個決斷，即不管從上文一再強調的普遍公民觀與限權的角度，或
從憲法不能隨意修改的視域來看，馬來亞乃至馬來西亞的憲法都不
完全符合憲政主義的基本原則[93]。這就是典型的所謂「有憲法，未
必有憲政」論題！李特憲制報告書之大量被修改，已老早預示了馬
來亞憲政之路的艱難與蹣跚。

　　極具弔詭的是，時至今日，馬來西亞似乎出現了一股「回歸憲

90　參閱蕭高彥，〈國族民主在台灣：一個政治理論的分析〉，頁38-40。
91　蕭高彥，〈國族民主在台灣：一個政治理論的分析〉，頁38。
92　Abdul Aziz Bari, *The Evolution of Malaysian Constitutional Tradition*,
　　p. 186.
93　不過問題不僅於此。正如前述，由於馬來亞的多元價值與難以尋得
　　一個單一的、永久的理性共識，李特憲制委員會對重要的條款也只
　　能提出限期性的再審議之建議。這似乎說明，多元社會之難以獲得
　　憲政共識使得憲法中留下「可以不斷修訂」的空間與權力。實際上，
　　東姑在獨立憲法確定後，為了安撫少數族群，曾強調「憲法是可以
　　修改的，以顧全各族利益」，馬華公會中央暨總委會議在最後時刻
　　決定接受憲草時，竟特別「在議案中加以記錄：總委會注意到東姑
　　最近說，憲法是可以將來修改的，以顧全各族利益。」（見《南洋
　　商報》，1957年7月8日第九版。）

法」之歸趨。這部憲法時常為當今許多非政府組織，或華團或反對黨，做為他們權利鬥爭的基準。人們記憶應該還歷歷在目，在2008年大選前，為了應對當時巫青團長希山慕丁在巫青大會上連續不斷的高舉和親吻馬來短劍之舉動，馬青大會首先高舉憲法手冊，國陣的另一成員黨民政黨則繼之特別編彙憲法，並在代表大會上推出所謂的《國本錄》。然而誠如前述，馬來西亞憲法「先天不足，後天失調」，其重重紕漏與問題已使它不能作爲一切正當權利的基準，也不具備作爲憲政制度維護的基礎，因此高舉憲法已經揭示著社會對基本權利訴求的保守化傾向。而且，也說明了馬來西亞獨立之後實際民權狀況之倒退，以至於人們仍必須以這部漏洞百處的憲法爲基準。

　　誠然，歷史是永無休止的爭論，歷史也是現在與過去之間無休止的對話。我們從歷史記憶的角度言之，「回歸憲法」意味著大家都遺忘了憲制過程中的不正義程序，忘卻了當時及獨立以來人們的糾正鬥爭與悲哀，這不能不說是一種認知上的倒退。二戰之後許多新興國家取得國家在政治上之獨立，但卻未完全擺脫西方殖民在文化意識和知識形式的殖民狀態，因此出現了所謂「後殖民批評」的論述。這是一個曾經由「民族解放」所許諾的理想幻滅之後，人們對之前的反殖民主義感到悲觀，但又必須尋找新的出路，以建立一個新的反殖民主義理論的階段。然而在馬來西亞，弔詭的是，後殖民主義所反抗的殖民主義及其知識被反掉之後，留下來的卻可能是更可怕的本土霸權與膚淺，包括制度與認知。這也可以部分解釋爲何至今，我們往往只能訴諸英國在獨立前夕為我們遺留下來的這套「憲法」遺產，作爲爭取權利的依據與民權的最後防線，以**防止更壞的局面**。當然，從西方憲政發展史來看，從傳統政治到現代憲政

的發展過程，各國都必須付出昂貴的社會成本，馬來西亞的憲政之
路自也不例外。

　　許德發，馬來西亞國立蘇丹依德理斯教育大學中文學程高級講
師。研究興趣為中國近代思想史、馬來西亞及華人與文化研究。曾
發表論文有〈馬來西亞：原地主義與華人的「承認」之鬥爭〉、〈華
人、建國與解放：馬來西亞獨立50週年的再思考〉等。

讀經者的心事：

劉小楓論儒家的革命與共和[1]

劉保禧

> 如今現代性「天翻地覆慨而慷」來了，中國將進入新的世界，要繼承
> 周公使命，不革掉孔子之命怎麼行？[2]
>
> ——劉小楓

楔子：劉小楓的香港經驗

劉小楓在某次訪問談及自己在1993年到香港從事學術研究，字裡行間可見他的香港經驗不很愉快：「在中文大學這樣的體制單位，個人發揮的餘地不大」，「在香港時，合作的人大多不清楚做學術究竟是為了什麼，做一件事得費力解釋半天，而且往往徒勞，累得很，別人還反倒說你『專制』……學術不『專制』地搞，還能『民

1 本文原發表於2015年12月9日東吳大學中國哲學外文資料中心「文化保守主義與當代政治」工作坊。在此感謝沈享民、馬愷之兩位教授邀請本人擔任講者，亦感謝曾慶豹與黃冠閔兩位教授的發言，豐富了本文的內容。另外，李祖喬與梁卓恆亦為本文提供不少意見，特此誌謝。
2 劉小楓，《儒教與民族國家》（北京：華夏，2007），頁117。

主」地搞？」[3]有趣的是，這種不愉快的香港經驗，不時隱約透露於其著述。「香港」的偏狹淺薄，恰恰對照著劉小楓心目中的學術如何廣闊縱深。

在晚近出版的《王有所成》（2015），劉小楓談到在1988年訪港期間認識了學識淵博的和藹長者沈宣仁。沈宣仁是芝加哥大學宗教學系博士，但在留學芝大期間沒有像劉小楓那樣迷戀施特勞斯（Leo Strauss），「並沒有上過施特勞斯的課程，也不知道芝大有個施特勞斯的學生群體，他畢竟是宗教學系的學生」，沈說自己喜歡柏拉圖，但「直到去世也沒有完成哪怕一篇柏拉圖短篇對話的翻譯。」[4]劉小楓卻直接從施特勞斯的講課錄音揣摩到柏拉圖的微言大義，幾年時間寫下洋洋十二萬字的讀書札記。一段往事，竟成為了劉小楓攻擊香港人文學術的匕首投槍。他的意思很清楚：香港學者所做不到的學術成就，他短短數年已成就了。

撇清香港經驗，彷彿是劉小楓當下的學術取向。1990年代，他在香港因倡議「漢語神學」而為海內外學界認識；今時今日，關於「漢語神學」的說法，在他的著作幾乎已經銷聲匿跡。香港人文學術以期刊為重心，以論文為單位；劉小楓不屑於香港學界常規，自覺地化身為一位讀經者。在他看來，研究人文學術應該重視基礎，而基礎是經學：「經學是根柢，中西方皆然。在哪裡跌倒，就從哪裡爬起來，要重整中國學術，如今就得從治經做起。」[5]他在2000年左右已經策劃「經典與解釋」叢書，起初以某個主題為中心，逐漸系統地注譯西方經典，推出《柏拉圖注疏集》、《盧梭注疏集》、

3　劉小楓，《重啟古典詩學》（北京：華夏，2010），頁324-325。
4　劉小楓，《王有所成：習讀柏拉圖札記》（上海：上海人民），頁1-2。
5　劉小楓，《重啟古典詩學》，頁339-340。

《尼采注疏集》等叢書，企圖以注疏方式爭奪西方經典的話語權。假以時日，這些注疏集恐怕會是華語世界的基本文獻，日後若以華語閱讀西方經典，都會見到劉氏的思想足跡。

染指西方經典還只是劉小楓學術宏圖的其中一步；再下一步，就是設立經典為本的大學學系，讓經典教育成為建制。他不諱言創設古典學系跟政治密切相關。其一，文教制度涉及國家的政治品質，必須保養少數優秀青年成為國家的棟樑[6]；其二，國家在政治上的強勢與該國大學古典學術的強勢往往同步[7]。從中可見，他的學術策略相當明確。他不是抽空談論思想，而同時注視思想在世界如何具體展現。思想以文獻為載體，亦以制度為載體，劉小楓以經典注疏的方式掌握基本文獻，他的學術同道甘陽在廣州中山大學創辦博雅學院，兩人互相呼應，掌握了思想傳播的一條渠道。

一個人的學術興趣，往往伴隨著學術舉措而轉移。既然劉小楓推廣經典注疏，倡設古典學系，證成這些舉措的意義自然是他當下的用心所在。最近，劉小楓在《王有所成》就表明了心跡。此書雖然以柏拉圖為主題，但弁言的最後一段不忘補充：「另附一篇八年前寫的涉及中國古學的舊文，以此表明，即便在閱讀柏拉圖時，我心裡始終惦記著中國的學問。」[8]早年在港推廣漢語神學的印記，今日已不復再，代之而興的是「中國的學問」。

本文的主題，正是劉小楓所言的「中國的學問」。具體而言，即是儒學。他的儒學論述引用不少經典文獻與當代著述，創建了一個貌似緊密圓融的理論系譜。這套論述正透過經典注疏與大學體制

6　劉小楓，《重啟古典詩學》，頁1。

7　劉小楓，《重啟古典詩學》，頁7。

8　劉小楓，《王有所成：習讀柏拉圖札記》，頁2。

逐漸介入現實，更嘗試論證中共的革命精神與共和政體上承儒家傳統，可謂最具雄心的政治儒學，值得注視。本文首先探討劉小楓的儒學所關注的課題及其要點（第一節），繼而圍繞「革命」（第二節）與「共和」（第三節）兩個觀念，闡釋劉小楓這位讀經者的心事。

一、儒家

讓我們從基本的文獻講起。劉小楓論述儒家精神，集中於以下三本書：

1. 《儒教與民族國家》（北京：華夏，2007）
2. 《共和與經綸：熊十力〈論六經〉〈正韓〉辨正》（北京：三聯，2012）
3. 《百年共和之義》（上海：華東師範，2015）

以上有些文章早於1990年代在港期間寫成，新近的則有2014年的發言稿，文獻橫跨20年，但其儒學論述始終如一，沒有什麼重大變動。下文以這三本書為基礎，並不嫌費辭引用劉氏原文，藉此展示其儒學論述的全幅精神面貌。

劉小楓聲言「儒家在品質上是*政治哲學*」[9]。意思是說，「儒家」在本質上必然牽涉政治，說「政治儒學」是多此一舉；就如「送」字，本質上必然有「免費」的意思，說「免費送」是多此一舉。這個解釋的政治意味相當濃厚，基本上排斥所有非關政治的儒學詮

9　劉小楓，《儒教與民族國家》，前言，頁5。標楷體為原文標示。

釋。其實，劉小楓此舉是有的放矢。他早期闡釋儒家精神的文章正
值客居香港之時，彼時港臺新儒家的地位與聲望正隆，劉小楓不時
援引錢穆、牟宗三、徐復觀、勞思光等學人之說，顯然有意針鋒相
對：「今儒講聖人之心喜歡本體論化，……但無論心性化還是本體
論化，這『吾心』即儒心，即是外王之心。『王』義的根本是儒家
德政制度的施行」[10]。劉小楓在二十多年前已經從政治儒學的角度，
挑戰新儒家的心性論，而且其理論的深度與廣度更勝蔣慶[11]。當時
談論的人不多，時移勢易，如今「政治儒學」、「大陸新儒家」在
學界引發熱議，重新檢視劉小楓的政治儒學，或許正是時候。

　　談論政治儒學，有些學者著重制度層面，思考「良好管治」（good
governance）的問題。貝淡寧倡議賢士院（the House of Scholars），
藉此補救乃至克服西方民主制度的問題，就是著名的例子[12]。比較
之下，劉小楓沒有觸及制度的具體構想，也沒有檢討「良好管治」
的具體元素；他關注的是意識型態的問題（他稱之為「教化」），
而推動意識型態有賴於士大夫（他稱之為「儒教士」）。劉小楓宣
稱儒家也是宗教，而這種教化又與國家政制一體化，結合成為政制
宗教。孔子就是教主，儒生就是教士。有趣的是，他並非高舉孔子
的教主地位以待儒生崇拜，反而坦言教主的身分有待儒生來塑造。

10　劉小楓，《儒教與民族國家》，頁152。

11　文本證據顯示，劉小楓閱讀過蔣慶1995年出版的《公羊學引論》，
　　亦批判地吸引蔣慶之說。見劉小楓，《儒教與民族國家》，頁4、
　　28、65。

12　貝氏早期的想法，可參閱Bell, Daniel A. *East Meets West: Human
　　Rights and Democracy in East Asia*（Princeton: Princeton University
　　Press, 2000）. 較成熟的觀點，則參閱Bell, Daniel A. *The China Model:
　　Political Meritocracy and the Limits of Democracy*（Princeton:
　　Princeton University Press, 2015）.

真正掌有權力的是儒生階層，他們以「教化」的方式塑造孔子為教主，藉此穩定國家政權，也穩定自己的政治地位：「儒生佔有了治國的支配權，形成年逾千祀的士大夫政治制度，成為官僚的儒生才是士大夫。……儒士是何類型？教士類型。儒士以承天道、執教化為己任，其政治理念是建構教化之國。」[13]

循此理路，劉小楓以康有為與熊十力兩位儒生為典範，構建宏大的理論系譜。康有為是晚清公羊學的推手，觸及儒家的政制改革；熊十力是近代心學的宗師，觸及儒家的道德修養。當蔣慶高舉公羊學的旗幟反對心學，劉小楓似要告訴蔣慶，只看到兩派的分歧，恐怕是學不見道：「與其說康有為傳承的是**公羊學統緒**，不如說傳承的是**心學統緒**，這對我們認清當今據說憑靠公羊學傳統提出的**政治儒學**提案當會有很好的啟發。」[14]；「公羊家的聖人改制精神與心學的成聖精神打成一片，就會養育出聖人超聖人的心態。成聖精神最終得落實在政治事功上，而政治事功必涉及國家政制的具體安排。」[15]這些說法，透露了劉小楓有意打破心學與公羊學相爭的悶局。

這套儒學最終指向當下中國的政治現實，也就是「如何評價毛澤東的問題」[16]。劉小楓尊崇毛澤東為國父，以及隨之而來與鄧曉芒的筆戰，爭議之聲不絕於耳[17]。然而，學界絕少探討他是以儒家

13　劉小楓，《儒教與民族國家》，頁43。

14　劉小楓，《百年共和之義》（上海：華東師範大學，2015），頁155。標楷體為原文標示。

15　劉小楓，《儒教與民族國家》，頁98。

16　劉小楓，《百年共和之義》，頁93。

17　相關文章〈如何辨識百年共和的歷史含義〉、〈負薪救火　立此存照〉都收入《百年共和之義》，頁68-95、96-149。

界定毛澤東的地位。事實上,毛澤東是劉小楓儒學論述的最後一塊
拼圖。綜合剛才討論過的內容,包括儒教士、公羊學、心學,他的
問題意識始終是這些儒家元素如何在中共與毛澤東身上顯現出來。
在他眼中,儒教士與中共的幹部都是國家精英,具備儒家政治倫理
的優良品質。而康有為、熊十力兩位儒者,在精神上又與毛澤東心
有靈犀:「青年毛澤東的成聖精神受康子(有為)影響」[18]、「熊
子把外王推向世界革命之境,與毛澤東可謂心有靈犀。」[19]至此,
我們終於明白看到劉小楓的儒學的最後宗旨:毛澤東傳承儒學的統
緒,既是傳統意義下的聖王,亦是新中國的真正國父。

綜合以上討論,劉小楓的儒學有四個要點:(一)儒學本質上
就是政治儒學;(二)政治儒學的重點是士大夫的教化;(三)士
大夫的典範是康有為與熊十力,兩者代表儒家的公羊學與心學,可
以打成一片;(四)毛澤東所建立的政治事功/國家政制,讓公羊
學與心學真正打成一片,他是儒家的聖人,也是中國的國父。

這些論斷極富爭議,尤其是「毛澤東國父論」,兩三年來引發
紛爭不斷,甚至有人臆測劉小楓想當國師。關於這些臆測,以及劉
氏與人交惡結怨的學苑春秋,本文無意探討。本文關注的課題仍然
是學術性的:劉小楓判斷毛澤東是儒家標準下的聖人,到底有何根
據?他的論斷對於華語學界又有什麼啟示?

二、革命

關於「革命」,劉小楓的論旨很清楚:儒家思想是中共革命精

---

18 劉小楓,《儒教與民族國家》,頁97。
19 劉小楓,《儒教與民族國家》,頁112。

神的根源。他的解釋分兩部分，（一）關乎儒家傳統如何論述「革命」；（二）關乎毛澤東的舉措如何繼承儒家傳統。

（一）儒家傳統如何論述「革命」

劉小楓注意到「革命」一詞的運用，有其語境：「現代『革命』論據說經日人用『革命』（kakumei）譯revolution，再引入中國思想界而成為顯論。」可是，他認為此說值得商榷：「這一論點把日文的『革命』一詞看作外來詞，沒有考慮到日文的『革命』原本就是從漢語傳過去的，並葆有今文家革命論的含義。」[20]因此，以「革命」理解revolution，不是把西方學說直接移植中國，而是中國以傳統思想資源理解西方學說的結果。追本溯源，就得理解儒家的「革命」論述。

儒家的「革命」論述始於湯武革命，其文獻根據在《易傳·革卦》：「天地革而四時成，湯武革命，順乎天而應乎人，革之時義大矣！」句子最後談到「時義」，劉小楓說可以有兩種不同的理解：其一，革命純屬自然，政權更替有如時節變化，關鍵在於時機是否成熟（「順乎天」），不涉應然的問題；其二，「革命」關涉道義，政權更替即是替天行義，被革命者是獨夫民賊，革命者則是有德之人，關鍵在於人民是否支持（「應乎人」），牽涉應然的問題。劉小楓認同第二種解讀：「『革命』論的基本含義⋯⋯是改變（革）統治者執政的正當性法理（命），改變國家社會的道德基礎。」[21]劉氏此說，基本上也是20世紀學人理解儒家「革命」的共識。例如牟宗三的《政道與治道》，第一章評述儒家的「革命」，即圍繞湯武

20 劉小楓，《儒教與民族國家》，頁161。
21 劉小楓，《儒教與民族國家》，頁126。

革命立說,論儒家政道之得失[22]。兩人討論細節容有差異,卻都認同政權轉移牽涉道義。

然而,劉小楓依循晚清公羊學者的道路,論述漢代今文家的素王革命論;但牟宗三批評「清末公羊學派多無義理之訓練,其學與識俱不足以任此〔按:思考政權應然之理路〕。」[23]兩人的分歧由此展開,牟宗三認為政權轉移可曰「革命」,但如果不樹立政道(統治者所以有權力的道德基礎),則「革命」與「篡弒」難辨,牟宗三遂轉而討論民主政治,處理政權轉移的正當性問題。在劉小楓看來,這樣處理是歧出,把握不到《公羊春秋》所樹立的革命大義才是儒家革命論的核心——儒家「革命」的重心人物已經從湯武轉向孔子。劉小楓遂轉而討論公羊家的孔子素王革命論。

從《論語》讀孔子,可以見孔子作為教師的言行;公羊家從《春秋》讀孔子,可以見孔子作為革政者的舉措。前者的教育意味重,而後者的政治意味濃。孔子作為「素王」,正是從孔子與《春秋》的關係而立。劉小楓引《漢書・董仲舒傳》,說明箇中關係:「孔子作《春秋》,先正王而繫萬事,見素王之文焉」、「《春秋》受命所先制者,改正朔,易服色,所以應天也。」素王之「素」,意指空位,即應當為王而未為王者。孔子雖然沒有直接執掌政權,但是受命而改制(革命),作《春秋》以立法,確立政權的正當性。這個「革命」不在於推翻在位者,而是著力於政制改革,以文化統緒證成中國歷代政權的正當性:「儒家革命者的使命是創造性地葆守這一禮義之制,是為承天命。……公羊家根本不認可一姓萬世為

---

22 牟宗三,《牟宗三先生全集10:政道與治道》(台北:聯經,2003),頁1-27。

23 牟宗三,《政道與治道》,頁10。

王的正當性（否則革命說就成了無稽之談），又豈會只為劉漢提供正當性？為漢室政權提供正當性，根本動機是為堯舜之道提供正當性。」[24]自此以往，孔子的地位有變，不再是教師之祖，而是傳天道的革命家、先知：「受命改制論的最終落腳點是制度創新（繼周損益）。由於孔子的神人身分已非一般的革命家，而是替天制法、啟聖王出、天縱行道的先知，公羊家的孔子素王革命論引出制度創新論，這也是湯武革命論所沒有的。」[25]湯武只是各自幹了一次革命，孔子卻通過作革命書《春秋》為萬世的革命立法；湯武是革命之史例，孔子則立革命之義例。

綜括劉小楓的儒家革命論述，首先以湯武革命肯定政權轉移的根據，繼而再以素王革命確立政權的正當性在於文化統緒。如此一破一立，論述的確較牟宗三全面。牟宗三概括傳統中國政治，斬釘截鐵宣稱中國沒有政道，而只有治道[26]。這個宣稱，似乎認為中國數千年來從來沒有處理正當性問題，恐怕有違歷史事實[27]。石元康就回應過牟宗三，「天命」正是傳統中國政治的正當性：「一個人之所以有統治權，乃是天命賦予他的，即使是革命，或打天下那種以武力奪取權力的方式，也仍有天命作它的基礎。」[28]如果此說準確，那麼劉小楓以孔子素王革命論補充儒家的革命論述，義理上就更為符合傳統中國政治的型態[29]。劉氏認為傳統中國政治在漢代終

---

24 劉小楓，《儒教與民族國家》，頁143-144。標楷體為原文標示。

25 劉小楓，《儒教與民族國家》，頁141-142。

26 詳細解釋，見牟宗三，《政道與治道》，頁1-27。

27 關此課題，可參閱饒宗頤，《中國史學上之正統論》（香港：龍門，1977）。

28 石元康，〈天命與正當性：從韋伯的分類學儒家的政道〉，《開放時代》，132期，頁6。

29 當然，石元康與劉小楓對於儒家革命論述的具體論點亦有相當差

於完成其正當性的論述,統治者所以有權力的道德基礎,在於承天命以維護華夏文化統緒:「中國的治道以堯舜之制為王道,革命的必要性和正當性也在於,一旦中國偏離堯舜之道,或夷狄進逼威脅到堯舜之道,就當有聖王撥亂反正。」[30]

(二)毛澤東如何繼承儒家傳統

不過,能否全面把握儒家的革命論述是一回事,能否恰當嫁接儒家與毛澤東的革命論述卻是另一回事。這點嫁接的工作,卻令劉小楓的弱點暴露無遺。

讓我們從一個簡單問題開始:毛澤東發動過文化大革命,批判孔子,如何說是繼承儒家文化?劉小楓很清楚會面對上述質疑,他回應說,那只是儒家思想的內部衝突。就如荀子指斥子思、孟子一路為「不知隆禮儀」,判為「俗儒」,而稱知統類、法後王、一制度者為大儒。荀子的批判既不妨礙孟子是大儒,亦不妨礙荀子也是大儒。同樣道理,批孔不等如批儒。毛澤東批孔,是繼承周公創制之命:「批倒孔孟,可崇的儒教聖人還多的是——禹、湯、文、武、周公,未見批到他們頭上,怎麼說批孔孟之道就不是儒了?孔子繼承周公使命,開創中國政教紀元。如今現代性『天翻地覆慨而慷』來了,中國將進入新的世界,要繼承周公使命,不革掉孔子之命怎麼行?」[31]

如此強辯,苦心孤詣,其實於事無補。既然毛澤東繼承的是周公創制的使命,為什麼劉小楓不以《尚書》為本解說周公的敬德精

(續)————————————
　　異。詳細討論需要另文處理,暫不贅論。
30　劉小楓,《儒教與民族國家》,頁143。
31　劉小楓,《儒教與民族國家》,頁117。

神？大費周章析述孔子作春秋的素王革命，又有什麼意義？結果，他的儒家革命論述愈是全面，愈是彰顯他的嫁接工作做得拙劣。撇開文革這點不論，劉小楓的核心論旨「儒家思想是中共革命精神的根源」也很難站得住腳。他認為中共的革命精神體現於毛澤東的舉措，於是從毛澤東的學歷說起，企圖證成毛澤東的言行確有儒家的思想痕跡。

劉小楓說，青年毛澤東服膺心學的成聖論，其精神氣質是儒教聖人論染成。所謂「心學的成聖論」，他以兩點說明：「第一，個我之心即為宇宙之心；第二，此心應擔當德化和救濟天下之大任。」[32]從毛澤東早期的書信文稿看，確有一些言論明顯帶有心學傳統的色彩：「今吾以大本大源為號召，天下之心其有不動者乎？天下之心皆動，天下之事有不能為者乎？天下之事可為，國家有不富強幸福者乎？」[33]青年毛澤東強調「大本大源」，亦承認人我之心可以感通可以撼動，說毛澤東受過心學影響，似乎難以否定。

心性是衡量聖人的標準，政治亦然：「聖人非難聖人，在心性上實難分高下，唯有在制定儒教宗法政治制度的想像上見高低。周公創制，孔子改制，後儒不在改制上動精神，怎麼能成聖？」[34]毛澤東之為儒家聖人，不在其動心忍性，而是他建立了新中國，地位類同於建立事功的儒家聖王。當然，劉小楓深知道新儒家不會接受這個論斷，於是反客為主，指出牟宗三的《政道與治道》亦肯定「儒家政治思想以德治天下的根本原則是『服從』人民，『人民是主，

32 劉小楓，《儒教與民族國家》，頁95。

33 毛澤東，〈致黎錦熙信（一九一七年八月二十三日）〉，《毛澤東早期文稿》（長沙：湖南，1990），頁85-86。

34 劉小楓，《儒教與民族國家》，頁97-98。

而治者是賓」。」[35]劉小楓接著說,毛澤東的語錄也說「為人民服務」,與儒家的德治理論相應。故此,牟宗三應該欣賞毛澤東,而非批判:「毛澤東與牟宗三的政治思想根本上的相通就在於內聖外王,以道德精神貫入政治制度層面,不使內聖與外王對立、割裂。心學的成聖論已經造就毛澤東這樣的聖人,牟子不為『東方紅,太陽升』感到興奮,可謂理論脫離了實際。」[36]

面對文字如斯,該當如何評論?我認為可以首先關注他的修辭。一般來說,學者的嚴謹文章,用字不宜如此沒有分寸,「東方紅,太陽升」這種顯然是崇拜毛澤東的話語,套用在政見與之相左的新儒家之上,這根本是挑釁。不過,我們倒可以思考一下,為什麼劉小楓如此注重修辭呢?或者,他的修辭就是用來挑起讀者情緒,藉以掩飾其論述的虛浮。這些修辭是黏合劑,讓他拼貼儒家的公羊學、心學、毛澤東、革命精神,挪用文本互相支持,而忽略箇中差異,最後建構一套宏大敘事。可惜,如此龐大而複雜的混合體,並非以修辭或強辯就可以拼貼出來。只要我們認真檢視劉小楓所拼貼的各種儒家元素,就會發現其中的粗糙與空洞。

(三)什麼是毛澤東主義?

我們不妨從一個平實的問題開始:什麼是毛澤東主義(Maoism)?劉小楓的修辭往往令讀者不自覺地跟隨他的思路,而直接回應毛澤東是否繼承儒家傳統。換個角度,從一個毛澤東崇拜者的觀點看,整個評論或會有趣得多。觀乎劉小楓的著述,談論毛澤東的不在少數,為什麼他耗費龐大心力於闡釋柏拉圖的王制、儒

35 劉小楓,《儒教與民族國家》,頁113。
36 劉小楓,《儒教與民族國家》,頁114。

家的革命,卻從來沒有注釋哪怕一篇毛澤東的文章?單純從崇拜者的角度出發,劉小楓的文字實在太多雜質,他讚美毛澤東讚得不夠純粹。毛澤東本身就很偉大,毋須以儒家來證成他的崇高地位。崇拜者會質疑,為什麼劉小楓經常東拉西扯,談論毛澤東會牽涉公羊學的春秋大義、康有為的大同理想、熊十力的心性之學,甚至是施密特的游擊隊理論?遍注群經,唯獨不見一篇毛澤東的完整文章,只餘下「六億神州盡堯舜」、「天翻地覆慨而慷」等零碎的豪情壯語。愈是東拉西扯,愈顯得劉小楓筆下的「毛澤東」其實是空洞的。

事實上,這種援引毛澤東一兩詞句來「證成」其思想根源的做法,學界早有析論。王汎森探討中國近代思想與學術的系譜,發現宋明理學的道德修養資源對近代的思想與行動有複雜的影響。近代的思想家並非全盤否定宋明理學,反而是繼承與批判兼具。關鍵是宋明理學作為一套完整學問的形式(form)已不復再,但理學的一些零碎想法卻是啟迪近代思想家的材料(matter)[37]。近代思想家的確運用了一些理學的材料或成分,卻不代表他們「繼承」宋明理學傳統,因為理學的形式或結構已經全然不同。在這個基礎上,王汎森進而評論毛澤東與中國思想的關係:「過去幾乎所有的研究都集中在找出毛澤東所引用的這一句或那一句古書,並未能從結構因果觀去理解。……並不是毛澤東的思想中有某種成分,後來便有相應的表現。」[38]

那麼,應該如何從學術眼光看待毛澤東的早年經歷?相關的研究其實很多,有哲學的,有歷史的,不一而足。例如李澤厚剖析青

---

37 王汎森,〈中國近代思想中的傳統因素——兼論思想的本質與思想的功能〉,《中國近代思想與學術的系譜》(台北:聯經,2003),頁133。

38 王汎森,〈中國近代思想中的傳統因素〉,頁159。

年毛澤東的文獻材料，注意到貫穿毛澤東一生的「動」「鬥」的宇宙—人生觀，而非儒家思想；這種「動」首先是體魄活動，而不是儒家「主靜」的心靈、精神、思辨活動[39]。又如普拉特從湖南考察近代中國發展，注意到毛澤東與湖南自治運動的關係[40]。早年的毛澤東原來主張地方獨立：「我是反對『大中華民國』的，我是主張『湖南共和國』的。有甚麼理由呢？」[41]；「中國呢？也醒覺了（除開政客官僚軍閥）。……最好辦法，是索性不謀總建設、索性分裂，去謀各省的分建設，實行『各省人民自決主義』。二十二行省三特區兩藩地，合共二十七個地方，最好分為二十七國。」[42]根據這些材料，我們看不出早年的毛澤東支持中華大一統，反而旗幟鮮明主張分裂。

關於「毛澤東早年經歷」的學術研究，簡單舉例，已見學界討論如此豐富。到底毛澤東早年的核心精神是「鬥爭」？抑或是分離主義？討論起來，爬疏文獻，印證比較，在所難免。然而劉小楓卻漠視上述的研究成果，一下子跳到「毛澤東繼承儒家的革命傳統」這個結論，去堆砌一個儒家聖王的傳說。說到底，怎樣也不是學術研究的應有之義。

---

39 李澤厚，〈青年毛澤東〉，《中國現代思想史論》（台北：三民，2009），頁127-150。

40 Platt, Stephen R. "Mao and the Hunan Self-government Movement," *Provincial Patriots: the Hunanese and Modern China*. Cambridge, Mass.: Harvard University Press, 2007, pp. 184-215.

41 毛澤東，〈湖南建設問題的根本問題——湖南共和國〉，《毛澤東早期文稿1912.6-1920.11》（長沙：湖南，1995），頁503。

42 毛澤東，〈湖南建設問題的根本問題——湖南共和國〉，頁504。

三、共和

如果說劉小楓的儒家革命論述成於1997年，不代表他的成熟觀點，那麼剛於2015年出版的《百年共和之義》應該足以表達他晚近的學術旨趣。近年出版的《共和與經綸》（2012）與《設計共和》（2013）雖然分別研讀熊十力與盧梭，但他聲稱兩書都是「討論民主共和思想的小書」[43]。即是說，三本書屬同一系列，主題都是「共和」。

（一）所謂「百年共和」

驟眼看來，主題從「儒家革命」轉到「百年共和」，似乎是兩個不同的論域；仔細閱讀，劉小楓的具體立場與分析卻跟二十年前的沒有分別。談到「百年共和」，讀者的合理預期是相關討論會涉及百年前的辛亥革命，以及隨之而來的共和政體。不過，劉小楓談論毛澤東的興趣顯然遠高於探討孫中山，對於政治人物的興趣亦高於政治制度。翻閱這三本書，主軸仍然是毛澤東如何接續儒家傳統，理論系譜仍然是「康有為—熊十力—毛澤東」；所不同者，只是將國共兩黨相爭歷史對立統一起來，繼承孫中山意志的不是蔣介石而是毛澤東，後者才是名副其實的國父：「誰是中國現代的國父呢？孫中山催生了共和革命卻沒有能夠完成共和革命，毛澤東接著孫中山完成了共和革命。」[44]在這種敘事風格下，國共兩黨的相爭只是歷史上的小插曲，關鍵倒是孫、毛兩人在不同階段以革命取代專制，

---

43 劉小楓，《百年共和之義》，頁1。
44 劉小楓，《百年共和之義》，頁93。

創設共和。但請注意，劉小楓的「共和」其實非關制度，他討論的
是「共和」制度所以可能的基礎，而他認為基礎是道德：「政黨的
德性品質低劣是國民黨失敗的根本原因。毛澤東帶領的共產黨群體
能夠最終建立共和，首先在於這個擔綱者階層的德性品質」。[45]關
於儒教士的問題也再次出現，只是說得更加直白，他坦言儒家官僚
與中共幹部在本質上是一致的，兩者都有高尚的道德情操與政治倫
理：「幹部是什麼人？幹部就是牧民、從事教育和負有教育子女義
務的精英。由此看來，儒家政治倫理的優良品質至少曾經活在老一
輩共產黨精英階層的血脈之中。」[46]

　　概括劉小楓所言的「百年共和」，原來無關辛亥革命，無關共
和政體。所謂「百年」，只是覬覦孫中山的「國父」之名，借辛亥
革命百年的名義來重新界定毛澤東的地位；所謂「共和」，亦只是
談論「共和」的精神基礎，輾轉談的還是儒家。如此翻來覆去，不
過換了詞彙，劉小楓的「共和」論述跟其「革命」論述根本如出一
轍。從立場、風格到問題，這條論述儒家的線索沒有寸進。既然如
此，我無意重覆上文對劉小楓「革命」論述的批評，我想將焦點轉
到他筆下的熊十力。

（二）《共和與經綸》的熊十力

　　可以說，劉小楓關注的焦點不是什麼「百年共和之義」，而是
1949。1949作為討論焦點，在華語學術界並不是新鮮事。王德威從
1949探討傷痕文學[47]；龍應台從1949述說國共兩黨以外的歷史，「向

45　劉小楓，《百年共和之義》，頁92。
46　劉小楓，《百年共和之義》，頁160。
47　王德威，《一九四九：傷痕書寫與國家文學》（香港：三聯，2008）。

所有被時代踐踏、污辱、傷害的人致敬」[48]；楊儒賓則一反主流的
悲情論述，而要禮讚1949[49]。這些1949的論述，似乎各有不同，然
而細心觀察之下，不難發現書寫的大都是台灣或者海外的經驗，而
這些經驗或多或少都屬悲情。有此悲情作為背景，楊儒賓才要撰文
禮讚1949，說明悲情之外尚有港臺兩地靈根自植承傳中華文化，其
文化意義不容忽視。

　　劉小楓很熟悉這種「港臺承傳中華文化」的論述，故此撰寫《共
和與經綸》，重新詮釋新儒家的第一代人物熊十力。此書以熊十力
1949年前後的論述為中心。書中開首提到，熊十力在1949年廁身廣
州，解放軍兵臨城下，他要做出一生中最重要的抉擇：是否應該留
守中國大陸？抑或是隨弟子牟宗三、唐君毅、徐復觀遷往香港或臺
灣？熊十力最終選擇留下，還應聘於北京大學哲學系。因為「十力
先生看得很清楚，中國傳統文化思想的土壤在大陸，不可能有什麼
流亡離島或割地的中國哲學」[50]。「離島」意指臺灣，「割地」意
指香港，劉小楓借熊十力的抉擇，諷刺新儒家偏安港臺，無所宗主，
根本接不上熊十力所開創的正統。這才是劉小楓認為1949值得關注
的理由：他不是直接拒斥港臺新儒家，而是重新詮釋其開宗人物的
著述，讓港臺新儒家消融於他的宏大敘事之中。

　　劉小楓的熊十力研究相當有突破性。過往的研究只注重熊的心
性論與形上學[51]，或者討論熊是否私德不佳[52]。劉小楓卻將研究重

48　龍應台，《大江大海 一九四九》（香港：天地圖書，2009）。

49　楊儒賓，《1949禮讚》（台北：聯經，2015）。

50　劉小楓，《共和與經綸：熊十力〈論六經〉〈正韓〉辨正》（北京：
　　三聯，2012），頁12。

51　例如景海峰，《熊十力》（台北：東大圖書，1991）。

52　例如翟志成，〈熊十力在廣州（1948-1950）〉，《中央研究院近

心轉向政治儒學，甚至判斷政治儒學才是熊氏心性論的核心。他的
主題集中於政治儒學，文本亦以1949年前後出版的《韓非子評論》
（1949）、《論六經》（1951）為基礎。當然，如果只是研究領域
有別，劉小楓不過是為熊十力研究作了補充，然而他的野心是建立
一套嶄新的宏大敘事，取代港臺新儒家的政治論述。學界談論港臺
新儒家的外王之學，往往以1958年發表的〈為中國文化敬告世界人
士宣言〉為基礎，而問題焦點是新儒家與自由主義能否會通。最近，
何乏筆撰文探討新儒家、自由主義與社會主義能否會通，直言新儒
家無法思考「儒學與社會主義的關係」[53]。可是，何乏筆在有意無
意間忽略了熊十力，而熊的著述正是「儒學與社會主義」的真實個
案。劉小楓就很清楚熊十力的特殊位置，他在書中多次引用熊十力
會通儒學與社會主義的文字：「《周官》建國之理想在成立社會主
義之民主國，以農工為主體。此非附會之詞」[54]；「共產主義本為
全世界無產大眾求均平，其宗在此，與儒家思想並無不合之處。」[55]
在這個意義下，劉小楓對於時代脈搏的掌握其實十分準確，表面是
熊十力的經典回顧，實際卻在劍指港臺的文化、政治論述。

　　篇幅所限，這裡只能簡略評說劉小楓的熊十力研究有何問題。
核心問題仍然是劉小楓的文學修辭，他偏向塑造宏大敘事，以代替

（續）
　　代史研究所集刊》，第21期（1992年6月），頁553-598；劉述先：
　　〈對於熊十力先生晚年思想的再反思〉、〈如何正確理解熊十力——
　　讀〈長懸天壤論孤心〉有感〉，分別收入《當代中國哲學論：人物
　　篇》（River Edge N.J.：八方文化，1996），頁141-151及頁153-175。
53　何乏筆，〈新儒家、自由主義與社會主義能否會通？〉，《思想》，
　　第29期（2015年10月），頁296。
54　熊十力，《論六經》，《熊十力全集》（武漢：湖北教育出版社，
　　2001），第5卷，頁729。
55　熊十力，《韓非子評論》，《熊十力全集》，第5卷，頁314-315。

嚴謹的哲學論證。這點可分兩方面說明。其一關於態度，劉小楓彷
佛代聖人立言，尊稱熊十力為「熊子」，亦每每以揣摩聖意的態度
推崇熊十力的偉大，假設熊十力的立場永遠是對的[56]。這是以歌頌
取代學術判斷。其二關於論述焦點，劉小楓觀察到關鍵人物（熊十
力），也觀察到重要議題（儒家與社會主義），但是一如以往用修
辭建構一套宏大敘事，而沒有深入探討相關議題的哲學意義。比較
之下，黃冠閔亦曾撰文[57]討論熊十力的外王學，嘗試從熊十力的修
辭整理出「烏托邦」與「世界公民」兩個論述層次，討論的闊度（比
較中外理想社會的模式）與深度（熊十力文本的複雜性）均高於劉
小楓。可以說，劉小楓觀察到關鍵人物與重要議題，卻滿足於小說
式的敘事，無疑是有感染力的，但犧牲了學術的闊度與深度。是否
值得，有待商榷。

結語

　　經過以上的討論，可見劉小楓論儒家的革命與共和，學術上有

---

56 相關論調可謂引不勝引，例如：「我們的學力不及十力沉閎，我們
的心志也肯定不如十力高遠，如果我們在閱讀十力學述時有墮入五
里雲霧之感，恰恰表明我們需要悉心閱讀，用心體會十力的為學精
神。」、「十力先生『學貫古今，融會東西』他的論斷儘管常常過
於簡單，我們不必多疑。」、「我們必須記住，凡遇到十力自相矛
盾的地方，我們切莫以為是十力搞錯了，多半是我們還沒跟上十力
的理路。」見劉小楓，《共和與經綸》，頁32、76、177。

57 黃冠閔，〈公天下：烏托邦或世界公民？——熊十力外王學的修
辭〉，發表於「現當代中文語境中的烏托邦與烏托邦精神：文本，
思想，空間」國際研討會。香港：香港大學人文社會研究所，2015
年3月20日。

不少可堪質疑的觀點。然而，學術上的漏洞並非漠視劉小楓的充足
理由。畢竟劉小楓值得關注的緣由不純然是學術的，還牽涉當下的
政治現實。這亦無可厚非。以劉小楓鍾情的康有為與熊十力為例，
兩人的學術也不是以紮實著稱，他們生前的爭議亦不見得低於劉小
楓，但兩人的著述仍受後人注目，研究至今不絕。劉小楓挑選了一
條結合學術與政治的路線，嘗試論證中共的革命與共和上承儒家傳
統，儘管我認為在學術上並不成立，但「政治儒學」始終是華語學
界近十年來的主流趨勢，不應忽略。劉小楓的「政治儒學」既在重
新界定「中國」（例如毛澤東才是「國父」），亦在界定「中國」
與周邊地區的關係，而港臺肯定是首當其衝的領域。如果港臺學人
繼續埋首書齋撰文營生，面對政治現實卻不著一詞，學術的歸學術，
政治的歸政治，不久將來，恐怕會被這套龐大而駁雜的宏大敘事包
融吞併。

劉保禧，香港中文大學通識教育部講師，講授人文經典。研究興
趣包括儒家哲學、中國近代思想史。過去幾年發表論文，主題環繞
牟宗三與海德格在哲學上的論爭。

「造反派，真的反了嗎？」：
文革「造反」的幻與真

朱學勤

　　五十年後檢討文革，不難發現一「異象」——群眾性「造反」一開始都要求「被造反者」承認其正當，遭拒絕，方有遊行、絕食、乃至臥軌，最後列隊進京，請求「聖旨恩准」。如此「造反」，與漢語本義相去甚遠，確實「史無前例」。或如毛澤東所問：「造反派，真的反了嗎？」[1]

　　李遜囑我為她的新書作序，我即從此處說起[2]。

1　陳長江、李忠誠，《跟隨毛澤東二十七年》，《共和國歷程》編輯
　　委員會編，《共和國歷程》，北京，光明日報出版社，1997年版，
　　中卷，頁1133-1134。參見唐少杰〈「文化大革命」的一首斷魂曲〉，
　　《華夏文摘增刊》614、《文革博物館通訊》447。

2　李遜，《革命造反年代：上海文革運動史稿》（香港：牛津大學出
　　版社，2016）。此書梳理當年發生在上海地區機關、廠礦裡的「造
　　反」主流，或可稱「正統造反」，本文為其代序，大致範圍亦限定
　　於此。除此之外，文革中還有「另類造反」，如遇羅克反抗血統論、
　　全國範圍臨時工「紅造總」、湖南地區「湘江風雷」等。後者大多
　　發生在校園大、中學生之間，我曾稱之為「思想型紅衛兵」，他們
　　一度為毛利用，亦曾與本文論述的「正統造反」短暫匯合，後經「一
　　打三反」、「清隊」、「深挖五一六」鎮壓，亦遭「正統造反派」
　　打擊，走向獨立思考，為文革後的思想解放埋下伏線。我本人青少
　　年時代之啟蒙即身受後者之惠，曾在二十年前舊作思想史上的失蹤
　　者有所論及。

　　曾獲毛澤東高度評價的「上海工總司」，是從「奉旨造反」開始。

　　王洪文現已去世，人們只記得他是上海工總司發起人，文革後下獄，罪名為「造反起家」。查1966年6月12日王洪文第一份大字報，即文革「起家」第一步，是批判廠黨委不抓階級鬥爭，執行修正主義路線，群眾意見當耳邊風。可見他並不是「造反」，而是「緊跟」1962年以後毛澤東突然拔高階級鬥爭，切合王當年本身是保衛科幹部這一紅色身分。「工總司」另一領袖王秀珍也是以同一罪名「造反起家」下獄，但她參加文革時的身分並不是工人，屬幹部編制，是技術員、勞動模範，與王洪文類似，政治身分很「紅」。查1966年王秀珍第一份大字報，也與王洪文類似，只是更具體：「廠黨委對資方人員階級鬥爭抓得不力」。他們都不是「造反起家」，而是與基層官員以及此後進駐的工作隊「比左」——比後者更積極，在政治光譜上屬更「左」一列。只是這樣的「更左」不為基層黨委、工作組承認，在單位內受壓制，卻受到毛澤東在北京不斷接見紅衛兵的激勵，才一步步走向社會，成立跨廠、跨行業群眾組織——「上海工人革命造反總司令部」。

　　成立這一組織之創議，也不是來自毛澤東激賞的「工人階級偉大首創」，而是來自復旦大學「炮司」學生，以及南下串聯的北京大學生包炮等人的提議。後者向工人披露小道消息：「造反」乃「聖上」旨意，是毛氏「文革」突破劉氏「四清」的新方向，這才消除這批人在那一年代必然會發生的安全疑慮。當包炮提出可組建「跨廠」、「跨行業」的「造反」組織時，在場者又有猶豫，擔心這「造反」二字會被人揪住，質問「你們造誰的反」？此時黃金海提議：在「造反」這一名詞前加「革命」二字，才讓眾人放心。王洪文再附議，加一個「總」字，即「工總司」這一簡稱之由來。

四十年後，曾任王洪文理論輔導員並因此下獄六年的蕭木先生反思文革，曾這樣回訪黃金海：

> 蕭問：為何要在「造反」這一名稱前要冠以「革命」二字，不知道這是語病嗎？
> 黃答：只提「造反」，會把許多人嚇退的，加上「革命」二字好得多。要知道在當時，「革命」是很吃香的呀。[3]

蕭木是從漢語本義發問，此前「革命」已屬「造反」，再加「革命」，豈非「造反」之「造反」？黃金海答問，是回到60年代歷史氛圍，「造反」是「吃香」，「革命」是保險，既要趨時，又要避禍，這是那一年代「政治正確」的時尚[4]。

王洪文被推舉為這一組織的「總司令」，也不在於他有多少領袖魅力，而在於他是共產黨員、復員軍人、保衛科幹部，當時能將這三重革命符號集於一身者無出其右。連王的一口京腔而非滬語，在那一年代的上海工人日常生活中本為弱項，但在此時也翻為強項：那一年代「突出政治」，來自北京的「政治正確」占據制高點，

3　此為李遜聽蕭木所言。

4　李遜曾聽蕭木先生言，當時工總司發起人之一女工徐美英曾遭其父親怒斥——「我老爹聽說我在廠裡造反，氣呼呼跑來找我，一見面就是劈頭蓋腦一頓臭罵。他說：造反，歷朝歷代都是殺頭大罪呀！你一個婦道人家去軋這個鬧猛做啥，真是昏了頭啊！要不是你已經出嫁，我今天就打斷你兩隻腳骨，看你還怎麼去造反！」徐美英向其父解釋：「我們是響應共產黨、毛主席號召造『走資派』的反，是『革命』的造反，不是反對共產黨、毛主席的『反革命』造反。」這一「革命軼聞」不僅真實而且典型，驗證當時人們聞「造反」而恐懼的普遍心理，又聽說是為「革命」而「造反」，方能克服恐懼。

外省口音即使在當地，一登臺即呈短板，知難而退。張春橋此後赴
安亭談判，憑他多年官場歷練，肯定能看出王氏京腔字正腔圓，要
比其它工人更能代表「工人階級」，而正面談判對手潘國平操一口
上海腔普通話，雖能言善辯，卻改不了底層工人之俚俗草莽，有待
「提高」。此後張有意抬王抑潘，將前者培養為「工人階級先進代
表」，這才有王洪文後來居上，被毛澤東火速培養為接班人，卻又
始亂終棄的故事。

　　毛澤東在文革後期批《水滸》，說「這支農民起義隊伍的領袖
不好」，「宋江投降了，就去打方臘」，語義含混，不知所指。如
果也包含對文革造反隊伍的怨恨，那也怨不得別人，這正是他手創
十七年專制統治形成的社會化惡果。確實是「領袖不好」，才形成
黃金海所言的普遍心理——「嚇退」與「吃香」，既有消極恐懼，
更有積極趨奉。如此「造反」，「這支隊伍」在「上山」之前即已
「招安」，此後「打方臘」勢所必然。由此才發生本文開頭所述那
一「異象」——漢民族素有兩千年造反傳統，卻從未見造反者先請
求被造反者批准，如此「造反」與漢語本義相距甚遠，甚至相反，
卻在1966年下半年堂而皇之發生了。

　　11月8日工總司籌備成立，首先要求市長曹荻秋到會承認他們為
革命組織。後者很快看出其軟肋，即向市屬各機關嚴令「三不」：
「不參加，不承認，不支援」，並稱這些工人是「社會渣滓」。「三
不」令下，眾人惶恐，即有動搖與逃散[5]。此時，那個北京大學生包

5　十年後官僚體系恢復重建，「清理三種人」重算舊賬，當可檢驗工
　　人們的這一「心病」並不多餘；又十年，換一茬年輕者更以跪姿請
　　願，天安門廣場上的學生回到這一要求，一定要當局承認「高自聯」
　　為合法，並保證不「秋後算帳」。二十年兩代人，體制不變，「心
　　病」難變。

炮向工人做第二次鼓動：一不做二不休，赴京請願，「請毛主席批准」，請得「大旨」壓「小旨」，才能避免「秋後算帳」。

　　1966年11月10日凌晨，工總司萬人隊伍衝向火車站，一千多人強行登車北上。他們之所以看中這列編號626次的列車，是因為它的終點站是北京，是「毛主席他老人家住的地方」。「奉旨造反」不獲承認，一躍為「請旨造反」，震驚中外的安亭事件，就是在這樣的「造反」邏輯中發生的。

　　這是一群向地方政府說「不」，卻向皇恩屈膝稱「諾」的「請旨者」，他們困頓在那個四級小站，淒風苦雨，饑寒交迫，理應同情。張春橋奉令去談判，站在卡車上推開雨傘，忍受風雨以及工人們的叫罵，亦屬難得。但是，安亭工人的這一「先進覺悟」並沒有超過1905年1月9日的彼得堡工人，後者也是舉著沙皇聖像——稱其為「小爸爸」，走向皇宮請願。安亭道上「爹親娘親不如毛主席親」，與六十年前彼得堡「小爸爸」可謂同義反復。即使與中國本土工運比，安亭工人也落於歷史起點之後：1923年「二七」工人大罷工，鐵路工人林祥謙尚敢提出「為自由而戰，為人權而戰！」此後四十三年，在毛澤東手創體制下，黃金海、王洪文不敢言「自由」、「人權」，只能在「造反」之前冠以「革命」二字，即使再加一個「總」字，那也與「造反」本意相去甚遠，歷史倒退了多少年？

　　另一被毛澤東激賞的文革標誌性事件，所謂上海市委寫作班「造反」，更是一場被誇大的神話。這些人在黨政機關中生活多年，正統奴性比王洪文、黃金海們更深厚。如果說工人是從「奉旨造反」走向「請旨造反」，這些人則是「探旨造反」，一步三探，探得「聖旨」方造反。

　　寫作班緣起復旦歷史系幾位中、青年左翼教師，初名「羅思鼎」，似有古意，其實是諧音「螺絲釘」，也是在緊跟當年之「吃香」。

1964年中共華東局、上海市委將其納入麾下，撥丁香花園供其內部辦公，對外署名「丁學雷」。「丁」即丁香花園，前清大臣李鴻章家族秘蓄小妾之私園；「學雷」，即當時的紅色時尚「學習雷鋒好榜樣」。「丁香花園學雷鋒」，豈非滑稽？而當時的授、受雙方卻渾然不知。「為革命而寫歷史」，本身即生活在歷史的嘲諷中。

1965年毛澤東在上海私下策動文革，朱永嘉以史家身分為姚文元提供批吳晗《海瑞罷官》明史資料，自第八稿起，直接參與此文修改。1965年11月上旬，兩人參加有上海市委第一書記陳丕顯、市長曹荻秋、文教書記張春橋等參與的定稿會議。文革「造反」後，這一班人對內改稱寫作組，學科從史學擴及文學、哲學乃至自然科學，成上海地區輿論總管，聽命於張春橋、姚文元。文革十年上海之所以不成立宣傳部，原因之一就在於這個班子已行使宣傳部職能，學科「齊全」，足夠使用。林彪事件後，這個班子為毛澤東提供專項服務，注釋古籍大字本，密印專送。個別人從事與學者形象不相稱的特殊任務：在不服張、姚文革新秩序的中學生裡安插臥底，密寫情報，則又超過了宣傳部職能。

與北京「梁效」比，「丁學雷」可謂「南書房行走」，地理上屬南方，政治上卻比梁效更貼近中南海。「梁效」取名僅為北大、清華「兩校」之諧音，比「丁學雷」晚出十年，僅在文革晚期「批林批孔」，既不承擔宣傳部職能，亦無緣介入中樞政治，也不從事與學者身分不相稱的特務使命。梁效固不足取，但將南北兩個寫作班子簡單並列，則有可能忽略上海寫作班的特殊性，遮蔽那一年月知識階層某些特殊人更為幽暗的一頁[6]。

---

6 寫作班後期也做過一些好事，如出版知青數理化自學教材、《學習與批判》、《摘譯》（自然科學版、社會科學版）雜誌等，後一類

　　可想而知，1966年底要策反這樣一群人，要比策反王洪文、黃
金海困難。他們是統治階級中的被統治者，既是「包衣」又是「帝
師」：對上為「包衣」——恭迎聖旨及張、姚傳旨，垂手肅立，甘
為驅使；對下為「帝師」——自恃「南書房行走」，高視闊步，斥
工總司為「工字頭」、「那幫『小兄弟』」，語多輕蔑。1968年，
姚文元在京接旨，發表〈工人階級必須領導一切〉，但「南書房帝
師」並不把身邊的「領導階級」放在眼裡，還是鬧摩擦，以致積隙
成怨，釀成《朝霞》事件[7]。

　　1966年下半年，有復旦紅革會、中國科大南下串聯大學生許小
昆、忻鼎亮等人與徐景賢接觸，啟蒙他們「造反」。徐事後回憶，

（續）

　　出版物充塞極左教義，但在文化荒蕪年月，客觀上也發生一些普及
　　知識的作用，不應一筆抹煞。其具體成員也應區別，既有一心想圓
　　文學夢卻又只能服從黨召喚的蕭木，也有入彀不久即反叛、文革後
　　大徹大悟的戴厚英。即使如徐景賢晚年，對寫作班當年迫害知識界
　　有一定程度反思，雖不到位，也不宜忽視。也有余秋雨這樣的雙開
　　人物，文革、改革兩個時代都能吃得開，暢行無礙。後者之得志，
　　不在自身，而在他置身的這兩個時代：文革雖被否定，但體制所需
　　未變，寫作班本質為御用，從「文革寫手」到「文化大師」，「主」
　　不變，「奴」亦不變。朱永嘉剛出獄時有所反思，但近年則持另一
　　心態，雖以解釋並維護「天子心事」為己任，諸多回憶亦有史料可
　　讀，不必因人廢言。但他怒斥廬山會議上的彭德懷、張聞天，稱後
　　者為「佛頭澆糞」，要李銳等人「放下屠刀，立地成佛」（見朱永
　　嘉2009.5.10.〈說說廬山會議這件事〉），則令人想起他年輕時使用
　　的語言。此文要害不在於偏袒施害者，苛責受害者，而在於投石問
　　路，為廬山會議翻案。此案一翻，也就為批〈海罷〉發動文革翻了
　　案，由此，也就為朱永嘉本人參與批〈海罷〉翻案。「廬山會議」
　　是聯接朱永嘉參與毛澤東發動文革的心結，故而他非要「說說這件
　　事」不可。

7　1974年寫作班已改稱寫作組，主辦文學雜誌《朝霞》，創刊號及第
　　二期有三篇小說被「工總司」認為是影射，興師問罪，遂成內訌。

他對這些大學生內心佩服，但不敢行動。這是因為寫作班有內部紀律，張、姚不撥，他們不動。安亭事件後，「造反」成新朝時尚，寫作班內喧嚷不已，唯恐落後，徐景賢內心彷徨，開始向北京張、姚請示，頻頻「探旨」。

12月12日晚，姚文元在電話中催促：「你們是寫文章，還是上第一線？」遂有寫作班議決「造反」，這是12月14日上午。徐當晚「再探」，又打電話向姚文元彙報此一決定並請示。這一次姚回答得更明確：「你們願意革命，我們總是支援的」，還在電話中明示：「要把主攻矛頭指向陳丕顯和曹荻秋，以批判資反路線打開市委缺口。」徐回憶說，「當時姚說的是『革命』，不是『造反』，這一點我印象特別深刻。」

這一電話無意中切合前述「造反」一定要加「革命」二字，可見黃金海所思所慮不虛。四十年後徐景賢有所反思，坦承當年心態：

> 在打出造反旗幟之前，聽到姚文元的表態，我就放心了。他們在毛主席身邊工作，是毛主席信任和支持的，他們同意我帶領寫作班和市委決裂，我就有了強有力的後盾與靠山，足以抵禦市委的壓制和打擊了。

1966年12月18日下午，上海市委寫作班在文化廣場宣布「造反」，「市委心臟爆炸，曹家後院起火」，一時轟動。朱永嘉代表「羅思鼎」宣布對陳、曹造反，徐景賢代表「丁學雷」全體作長篇報告，表態要「緊跟張春橋、姚文元」。這在當年各式造反宣言中亦為首創，那時的造反宣言都只說「緊跟毛主席、林副主席」。一個星期後，姚文元從「紅機子」來電話，以罕見的興奮語氣告訴徐景賢：「毛主席看到了你們造反的消息；上海的學生起來了，工人

起來了，機關幹部也起來了，上海大有希望！」對徐景賢們此時還在擔心的「內外有別」，張春橋代他們就近「探旨」，兩次「探問」，毛回答得很慷慨：「內外有別，不是早就打破了嗎？」

徐景賢聞言雀躍：

> 我聽了毛澤東的指示，興奮萬分，向寫作班的全體成員作了傳達。我還說：有毛主席撐腰，我們不能再猶豫了，我們要在「全國全面內戰」中立新功！[8]

毛之言亦不虛，他是「無法無天」，一貫踐踏黨紀。就在此前半年，即1966年7月8日毛澤東在韶山滴水洞給夫人寫家信，「黑話」連篇，放言無忌，早已打破「內外有別」。而「丁學雷」為臣下，跪慣了，一時直不起腰來。「探」得如此「內旨」，「有毛主席撐腰」，方敢站起來向昨日主子喊一嗓子。即使如此，有一個細節不能忽視——

12月17日晚，就在丁香花園已議決「棄舊圖新」，次日即向舊市委亮出「造反」旗幟，徐景賢以工作需要為由，代舊主曹荻秋寫

8　1966年12月26日毛澤東壽宴，毛舉杯祝酒：「祝明年全國全年內戰」！數日後兩報一刊元旦社論傳達這一旨意，稍有柔化，改稱「全國全面階級鬥爭」。但徐景賢2013年《最後的回憶》再次確認毛這一原話，並說明是在從姚文元上述電話中聽得，逐字記錄。徐在這裡雖表態要為「全國全面內戰」立新功，但在1967年果然發生「全國全面內戰」時——各省市皆因奪權派戰，爆發大規模持續性熱兵器武鬥，上海卻很快穩定下來，並未進入全面內戰。個中原因與張、姚有上述優勢，一手通過寫作班控制輿論，一手通過工總司控制社會局勢相關。文革時期的上海之所以稱「首善之區」，未有第二次大亂，秘密即在這裡。

檢查，向市委辦公廳要求安裝「紅機子」，其實是為新主拉起一根
與其通話更秘密的專線。紅機子裝成，姚文元果然關照徐景賢，號
碼只能讓他一人知道，不得外傳，徐立即派專人二十四小時守護紅
機子，守護這條生命線——

　　至此，北京與上海千里一線，京中「內廷」與滬上「外臣」頻
密互動。何為「探旨造反」，何為「再立新功」？何為「上海起來
了」，毛澤東青睞這座城市超過他的政治之都？「紅機子」知道「雙
城記」太多秘密，它應該列為「紅色」文物，進入文革十年博物館。

　　真正值得重視的，是四十萬上海臨時工、外包工等底層工人「假
旨造反」。「假」者，「借」也，不是假傳聖旨，而是「借」旨為
名，為自己切身利益造反，當時即被視為異類，遭奉旨、請旨、探
旨者聯手絞殺，至今未得正名。

　　李遜置於全書篇首有一文革前體制身分等級圖，按此排列，王
洪文、黃金海等為工人上層，自喻「共和國長子」。在此之下，還
有更多臨時工、外包工，同工不同酬，無勞保，無福利，甚至無城
市戶口（「大躍進」失敗後被哄騙返鄉）。後者如果還能稱工人，
至多是「次子」，有臨時工自稱「小老婆養的」，可謂「庶出」。

　　「庶出者」第一張大字報即直指「人的尊嚴」。據「假旨造反」
發起者沈福祥回憶，當時他們是去國棉十七廠看了王洪文的大字
報，難以認同，回廠商議自己的命運，即想為自己政治上被歧視、
經濟上被壓榨的處境造反。初稿寫成後，也曾有爭議：

> 沈福祥：我們公開提出要求人的尊嚴，這與當前的政治空氣很
> 不合拍，是否會帶來麻煩？事實上十七年來從不提倡人的尊
> 嚴，從教育小學生開始就不允許發展人的個性，把人人變成一
> 個個呆板的螺絲釘。從現在的眼光看，黎提出人的尊嚴，實質

就是爭取人權。

黎伯昂（執筆者）：我們「臨兄」受人歧視，處處不平等，連起碼的人的尊嚴也沒有，還談得上什麼其他的東西？這是最根本的問題，如果連這一點也怕受到圍攻，那我們根本不用動筆了。[9]

雖有猶豫、顧慮，這張大字報還是貼出了。可見「庶出」者「首出」，即比「螺絲釘」、「丁學雷」高出一頭，也可與前述黃金海回答蕭木的對話相比。在那一體制身分等級下，政治覺悟恰與人們在體制內外的地位成反比。

沈福祥去上海外灘，發現王洪文等人以「永忠隊」名義貼出的大字報，是「炮轟」當時進駐國棉十七廠的工作隊隊長，占據有最好的位置。而在這張大字報的上方四五米，還有另一張大字報，題名「為什麼」，提出十四個疑問，直指當時的用工制度，落款也是一群臨時工。人們駐足仰觀，目光越過王洪文「永忠隊」那一張大字報。沈福祥敏感到：

人們在這張大字報上感受到一種「真造反」的氣息。

什麼是「真造反」？陳勝、吳廣起義是真造反；攻打巴士底獄是真造反；馬克思、恩格斯兩位青年巨人在《共產黨宣言》中宣稱「一個共產主義的幽靈在歐洲徘徊」是真造反；井岡山武裝割據，偏要升起一個太陽給老蔣看看是真造反。真造反是離經叛道，是獨立思考。可是，由首席發動幾億之眾去反對老二（劉少奇）、老七

9　沈福祥，《崢嶸歲月》，香港時代國際出版有限公司，2010，頁125。

（鄧小平），反對後來的老三（陶鑄），反對再後來的老二（林彪），
並支持學生工人、農民反對本單位大大小小的頭頭，也算是「造反」
嗎？這不由使人聯想起史達林、朱元璋。只不過這兩人是秘密地幹，
而「文革」卻是沸沸揚揚地征討，造成一種「大民主」氣氛[10]。

　　沈還注意到，仰觀「真造反」者多為工人、市民，因為它涉入
「假造反」不曾觸及的禁區——等級身分與勞動制度，觸及人權壓
制，每一成年人在日常生活中都感同身受。但當時造反風頭正健的
學生群則是另一種態度：

> 那些可愛的小將們卻露鄙夷之色，不屑一顧，輕飄飄地走了。
> 小將們對這張大字報的輕蔑使我覺得十分震驚和失望。……為
> 什麼在紅旗下長大的紅衛兵卻對生活中貧困中的臨時工失去了
> 同情心呢？為什麼他們竟有如此敏銳而冷酷的政治嗅覺呢？為
> 什麼他們一看到這樣的大字報，立刻能嗅出與「大方向」背道
> 而馳的味兒，而且絕對不再去追問幾個為什麼，堅信上面紅色
> 司令部的指示絕對正確呢？他們在學校裡讀的什麼書？是什麼
> 樣的教育使他們泯滅了人性？這些熱血沸騰的青年，血管裡流
> 淌的果真是熱血嗎？這樣的一代青年，和「二戰」時期的德國
> 青年有多少不同？[11]

　　沈福祥上述回憶留有當年的現場感，也有後來深化的反思。但
與當下更多紅衛兵回憶錄相比，後者大多局限於校園，至今無人將
反思觸角伸及社會層面。如果說學生「不知稼穡之艱難」，那麼同

10　同上，頁129。
11　同上，頁130。

處一個階級的「工總司」們，每天都在同一工廠、同一食堂、甚至同一家庭內與「庶出者」朝夕相處（王洪文自己的妻子崔根娣即臨時工），卻對後者遭受的身分壓制視若不見，斥其為「干擾鬥爭大方向」，更令人心寒。

「庶出」者「假旨造反」，與王洪文、黃金海們「奉旨造反」同時。11月9日工總司召開成立大會，臨時工、合同工亦曾參加。十天後，他們成立了自己的組織：「上海市臨時工外包工革命造反總司令部」，開始出現群眾性勞動保障訴求，工總司斥其為「經濟掛帥」。這一組織成立當天，曾去工總司總部請王洪文參加，即遭冷遇，拒不見面。此後，臨時工們又以十萬之眾聲援12月初上海色織二十四廠造反派與赤衛隊衝突，希冀以「友軍行動」換得工總司支持，儘管王洪文當時只能調動五千人，還是不理不睬。

為消除歧視，「庶出者」不得不把原初名「臨時工、外包工」刪除，代之以「紅色工人」，改稱「上海市紅色工人革命造反總司令部」，簡稱「紅工司」，所發宣言比「工總司」更「紅」：從五四運動鮮血、共產黨「一大」明燈，直至天安門廣場的五星紅旗，將種種不相關的紅色符號塗滿全身，方戰戰兢兢吐露他們真實的要求：要轉正，要戶口，要同工同酬[12]。

這一真實訴求觸及北京最高當局的分歧，由此引發「一月革命」，「假旨造反」百日未遂，即被鎮壓。而「一月革命」為何導致對他們的鎮壓，真相遮蔽五十年，此處可略作申論。

1966年11月北京召開中央工交會議，國務院系統以谷牧為代表

12　四十萬人在街頭集會中相互辨認，有一寒酸而又準確的自稱：「臨兄」。聽一聲「臨兄」，即可認出對方是同樣的編外零餘人。此一細節可比列寧所言工人無祖國，聽一聲「國際歌」，即能辨認出階級弟兄。

的經濟官員擔憂文革亂局擴展至工礦企業，將引發被壓制已久的經濟訴求，難有財力應對。12月4日，谷牧向政治局彙報，工業生產下滑，經濟風潮已經出現，形勢危急。這些經濟官員原來就對文革不理解，此時以經濟風潮為據，對毛澤東進一步擴大文革範圍的要求消極抵制。毛澤東視為要脅，怒稱：「死了張屠夫，就吃混毛豬？」

毛對「張屠夫」之厭惡由來已久。1953年史達林去世，毛開始尋求蘇式計劃經濟與官僚科層制之外的「中國式道路」。1955年以底層農民加入合作社的「敲鑼打鼓」為依據，毛寫作「中國社會主義高潮」系列編者按，痛斥鄧子恢等人為小腳女人。1958年批周恩來反冒進，迫使後者流淚檢討。此後大躍進造成大饑荒，毛之「探索」在農村慘敗，遂將視線轉移至上層建築、城市廠礦。此時文革在上層建築已經發動，卻為國務院經濟官員所阻滯，不能在城市廠礦全面鋪開，毛當然不滿。此時他寄望於工人階級的「首創精神」，一如1955年來自農村的「敲鑼打鼓」，能為他打開被「張屠夫」卡住的瓶頸。毛與後者僵持了三個星期，終於等到從上海這一「工人階級最為集中」的「先進城市」傳來他急盼的「政治回聲」。

1967年1月3日，毛曾令張、姚返滬，就地觀察。此時經濟風潮已從鄰近上海的江蘇等地蔓延至市區，因授權有限，張、姚二人抵滬後只是在第二線調研、聽取彙報，並未有多大動作。

於此同時，從工交會議開始的「張屠夫」那條線為「維穩」所迫，提前運作。安亭事件後，上海保守派組織工人赤衛隊也北上請願，釀成「昆山事件」，京滬線再次受阻。1月1日，周恩來半夜打電話轉告陳丕顯，令其速去上海鐵路局公安處，在那裡等他電話。凌晨2點，陳丕顯穿軍裝披軍大衣，威風凜凜趕至現場。周以中央名義令其停止病休，出面主持工作，並在電話中下達指令，就地逮捕赤衛隊負責人、鐵路調度王玉璽。這是文革期間全國第一次動用專

政機關直接捕人，此舉顯然是吸取安亭事件為張春橋搶得先機之教
訓，先下手為強。但也成為陳丕顯主持工作後，對工總司等人的見
面禮。押走王玉璽，已是2日後半夜3點，陳披著那身軍裝趕至東湖
賓館，召集各大群眾組織開會，由在場大學生起草〈告上海人民書〉，
呼籲市民、工人返回生產崗位。3日下午《《文匯報》》告急，有群
眾組織因聞言該報將被《解放日報》兼併，迫於生計，衝進編輯部
門，宣布「接管」編輯業務。晚11點，周恩來再讓《北京日報》辦
公室給《文匯報》打電話，傳三條指示：一，報紙接管，沒有這種
先例，社會上只有封報紙，沒有像你們這樣的做法；二，不要在報
紙上點劉少奇和陳丕顯的名字；三，辦報要慎重。

　　張春橋、姚文元抵滬，先見的是寫作班，後見陳丕顯，轉達周
恩來要他出來工作的指示。但陳丕顯此前已得周恩來令，提前一日
站上第一線，三箭齊發：逮捕王玉璽，主持東湖會議起草〈告上海
人民書〉，令《文匯報》全文刊載。工總司雖在〈告上海人民書〉
上領銜署名，但王洪文在東湖賓館會議期間一直打瞌睡，未發一言。
醒來後說：「這種會有啥開頭，沒有一個名堂！」

　　陳丕顯再發第四箭：1月8日下午在錦江賓館召開各部、委、局、
辦負責官員與群眾組織聯席會議，制定〈緊急通告〉。陳見朱永嘉
在場，要他坐到自己身邊，記錄發言並整理紀要，朱此時已宣布對
他「造反」二十天，陳一仍其舊，親切招呼曰：「小朱，來來來」。
朱內心也還是認陳「畢竟是市委負責人」[13]，一聽招呼，果然「來
來來」，「造反」與「被造反」又坐到了一起。

　　紀要草成，朱請示陳，是否稱〈緊急通告〉？陳應允，大筆簽

13　朱永嘉，《已申春秋——我對文革初期兩段史實的回憶》，香港大
　　風出版社，2015，頁194。

發。事後證明，這是一件大事，陳辦成後應向周恩來報告，但他卻讓秘書向張春橋報告，或許示好張，或許希望張將自己這一功勞轉呈毛澤東。不料此後形勢急變，張將此功勞占為己有，而且將陳單獨關押。此後多年，陳丕顯再無可能向周恩來那條線彙報。此事在陳可謂小誤，但對文革全局卻造成重大後果：呈報〈緊急通告〉切換至江青那條線，引發毛誤判，以為這正是他盼望中的工人階級「首創」，遂將此推高為「一月革命」，號召各省市群眾組織向「走資派」奪權，文革失控，全國大亂，竟由此肇始。

朱永嘉等介入〈緊急通告〉，起初也渾然不知此事具「偉大歷史意義」。朱從錦江賓館返歸寫作班，將〈緊急通告〉帶給徐景賢看，請示能否交《文匯報》發表？朱僅欲爭取「雙保險」，雖經陳丕顯簽發，最好還能徵得徐景賢同意。徐未及思量，果然同意。

李遜梳理上述史料至此，提示讀者注意，〈告上海人民書〉與〈緊急通告〉相比，語氣發生變化，前者是向市民呼籲，後者不僅有呼籲，還責令市委與公安局照此執行。這一提示很有見地，但由此而生的判斷則可商榷。她認為這是「市委的權力和權威已經轉移的標誌」，而我以為相反，此處能看到的不是「市委的權威已經轉移」，而是這一權威的「回歸」，由此，或能觸及「一月革命」的真相：

一，陳丕顯接周恩來令──「主持工作」，是「一月革命」的始發動力。此時他雖被「造反」，但華東局第一書記、市委第一書記的職務並未免去，動用專政機關半夜捕人，令行禁止，權威猶在；

二，東湖賓館與錦江賓館兩次會議，與會者發生重要變化。前者僅群眾組織頭頭與會，後者則增加了市委各機關負責幹部，包括強力部門。只有第一書記才能召集這些「張屠夫」，可見權威不僅「在」，而且在集體性「回歸」。

　　三，兩份傳單語氣有變，即兩次會議參與者變化的結果。1月3日的傳單出自在場大學生之手，是群眾組織向群眾呼籲，並無強制性，即名副其實的傳單；1月8日的傳單出自朱永嘉之手，機關文秘奉機關首長之令，向屬下各部門書寫指令，形式還是傳單，內裡已是「通令」，具強制性，語氣當然變化。

　　可見「一月革命」之起，不是因為舊權力轉移，而是舊權力回歸，甚至是「強力」回歸。如果說「一月革命」是路線鬥爭，那也不是文革這條線之「首創」，而是國務院周恩來、陳丕顯那條線抵制文革亂局所致，是「張屠夫救了混毛豬」，而不是「死了張屠夫，不吃混毛豬」。文革之荒謬即在此，誰是「一月革命」的發動者？不是別人，恰是「一月革命」此後指控的對象——陳丕顯等「張屠夫」，「走資本主義道路的當權派」也！

　　那麼，此後被宣傳為「一月革命」功臣的張春橋、姚文元那條線，與此事的真實關係又是如何呢？

　　1月4日，因昆山事件京滬線再次受阻，張春橋確曾讓工總司在上海鐵路局的負責人謝鵬飛去把生產組織起來：「他們不管，你們管」[14]。張確有此話，但並未重視此事。1月5日上午，〈告上海人

14　此語出自2015年5月19日李遜採訪謝鵬飛，謝回憶轉述。此事從1月4日救援運輸，發展為1月9日「接管」上海鐵路局，對經濟形勢有重大影響，不亞於《文匯報》群眾組織「接管」編輯業務。張春橋將鐵路「接管」也曾彙報給毛，囿於文人重意識形態不重經濟，他並未在意此事具全局意義。毛亦有此偏向，只是他的文人浪漫處於最高權位，可任性發揮，張步步緊跟，亦有不及。毛抓住《文匯報》一事小題大做，向高處急推，將群眾迫於生計之「業務接管」上升為「政治奪權」，是「一個階級推翻另一個階級的大革命」，對鐵路局「接管」雖予表揚，並未予以同等重視。如此畸輕畸重，與當時周恩來對《文匯報》「接管」持三條保留、對K14次特快駛達首

民書〉刊載於《文匯報》，張感到突然：「這件事我們事先一點也
不知道啊！連發表〈告上海人民書〉也不打個招呼？」

　　1月9日，《文匯報》再刊載〈緊急通告〉，張進而惱怒：「怎
麼搞的，剛發表了個〈告上海人民書〉，又來了個〈緊急通告〉？！」
張回頭訓斥徐，為什麼派朱永嘉去參加陳丕顯主持的那個會議，並
起草這個〈緊急通告〉？徐景賢轉身訓斥朱，為什麼擅自代表寫作
班簽署〈緊急通告〉？就在張訓斥徐，徐訓斥朱，朱無人代嫁，眼
見大禍臨頭時，忽聞「中央賀電」到，眼睛一眨，老母雞變鴨，毛
澤東點石成金，眼前這份〈緊急通告〉從燙手山芋變成了「一月革
命」！

　　原來不僅張、姚錯過聖上心意，連毛身邊的《人民日報》在第
二次轉載上海傳單時，也未跟上毛的激越多變。《人民日報》1月9
日以頭版頭條醒目位置轉載此前〈告上海人民書〉，配發編者按，
但到1月11日，轉載《文匯報》〈緊急通告〉時則不甚重視，排在了
第三版。眾人皆未注意這個「第三版」，唯江青慧眼獨具，理解毛
此時所急所盼，將〈緊急通告〉與新華社電訊稿「上海革命造反派
向資產階級反動路線發起總攻擊」放在一起，專呈毛。毛此時注意
力就在上海，讀1月3日〈告上海人民書〉，正是他急盼中的「工人
階級首創精神」，為之大喜；再讀江青專呈〈緊急通告〉，居然有
那麼多群眾組織連署，幾乎是再現他青年時代「民眾的大聯合」，
為之狂喜。毛將兩份傳單捏合成一個「東方的巴黎公社」，打破人
民日報狹小格局「第三版」，欣然命筆，敕令四大中央機構向這三
十二個群眾組織發公開賀電，號召各省市仿效上海，大聯合大奪權，
這才是大手筆大格局，不僅刷新1949年中共建政以來的紀錄，亦刷

（續）————————————————————————————
　　都打通京滬鐵路路線分外重視，適成反照。

新1871年自有巴黎公社以來的國際共運的所有紀錄！

可憐「一月革命」，原來是一場張冠李戴的大烏龍：本出自「張屠夫」那條線之「應急」，或可稱「維穩」；卻因江青所報而非陳丕顯所呈，毛竟認為這是「工人階級」反抗「張屠夫」的「偉大創舉」，而張、姚、朱文革這條線則隨之轉向，再不提此前惱怒，立刻跟上偉大領袖的戰略部署，齊聲頌聖。張春橋暗示朱永嘉，不許提及此事原為陳丕顯主持，將此功據為己有；朱心領神會，緘默不語（見朱永嘉《己酉回憶錄》）；陳失去與北京周恩來那條線聯繫，打入牛棚，被迫封口，八年後恢復官位，又因鄧小平已徹底否定文革，雖能出版官式回憶錄，但對「一月革命」只能含糊其辭，等於第二次封口。如此張冠李戴，其實是多方乃至對立方有意無意間合謀，共犯欺君之罪：張偷樑換柱，朱守口如瓶，陳有口難言，眼睜睜看著聖上在京手舞足蹈，打破各項紀錄，卻沒有一人上前將真相道破。文革中把毛澤東「高瞻遠矚」捧上了天，「偉大戰略部署」云乎哉？由此可見一斑，亦可一歎。

本文關注的是：1月8日在〈緊急通告〉上署名的群眾組織有三十二家，工總司與其下屬的二兵團、三兵團並立簽署，甚至出現此前此後再也不聞聲息的「上海工人安亭兵團」，學徒工組織也有兩家，顯然是湊數，以滬市俚語稱——「阿貓阿狗都有」，為何不見那個擁有四十萬「臨兄」的「紅工司」？

原來他們不是沒有參加，而是被轟了出來。紅工司代表費敏章參加了錦江賓館1月8日那次會議，但沒有簽字。費在現場爭辯：〈緊急通告〉會給臨時工、外包工帶來壓力，要求增加條文，結果在爭執混亂中「耽誤了簽字」[15]。而據徐景賢令人編寫的《一月革命大

15　沈福祥，《崢嶸歲月》，香港時代國際出版有限公司，2010。

事記》，是這一組織的代表不肯簽字，被轟出了會場。與他們一起
不肯簽字，同時轟出會場者還有回鄉工人的「支農司」、農場工人
的「農司」。這三個組織後來都被視為「經濟主義組織」，被勒令
解散，嚴加批判。

　　前文已述，如果說文革時期上海地區還有什麼真「造反」，只
能是紅工司「假旨造反」，假作真來真亦假，此時卻遭到「奉旨、
探旨」者與「走資派」的聯合絞殺。「一月革命」雖為烏龍，烏龍
也成墊腳石，參與那一神話的三方都踏上了一隻腳，踩在了他們頭
上[16]。「假旨造反」僅為隧道中途的瞬間一閃，照亮了這一階級的
真實處境。在當時的歷史環境中，只有從欺騙性的「政治掛帥」向
後回轉，才有可能觸及這個階級的真實處境，走向這個階級早已失

---

16 當時的臨時工、外包工等是以日計酬，因經濟壓力不敢擅離職守，
　只能堅持每天出勤（2015年5月19日李遜採訪謝鵬飛，謝坦承此一
　關鍵點，亦為難得），即使參與造反活動，也只能堅持「業餘鬧革
　命」，不可能像工總司那樣可以在八小時內離開崗位「鬧革命」，
　此後「經濟主義妖風」之惡名卻加在這些人頭上，此其一。其二，
　他們雖然提出經濟要求，但因沒有可衡量的工資等級標準，即李遜
　所言無「政策資源」，臨到「走資派」簽字補發工資，卻沒有他們
　的份，實可謂「背惡名而無實惠」。其三，即使如此，紅工司當時
　的實際行動也已打破了經濟主義妖風這一惡名：1967年1月上旬，
　列車運行癱瘓，紅工司組織鐵路系統臨時工構成臨客102次乘務
　組，與京滬特快14次掛為同一列，並任命一位女臨時工金月雯為正
　車長，另一位姓張的正式工為副車長，1月6日開出上海站，節節北
　上。周恩來大喜過望，特命國務院派員去北京站迎接，接見金月雯
　等全體司乘人員。人民日報與中央廣播電臺專題報導，將14次特快
　譽為「第一列紅色列車」，一時轟動。但工總司卻不願臨時工分享
　榮譽，在紅工司負責人赴京參與周恩來接見途中，竟用轎車跟蹤並
　衝撞他們去機場所乘車輛。（李遜書，頁322）那位張姓副車長後
　來被工總司推舉為中共九大代表，而金月雯為代表的那群臨時工則
　消失無聞，功勞全部歸於工總司名下。

落的解放起點。沈福祥們距工總司遠，離林祥謙近，距彼得堡1月9日遠，離安源1921年近，可悲的是，這一步不是被吳佩孚鎮壓，而是被「無產階級的偉大導師」、本階級自詡的「革命長子」、以及「革命文人」聯合鎮壓，歷史的起點再一次被推遠。

文革中曾有「毛主席去安源」巨幅油畫，單張印刷九億多，堪稱世界之最，此時已成諷刺。毛1921年赴安源即為「經濟掛帥」，從工人的經濟訴求入手，組建工會，發起罷工。此後赴京登基，拋棄經濟掛帥，強調政治掛帥，則與1921年判若兩人。1957年鳴放初起，各地曾出現類似安源當年的經濟風潮，毛批示：「工人要看清大局，不要鬧事情。在此期間，不要提出福利工資問題，一致對付反動派。」[17] 1967年紅工司再起，毛乾脆以「經濟掛帥」罪名鎮壓之。1967年在全國範圍鎮壓工人的這一民生訴求[18]，1968年又從政治上號召「工人階級必須領導一切」，其實是對學生運動始亂終棄，以「工宣隊」掩護「軍宣隊」，幫他做一次穿工裝的「憲兵」而已。

就工總司而言，從「奉旨造反」即排斥本階級底層「兄弟」，到一個月後與陳丕顯、朱永嘉共聚一堂，將紅工司們轟逐出去，足

---

17 毛澤東，〈組織力量，反擊右派的猖狂進攻〉，1957年6月8日，載《毛選》第五卷。

18 毛在這方面不如江青。1966年12月18日接見北京大中學校學生組織時提及臨時工、合同工造反，江明確表示同情；12月26日晚，她接見這一群眾組織——「全國紅色勞動者造反總團」簡稱「紅造總」，曾聲淚俱下。這一表現可視為演員作秀，也可視為她過於感性乃至神經質，但不能排除她因自己出身寒微而同情底層的真情部分。「紅造總」是整個文革期間唯一的全國性群眾組織，僅存一個月，即被毛簽署中共中央檔，下令取締。毛有出身底層的叛逆性格，但他更具韓非子或馬基雅弗利之權術，底色可見孟錦雲回憶毛與中南海服務員談一個女子落井，如何奚落那個下井救人者為呆子。對毛的這一底色，江青憑她那點文藝理解力，實難望其項背。

見革命新貴的偏狹與短視。昨天他們被市委歧視為「社會渣滓」，轉過臉來卻視本階級底層為「革命渣滓」，只許自己「革命」，不許他人「造反」，顯露出他們昨天還在反對的「趙老太爺」心態。當年流行一時的列寧曾用《聖經》名言：「勿為一碗紅豆湯，出賣長子繼承權」，其實是一群自以為是的「共和國長子」，為那碗「紅豆湯」，出賣了四十萬「庶子」的生存權。至1969年工總司改稱上海市總工會，他們也曾勉力掙扎，如恢復工人文化宮、組建工人夜大學等，但大限已至，限定這些人有心無力，行之不遠。從「社會渣滓」到「革命新貴」僅一天，此後為這一天各領刑期十年、二十年，他們的結局並不比沈福祥們好多少，甚至更慘。待刑滿出獄，黃金海們走出提籃橋，當年的「領導階級」在哪裡？不是「領導一切」，而是整體消亡。安源乎、安亭乎？其實都是「臨兄」、人數更多的「臨時工」，召之即來，揮之即去。也許只有到這時，這群「工人階級的先進代表」才有可能醒悟。

　　至於丁香花園裡的左翼文人，他們為「巴黎公社」而悲情自許[19]，

19　語出朱永嘉聞訊1976年10月6日懷仁堂事變所言。
　　文革十年，大陸中國時時將自己比附為「巴黎公社」之「創世紀」，連西方左翼知識界亦為之吸引，其實是一部多幕滑稽劇。第一幕來自北大校園，一張糾纏於人事之爭的低端大字報，被毛澤東拔高為北京「巴黎公社」宣言，其任意穿鑿，可刷新1871年公社有史以來所遭遇的所有聳動紀錄。不過半年，「一月革命」又被毛澤東拔高為上海「巴黎公社」。此後突然焦慮「黨往哪裡擺」？竟以「改變國家體制牽涉國際承認」這一奇怪理由，下令改「公社」為「革命委員會」，此為第二幕。此後「全國山河一片紅」，毛以「三結合」取代「巴黎公社三原則」，已經徹底掏空了「公社」，而盜用「公社創世紀」之文學比附，還時時在兩報一刊歡呼各省建立「新政權」的連篇社論中閃爍，此為第三幕。馬克思總結巴黎公社基本教訓——工人階級不能簡單地掌握舊國家機器，被中國式波拿巴政體

數十年念叨「革命死了，革命萬歲」。那就請他們記住1967年1月8日這一天，他們對「巴黎」的工人幹了什麼，這一天之後又幹了什麼？林祥謙當年還有施洋律師並肩作戰，四十年世異時移，施洋之後裔早已蛻變為「丁學雷」，走進那座脂粉氣濃郁的私密花園。讓這樣的花園文人談論公社起義，且不論公社對錯，首先是對公社精神的羞辱。同樣是五十年後反思，他們是否有勇氣把馬克思的這句名言顛倒過來喊？——「革命萬歲，革命死了」，「革命」是在高喊「萬歲」的那一天，被「萬歲爺」和他們這群奉旨、請旨、探旨者聯手，親手掐死！

(續)

> 取代，要「打碎」的不是「國家機器」，而是對這些「新政權」的反抗者。「清理階級隊伍」、「一打三反」、「深挖五一六」，只是借文革之名密集重補史達林式的「鎮反」與「反右」。所謂「革命委員會好」，確實是毛澤東一大發明，如果在語詞上還與法國、俄國革命傳統有一絲聯繫，那也是將雅克賓的紅色恐怖、波拿巴的軍管，乃至捷爾任斯基的契卡集於一體，與「公社」風馬牛不相及。1975年批林批孔，毛將他這一生的政治追求作最後了結，一言以蔽之——「百代皆行秦政制」。此後之注釋，無論是來自西方左翼之發揮，還是中國信徒之引申，皆為蛇足聒絮。至1976年10月6日中國版「熱月事變」，「丁學雷」再來呼喊「巴黎公社」，無異於塔列朗或富歇呼喚「巴黎起義」。這不是法國式的「悲情」，而是中國式的「矯情」，是指望他人為其火中取栗。「栗」早已被食言者食空，即使如工總司這樣的「工字頭」，也沒有義務為「丁香花園」上街當炮灰。當年上海市民聞訊北京事變，是疏離、冷漠乃至幸災樂禍，不僅證明巴黎公社距離這座城市實在太遠，甚至證明1920年代以來左翼文人構建這座城市的階級屬性，那一整套說辭是自欺欺人，整體破滅。
>
> 1976年「霧月」，上海無戰事。「上海起來了」？上海沉默了。這也是一道閃電——沉默的閃電，瞬間照亮這座城市的真實底蘊與騰囂其上的意識形態，什麼是泡沫，什麼是靜水潛流。「上海幫」不代表上海，雙方如有關係，也只是外來占領與被占領的關係。

　　一部文革史，是多種人物、多種力量、乃至多種理念被毛澤東始亂終棄的歷史。只要連接文革史兩端——1966以「打倒閻王、解放小鬼」始，1976以全民跪誦「專政理論」終——即可見這場「繼續革命」之起落，距離有多麼遙遠。毛發起「造反」，又掐死「造反」，既有西方紅色浪漫，也有東方五斗米教、天國聖庫制雜拌，還有拜占庭式的權術黑暗。由於早年所受教育不夠，毛的理論能力遠低於他的政治抱負，以致其晚年思想越接近生命終結，越形混亂。但「造反有理」的底線，在他發動文革之初即已劃出，清晰可見。這一說法起源於1939年他慶賀史達林壽辰的延安講演，當時毛在野，正是他對當朝者「造反」的時候，怎麼都「有理」，當然不設限。但到1966年8月1日，毛澤東重提「造反有理」，給清華附中學生覆信——即點燃紅衛兵運動烈焰的那封信，即開始悄悄設限。從現存檔案館的覆信底稿上看得很清楚，那封信由秘書遵囑起草，原稿引用了他1939年的說法，但毛澤東在此處親筆添加「對反動派」四字，全句成：「對反動派造反有理，我熱烈地支持你們」。

　　1966年夏天在中國氣象史上也是高溫，絕大多數青年學生被那封信裡的「熱烈支持」沖昏了頭腦，沒有注意此處另加的四個字。年長者卻有本能反應，一時「有理」，不忘「有限」，黃金海之所以對「造反」添加「革命」，徐景賢即使在宣布「造反」之後還要「一探再探」，就是對這一底線的本能反應。1967年2月，湖南中學生楊曦光提出「徹底改善無產階級專政」，毛早有預感，此前一年即立下戒律：「無產階級專政」只能「局部改善」，不能「徹底改善」，楊因此獲刑十年。毛的「造反有理」不僅有對象限定，還有時間限定，1967年上半年即發出警告，「現在是小將們犯錯誤的時候了」！

　　1968年清華園武鬥失控，毛派出他的他的8341部隊指揮工人階

級，以三萬人工作隊開進這所大學。這是「波拿巴工作隊」，超過劉、鄧工作組百倍。蒯大富只記得反「工作組」曾獲「聖旨恩准」——「造反有理」，卻忘記「造反有限」——8341是毛澤東親兵，只能跟，不能反。蒯和他的戰友以棍棒、長矛迎「親兵」，終於走到「造反」終點。

7月28日深夜2時，毛已服睡藥入寢，突接周恩來電話，清華發生流血事件。毛從睡夢中驚醒，脫口而出：「造反派，真的反了嗎？！」這是黑暗中的閃電，足可劃破1968年的中國夜空。所謂「奉旨」、「請旨」和「探旨」，這裡才是「聖旨」之底線，「黑手高懸霸主鞭」。緊接著召見五大學生領袖，毛再吐其黑話史[20]有紀錄以來最黑的一句：「你不是要抓黑手嗎？我就是黑手！」

從這一夜開始，「造反派」用後見棄，大勢已去。至1976年毛澤東去世，天平已倒向「張屠夫」們——官僚階層，此後的接鞭、執鞭者自然是這一「新階級」。10月6日，毛澤東屍骨未寒，懷仁堂事變即已發生，張春橋等鋃鐺入獄。又三年，推張入獄者也被推下船，新勝者組織「正義路法庭」審判。後者不敢觸碰毛氏神龕，只審判神龕之下「傳旨」、「奉旨」、「探旨」者，被判者也不是沒有理由喊一聲冤。但他們不應忘記正義路是從丁香花園迤邐而來，途中雖有一次曲折，卻還是同一譜系上的「家族相似」。早於這場

---

20 毛氏黑話其來有自，因獨占最高話語權，唯有他能將三套話語混合運用，瞬間切換——馬克思、秦始皇、山大王。前述1966致內婦江青長信，即自狀「黑話」，並不掩飾。兩次在廬山，一次以「操娘」時間之長短，怒斥彭德懷；一次以山大王口吻突發「無產階級脾氣」，斥罵陳伯達「跳船」。其言語之「黑」，聞之不似人君，亦令共產黨人難堪。

審判十五年，是丁香花園開始了「硬裝榫頭」[21]之作業，正是當年指鹿為馬，才有此後指馬為鹿，請君入甕。也因「家族相似」，他們曾以為是「南書房行走」、「共和國長子」，貼近「家族繼承權」，為此，不惜出賣從吳晗到「三家村」，從「炮司」到「紅工司」等一應「庶出」者，剝奪其生存權……

「造反派，真的反了嗎」？他們沒有反，「奉旨」、「請旨」、「探旨」者，未上梁山已招安，齊齊打方臘。因此，無論是面對毛之「黑手」，還是面對鄧之「審判」，他們確實有理由喊冤，而且是雙重的冤。這群可憐的冒牌「長子」！最終是被另一群早就憑「血緣」自承為「嫡出」者，指認其「庶出」，一把推了下去。

五十年前「造反」，十五年後「審判」，中國史的漩渦就是在這裡，轉出又一輪循環。

（本文所涉史實，除另行註明者外，皆出自李遜此書，論述則由筆者承責，謹此致謝李遜，恕不一一。）

朱學勤，上海大學歷史系教授。

---

21 朱永嘉出獄後曾指責這場審判是「硬裝榫頭」——此為滬地方言，原指木匠作業，榫頭不合，強行敲入，引喻為判官強勢，迫人入罪。當年這一指責確有部分合理，審判本質上是政治審判，不是獨立審判，更不是歷史審判。朱本為史家，來日方長，可待歷史之「上訴」權。可惜的是，為攻擊胡耀邦庇護知識界，他認同鄧氏之強權，又一次站在強權者這一邊。如此，不待歷史之「覆議」，他已放棄歷史「上訴」，自破「榫頭」說，令人扼腕。

活得像動物：
思考動物應該過的生活

張君玫

　　以生物學的分類來說，人類始終屬於動物。然而，「活得像動物」聽起來總讓人感覺悲慘。因為，我們的大腦會自動把這句話翻譯成「活得不像人」。換言之，沒有尊嚴，欠缺資源，被剝奪自由，在世界沒有一席之地。在關於如何生活的想像中，動物和人類似乎總被放置在不同的存在層次，宛如井水不犯河水。這種自動翻譯顯然並非天生，而是根植於社會生活的安排，以及從中建立的刻板印象和深層意識。我們人類忘了，或拒絕想起，人類也是動物，動物卻不只是動物，而是許許多多具體而差異的生命樣態。

　　身在一個相當程度現代化、都市化、標準化的社會空間裡，我們在日常生活裡幾乎看不到任何人類以外的動物，除了同伴動物（或寵物），或他們當中遭棄養而被迫流浪的身影。這些受疼愛或遭嫌棄的小動物通常是貓狗，但也有兔、鼠、鳥、爬蟲等。人類社會不乏飼養珍禽異獸來炫富的現象，直到晚近很多國家法律明文禁止買賣或飼養野生保育類動物。

　　台灣也曾有飼養紅毛猩猩的歪風，1980年代末的主流娛樂媒體推波助瀾，對於非法來源及其所造成的集體獵殺悲劇欠缺省思，以致遭受來自國際與國內動保團體的抗議與批判。然而，即便在保育意識略有提升的21世紀初，紅毛猩猩的故鄉印尼熱帶雨林仍有販賣

紅毛猩猩寶寶的走私活動。同類事件也發生在許多其他陸生與海生的動物身上，尤其在「可愛動物」相關產業方興未艾之際，這些產業包括各種遊樂場、馬戲團、度假莊園、休閒農場、海洋動物館，以及近年來各種以教育為名的所謂「生態農場」。在這些消費場所中，包括海豚、白鯨、虎鯨、大象、獅子、老虎、猴子、綿羊、小豬等動物被囚禁、訓練、展示，強迫表演與展示他們的「可愛」或「珍稀」給購票入場的人類消費者觀賞或撫摸。

「可愛」本身業已成為冰冷異化的高科技現代社會中的核心商品。人們不僅喜歡購買很多產品或配件來增加自身的「可愛度」，也喜歡消費種種的可愛商品，包括形象、人物和動物。可愛令人感到溫暖、欣喜、安慰，和高科技的冰冷形成強烈對比。藉此，暫時撫慰了人們內在深刻的匱乏。高科技產品所構築的世界深不可測，我們的身心狀態往往處於一種難以言說的孤寒，宛如被捆綁在高度複雜的系統交織中，深深渴望著安適、淺薄、簡單、放鬆、輕巧，以及可愛。在家居的寵物之外，人們往外尋求更多的可愛慰藉或溫暖撫慰，美其名為生態之旅或生命教育。弔詭的是，高科技現代生活的硬體面向固然冰冷，種種可愛產業背後的生產過程與運作流程卻同樣冰冷，甚至有過之而無不及。所不同者在於，科技的冰冷是金屬般的寒氣，襯托出抽象科學思維的理性、客觀、中立與抽離，可愛動物產業的冰冷卻是靈性抽乾之後的資本獲利計算，是鮮血流盡之後的身心腐壞枯槁。「珍稀」則彌補了人們在身不由己的資本競爭遊戲中的無奈平庸，卻像所有尋求感官刺激和新奇事物的體驗產業一樣，徒勞無功地用金錢消費來堆砌華麗的空虛，代價卻是其他動物的自由與生命。

抽離情感的計算與操弄一直是資本主義生產模式的特性，尤其在高度理性化的發展之下，配合越來越多科技科學的新發明，更達

到前所未有的精密程度。當代社會利用資源的能力是前所未見的，這些資源包括了人類、動物、植物以及其他自然或人造物件。彷彿所有的事物，無論在道德秩序或美學排序的定位如何，都可以透過某種形式轉化成工具、資源、原料、商品以及被計算的項目，包括生命本身。

生命本身，這個奇特的詞彙，嚴格說起來是一個神祕、人類當今科學知識無法完全解答的問題。以往負載生命意義的信仰，早已蒙上不科學或迷信的印記，就算重新獲得文化上的尊重，也早已失去了安定人心的作用。然而，人類儘管喪失能力去解釋最終極的存在祕密，卻累積了越來越多操弄存在現象與個體的技術。技術的爆炸和理念的匱乏形成強烈的對比，兩者之間是深不見底、難以跨越的鴻溝。這個鴻溝造就了我們破碎而矛盾的社會意識，我們混亂的生命價值，甚至偽善的自由、尊嚴與快樂。表象的輕盈永遠適時掩蓋深層的剝削。這個鴻溝因此不僅是知識上的，也是道德上的，以及情感上的。

於是，我們在根本上欠缺對生命的認識與尊重，卻掌握了太多操弄具體生命個體的技術，並且無所不用其極地加以剝削，以賺取更多的利潤，創造更多享樂與滿足需求的價值。當代社會中，最能夠突顯出這個鴻溝與矛盾的，無非就是動物的處境，無論是實質的動物處境，或當人類遭受到所謂「非人」的待遇時的「活得像動物」。

人類和動物的對立並不是天生的，就像社會和自然之間的界線。但認知到這些界線相當程度上是「社會建構的」，並沒有真正解釋其中涉及的各種過程。「社會」這個概念並沒有比「生命」來得清楚，只是展現出不同層面的神祕。神祕，並不是前科學時代的事情。相反的，神祕，伴隨著科學，與日俱增。這些界線都「是社會建構的」，沒錯，就某方面而言，但任何以「社會」整體為全稱，

或「社會的」匿名過程，都是可疑的。「如何被建構出來」永遠是最關鍵的問題，卻總是蒙上神祕色彩，讓我們無法探知。我們做為社會存在的行動力和責任，往往在匿名的社會過程中被抹去。這是一個充滿遮蔽的世界。於是，表面上講究自由、民主、人權、開放的現代資本主義社會，在實質上，卻是充滿了對於人類、動物與其他生命個體的封閉、切割、壓迫與操弄。尤其在操作單位越來越小的分子科學與視覺科技發展之下，科學家有能力改造極小單位的基因，卻無法提供我們對於生命與靈性的認知。

在科學上，我們對各種動物有了更多而複雜的研究，但在日常生活中，我們對其他動物的認識卻越來越淺薄。在哲理上，我們對動物的觀照也往往僅限於對照或彰顯人類的獨特存在。除了前述的同伴動物和展演動物之外，我們和動物接觸最多的管道還是透過破碎的商品消費。這些商品包括了最常見的肉品，但也有廣泛分佈在社會生活的所有層面，包括食品、藥物、保健或養身，以及皮件、毛料、大衣、靴子、包款、文件，甚至家具，以及各種工業用途。很多日用品和奢侈品都會用到動物成分，但同時，這些動物對我們來說卻是不存在的。因為，我們在意識上從來不會想到那些商品是來自於曾經活生生的生命個體。它們的地位和一般無生命的「原物料」沒有兩樣。面對商品，我們學會估算價格是否合理，頂多加上文化意義與心理作用，或美學上的附加價值。在以人類為核心的社會組織中，這些動物的生命早已事先被取消。

動物成分當然是來自活生生的動物，這些動物對於我們的生活不可或缺，卻不具有任何社會地位。換言之，他們在社會上是不存在的，宛如古代世界的奴隸或賤民。這些在價值上被放置到社會底層的存在，無論屬於廣義的人類或其他，實質上構成了社會或社群的物質基礎，提供了生產過程當中的必要因素與動力，卻不擁有任

何可以在社會中發聲的管道。在所有關於「社會」的定義中，我們看不到人類以外的動物身影。我們生活在一個不能沒有動物卻看不見動物的社會。你可能會反駁，有啊，我們看得到動物，在動物園、在寵物店、在農場、在卡通裡，甚至我們當中的某些人也知道他們被密集飼養、屠宰、實驗、剝皮，或遭受其他「特殊」對待。但是，這些「看見」本身就是一種遮蔽的產物。透過這些特定的看見，我們無法真正看見動物應該過的生活，就像在資本主義的生產模式中，我們也早已看不到人類動物應該過的生活。

　　當然，「應該」是一個容易引起焦慮的字眼，尤其在社會理論和文化詞彙中，而今總難免令人聯想到某種違反「意願」的規定。這種對於應然思考的誤解也是當代社會的心理特徵，覺得沒有什麼是「應該的」，只有在特定脈絡與條件中被製造出的景況與關係。這種論調看似合理，其實相當程度服膺了資本主義的生產邏輯，展現一種抽離生命靈性的虛空態度。

　　因此，儘管很多人都知道有血汗工廠，但這個事實並不會阻止他們去購買相關企業的產品。他們傾向認為，儘管血汗工廠不好，但也是「這個社會」或「這個體制」無奈的現實，「我們改變不了什麼。」同樣的，很多人都知道海生館或水族館裡的海豚、白鯨或虎鯨是透過殘酷的方式獵捕而來，在捕捉過程中綁架幼年的小鯨豚，強迫他們和母親或親族分開，甚至造成傷亡，並販賣到世界各地。人為囚禁的環境無論再怎麼設計都比不上他們在大海中遨遊的空間與自由，更無法複製每個特定鯨豚族群的生活領域和親密關係。在這種情況下，人為環境中的鯨豚淪為娛樂工業資本的奴工，被剝奪了身為鯨豚原本的生活豐富與可能性。儘管如此，這些事實都很難阻止人們繼續到這類場所消費。因為，他們會認為就算不去消費「也改變不了什麼」，「這個世界就是這樣」。這種思維模式

呼應了匿名社會的矛盾信念與失能價值觀。

　　沒錯，這些現象和制度是「被建構出來的」，但我們身為行動者卻彷彿是無能為力的。因為我們在意識上自認是個別的、孤立的、微不足道、沒有能力動搖體制或結構的個體。這是一種服務既存體制的錯誤意識。個體和結構的對立確實存在，而且是現代資本主義高度複雜社會的必然產物。但在認知到這個事實的同時，我們必須區分很多不同的層次，包括這個對立本身作為一種社會結構或組成的特性，以及它如何成為人們自我認知的意識內容。前者是一個實然的描述，後者是關於世界觀與行動可能性的想像，兩者之間固然相關，但並沒有必然的聯結。換言之，認知到結構的高度複雜，及其和個體生命之間的距離，並不必然要推論到個體已然成為結構的囚犯，從而徹底失去任何行動與改變的可能。然而，在這種情況下，個體確實往往傾向於選擇這種失能的意識方式。從心理學的防衛機制來加以理解，這很可能出於一種想讓自己舒坦的適應。從社會學的角色來說，這或是出自一種社會控制底下的意識配合。從生物學的觀點來看，這甚或是一種融入環境的生存本能。無論如何，這種意識狀態本身構成了所有社會改造運動必須面對的最強硬阻礙。

　　實際上，無論身為人類或動物，我們都不僅是個體，而是生活在關係裡。人類的自尊自大表現在認為我們有很多獨特關係方式是其他動物所欠缺的。然而，在多樣化的動物種類中，尤其哺乳類動物，也和人類一樣擁有緊密的親族或友誼。他們的個體發展，和人類個體類似，都需要程度不一的親族與友誼支持。他們的社會制度也許沒有人類的那麼複雜，但確實具備獨特的社會生活與組織。此外，這些社會關係並非處在真空當中，而必須搭配許多物質與文化環境，包括讓社會行為與互動得以展現的空間與地方。嚴格說起來，並非只有包含人類在內的動物如此，所有的生命個體和群落都是在

關係當中生存並進行演化。

　　「生態」這個概念的出現正在於強調生命個體必須在特定的環境與關係中生存。生態學一詞在19世紀下半葉出現，因應達爾文演化論的提出，生物學界開始重視生物體及其環境之間的互動。生態學（ecology, Ökologie）的希臘字根eco就是「家」的意思。換言之，生態學的基本出發點乃是，要了解任何生命個體，無論是人類或其它生物，都不能僅限於個體的構成，而必須探討個體生存所需的環境與關係。然而，至少在中文的語境中，我們常常發現人們並不了解何謂「生態」。在課堂上詢問大學生，十之八九以為「生態」等同於一般所說的「環境」或「自然」。這除了凸顯出台灣社會常見的概念混淆之外，其實也意味著，人們對關係的想像始終停留在主流思考的邊緣，尚且無法進入日常的社會意識之中。

　　於是，我們面臨了另一個重大的斷裂。在學理上，我們清楚知道所有生命個體都有獨特的生存空間與社會關係。在實際上，我們卻不斷在操弄其他物種的生命個體，將其剝離生存的處境，以科學為名、以教育為名，以娛樂為名、以商業為名、以人類為名，以需求為名。「所有的動物都需要家」，這句話會讓很多人嗤之以鼻，認為投射了人類的浪漫幻想。這類的鄙夷卻是建立在深層的無知與自大之上，暴露出人們對於「家」與關係的想像力貧乏。在許多的童書和迪士尼卡通裡往往把人類現代核心家庭的意象框架投射到其他動物身上，名副其實是「騙小孩用的」。比如，小北極熊要回去找爸爸媽媽，但其實北極熊和許多哺乳類動物一樣，只有雌性會養育幼子，小魚兒也要回去找爸爸媽媽，但其實大部分魚類並不養育小魚。這種騙小孩的「爸爸媽媽等於家庭」不僅在科學上是錯誤的，在意識形態上也扮演了合理化壓迫的角色。對於那些沒有建立爸爸媽媽關係的物種，人類傾向於認為他們沒有所謂的「家」，挺多只

有「環境」，因此也就不需要認真看待及尊重他們的關係。可是，「環境」更充分而真實的意義就是家，反之亦然。生態，正是家與環境的關係概念。家和環境的斷裂除了暴露出人類的想像力貧乏，也成為生態破壞的意識幫兇。人類自以為是的狹隘家園概念就像一個文化構築的城堡，企圖排除與壓制文化以外的野性因素，卻總是功敗垂成，但這也不能阻止封界的暴力。於是，在當今的文明傲慢中，我們當中大部分的人仍然無法打開封界去擁抱不同的家園面貌與關係形態，遑論思考不同動物所需要與活出的生態關係。

　　我一直認為，如何思考動物應該過的生活，這是社會批判理論的重要議題。而人類應該有的生活，當然也是這個議題當中的一部分。我們必須重新承擔起思考「應該」的倫理責任，並開始縫合實然與應然之間的裂溝。如此，才有可能開始掙脫高科技疏離社會的虛無心態。其實，我們已經擁有太多可以探知生命性質與人性運作的技術與知識途徑，可惜卻在割裂的知識分科與世界分層圖像中失去了思考整體與關係的能力。

　　在自詡萬能的科學和自卑失能的想像之間，我們需要重新面對各種多樣化的家園／生態的脈絡，過去的關係，以及可能的未來。在這個碎裂而充滿計算世界裡，掌握任何事物的全貌都成為奢求，包括對我們自己的生活處境。然而，我們不一定要先確實掌握全貌或得知全部，才開始負起思考和行動的責任。反之，我們必須先承擔思考與行動的責任，才可能開始去掌握全貌與得知全部，儘管這個認知的過程將是持續不斷的。這點非常重要，因為，當代全球化、高科技、資本主義社會中的個體往往陷入某種不作為的平庸態度之中而不自知，最常見的藉口正是「我們不知道全部的故事」或「我們只知道一部分」，或「都還沒有完全了解事情的全貌，怎麼可以妄下斷語，或採取立場」，乍聽之下非常合理，其實只是呼應了一

種虛無平庸的意識狀態。

社會批判理論的未來，以及我們身為社會行動者的空間，再再有賴於我們是否有勇氣與能力去正視結構的困局，並大膽思考這個艱難的問題：動物應該過怎樣的生活？期許我們勇於活得像動物，生而自由，在屬於特定動物的生態關係中去實現與發展，生而奮鬥，在生活中努力創造一個更符合生態正義的社會與自然。

張君玫，東吳大學社會系副教授。主要著作《後殖民的陰性情境：語文、翻譯和欲望》。研究專長涉及社會學理論、女性主義理論、後殖民論述、動物與生態研究。

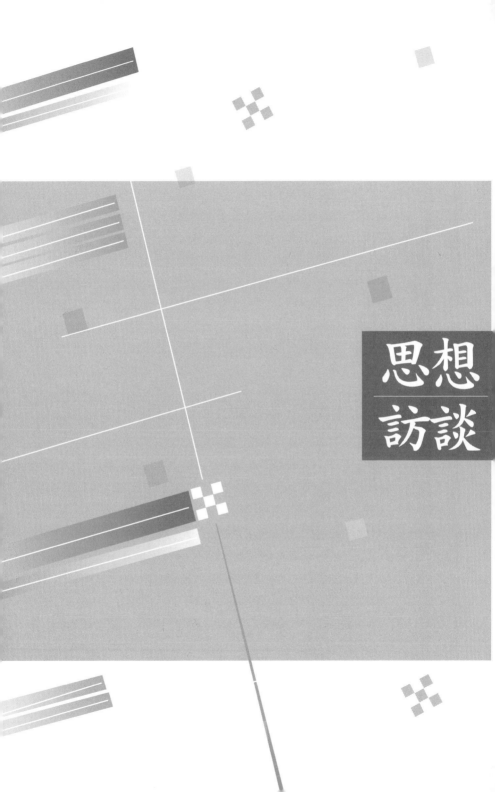

思想
訪談

保釣、兩岸與理想主義：
林孝信先生訪談錄

王智明

　　林孝信先生，1944生於台灣宜蘭，2015年12月20日於台南辭世。台大物理系畢業後至美國芝加哥大學攻讀博士學位。1970年代留美期間創辦科普讀物《科學月刊》，以「普及科學、介紹新知、啟發民智、培養科學態度」為宗旨。因為積極參與保釣運動，他被國民黨政府列入黑名單，吊銷護照。留滯海外期間，潛心研究中國近現代史與政治經濟學，並且關心與支援台灣的民主與社會運動。1990年代初回到台灣，在大專院校擔任教職，同時從事社區大學與通識教育的推廣工作；2011年起，創設釣魚台公民教育計畫，持續推動保釣運動。

　　此一訪談始於2003年的聖誕節，在台南林宅進行，主要是為了理解釣運在北美發展的脈絡。釣運四十周年前夕，再次訪談，於2010年8月19日，2011年1月19日，以及2012年9月25日在台北一共進行了三次，由王智明、陳宜中與錢永祥提問。訪談稿由王智明加以整合、編輯、校對。由於林先生已經辭世，這個最後版本未能經他本人過目。《思想》謹發表此篇訪談，表達對林孝信先生的懷念與尊敬。

林孝信先生

一、保釣新情勢

　　王智明（以下簡稱「王」）：過去幾年台、中、日之間不時在釣魚台主權問題上有所爭執，今年（2012年）野田政府宣佈釣魚台「國有化」之後，中日雙方問題更是劍拔弩張，直奔戰爭邊緣。您是老保釣，也持續關注釣運，並參與兩岸的社會運動。四十年後再逢保釣，您的心情如何？對兩岸政府與民間的反應又有什麼想法？您在九月間成立了「人人保釣大聯盟」，並在9月23日發動「人人保釣大遊行」。您對遊行的過程與結果有什麼觀察？

　　林孝信（以下簡稱「林」）：這次遊行可以說是倉促成軍，因為我在9月4日的晚上才從美國回到台灣。今年四、五月釣魚台就風波不斷，全世界很多華人也關心這個問題。因為美國有相當多華人過去都參與了1971年的保釣運動，特別關心這個問題，所以邀請我到休士頓、紐約、舊金山等地參加他們辦的保釣座談會，時間就安

排在八月底到九月初。當時他們已在醞釀遊行，希望在9月15、16日舉辦全球保釣大遊行，也期待台灣方面有所行動。釣魚台屬於台灣，台灣的人不站出來，實在說不過去。所以我一回台，就開始積極連繫，在不到兩個禮拜的時間，籌辦了9月23日的遊行。

我們把這次遊行的目標定位在擴大保釣基礎，因為根據最近《中國時報》的民意調查，台灣有近八成的民意同意保衛釣魚台，反對的或認為釣魚台不屬台灣的只有百分之五，所以我們的任務在於將這絕大多數的民眾調動起來，強化保釣的能量。這次遊行，客觀地估算，約有五千人走上街頭，參與的有勞動黨、勞權會、中國統一聯盟、新黨、親民黨、政治受難者互助協會等團體。除此之外，還有大陸配偶和年輕人自發地加入。當然還有很大的潛力沒有發揮出來。坦白講，年輕族群雖然占了遊行人數的百分之十，但是來得還是不夠踴躍。

王：除了大陸配偶的自發參與外，遊行隊伍還出現了五星旗以及「兩岸共同保釣」的口號。

林：不過兩岸共同保釣並不是我們的主軸。我們的主軸就兩句話，一句話是「釣魚台是我們的」，另一句是「反對日本軍國主義」。由於兩岸的情勢，我們避免去說釣魚台是中國的或是台灣的，以免造成不必要的矛盾。「創造性的模糊」可以團結多方的力量，反正一個我們，各自表述。重要的是，「擱置爭議，共同保釣」。我們希望，台灣內部藍綠雙方擱置爭議，進而期待兩岸政府化異求同，聯手保釣。至於反對日本軍國主義這句話，則是因為我們觀察到日本軍國主義的確有復甦的現象。日本不大，可是它的國防開支相當的高，軍備亦在全球排比名列前茅。這很清楚是一種軍國主義的跡象。

至於兩岸共同保釣，我大概可以這麼分析。原來保釣運動主要

是台灣站在第一線跟日本對抗，可是從2010年起中國大陸開始跟日本對抗，站到了保釣的第一線，這是非常值得注意的事情。坦白講，日本政府過去對台灣的保釣力量從來不太重視，對我們的呼籲與抗議置之不理。但是自從2010年日本軍艦衝撞大陸漁船的事件發生後，中共就跟日本對上了。

台灣的情形則有些複雜。台灣民間有很多保釣的呼籲，包括知識分子與漁民的抗爭。但是因為牽涉到藍綠政治的角力與利益分配，產生不少矛盾的情緒。泛綠最鮮明的聲音就是李登輝，他公然主張釣魚台的主權屬於日本。這相當程度影響到許多泛綠的政治人物對保釣不熱心，甚至同意李登輝的講法。這點在過去一些年的感受是很強烈的。2008年，馬英九甫一上任就碰到台灣漁船聯合號在釣魚台海域被日本海上自衛隊撞沈的事件，但很意外地，部份泛綠立委要求馬英九保釣，甚至不惜一戰。很清楚的，這當然是藍綠惡鬥的結果。但這造成了一個罕見的狀況：壁壘分明的藍綠雙方竟在釣魚台議題上採同一論調。政府呼應民間，也主張保釣。這是台灣政壇中少見的「藍綠同調、朝野同心」。不過，很遺憾的，今年除了馬政府到彭佳嶼申張主權，並派船保釣之外，國民黨和民進黨都缺席了923的保釣遊行，也沒有回應我們提出的聲明和邀請信。

回到2010年，當時江陳會談正在北京釣魚台賓館裡進行。一些保釣人士就提出，江陳會談結束前應該臨時增加一個議程，來談兩岸共同保釣。我覺得這是保釣情勢轉變的最大關鍵。日本方面大概注意到這一點，所以他們很快就決定釋放聯合號船長，甚至道歉並賠償。這是很值得注意的。也就是說，日本開始注意到兩岸合作保釣是可能的。因此，在避免保釣戰線擴大、對峙升高的情形下，日本寧可對台灣做出讓步。這是我覺得2010年以來整體發展上非常重要的一個情勢，其效應一直延續到現在。在這狀況下，日本非常關

切台灣是否會在保釣議題上跟大陸合作。

　　王：可是日前馬政府明確表示台灣不會與大陸聯手保釣。您怎麼看待這個狀況？您覺得聯合保釣會提上兩岸談判的議程嗎？泛綠人士擔心兩岸聯手保釣會使得台灣向中共靠攏，對台灣主權造成威脅。您怎麼看待這個顧慮？

　　林：對！這個我了解，所以在這個問題上我們要非常小心。兩岸現在必須注意到保釣運動已進入一個新的階段。總的來講，新的情勢對保釣比較有利，因為中國出手了，可是情勢看似有利的同時，也有不利的地方，就是剛才講的這一點。中國開始出手以後，還怕會產生另外一個影響，那就是台灣的保釣人士覺得中共既然出手，我們就可以不必再保釣了。因為有這麼大的力量介入後，還用得上我們嗎？或是說，還需要我們嗎？那是因為長期以來，台灣政府在保衛釣魚台的表現上一直是軟弱無能、相當被動，沒有像去年中國大陸表現得那麼堅決。另外這也是因為台灣政府的動作純粹做戲，沒有實效，日本根本不理你，所以我們還需要繼續努力。當然，事實上是台灣能爭取到的發言權不多，但仍有兩點值得努力：第一個就是民間保釣的聲音還要更大，才能作為政府強勢保釣的後盾與動力，其二就是兩岸聯合保釣。所以，馬英九現在的作法實在是蠢不可及，在戰術、戰略上看都是大錯特錯。

　　另一方面，兩岸情勢緩和以後，兩岸會談涉及的議題必定越來越多，將來勢必會談到政治事務，包括對外政治事務，那麼保釣議題搬上兩岸會談的議程是非常自然的事。這其中還有很多複雜的地方。在這一段時間內，兩岸三地或四地的保釣人士對這方面要特別慎重去考慮。台灣的政治人物，特別是泛綠的政治人物還是有很大的盲點。我擔心他們很快就會變成日本侵略者的工具，為了台獨而出賣釣魚台。因為對他們來講，最大的敵人不是日本，而是中共。

他們唯一的敵人就是中共，因此他們不惜跟日本或者其他帝國主義分子來往，不惜把我們的土地出讓，以獲得對方的支持或是換取貿易條約的簽訂。

王：在今年的保釣爭議裡，大陸民眾的反日情緒特別高漲。在野田首相宣佈釣魚台「國有化」之後，大陸八十幾個城市都發動了反日示威，中共更不惜軍演，發動漁船和海監船到釣魚台海域宣示主權。日本和美國也隨後在關島展開聯合軍事演習。您怎麼看待這樣的情勢？這對保釣和東亞究竟是福是禍？

林：釣魚台議題本來就很容易升高，因為只要中國站上第一線保釣，那當年中國被日本侵略的新仇舊恨一定會被引發出來，很容易從民族主義情緒一下子就升高到其他問題上。

我們以同理心想想看：台灣的二二八事件被政客吵了六十年了還吵不完，而中國對日抗戰的受難人數要比二二八多得多，這種傷害與仇恨一時之間是很難化解的。我想至少還要五十到一百年才有化解仇恨的可能。在這點上，我真的感觸很深。我們拿兩次世界大戰為例：我們都知道兩次世界大戰主要還是德法兩國之間的戰爭。為什麼德國跟法國是兩次世界大戰主要的交戰國呢？這兩國的衝突要追溯到1806年的第一次普法戰爭。當時拿破崙一世征服了普魯士，揮軍北上直搗俄國。六十幾年後又發生第二次普法戰爭，這次反過來法國拿破崙三世被普魯士徹底打敗，甚至被俘虜，結果兩國結成世仇，進入20世紀。所以，第一次世界大戰其實應該算是第三次的普法戰爭，但是第三次的普法戰爭結束得匆匆忙忙，原因之一是俄國發生革命。

不管怎麼說，我們可以看到從1806年以來，兩次世界大戰可以算是第三次和第四次的普法戰爭。這兩國打了四次非常大規模的戰爭，死傷無數。終於因為第二次世界大戰死傷慘重，大家才開始有

所覺悟，再加上德國法西斯不只危害了法國，更造成了許多猶太人家破人亡，歐洲人才開始心平氣和，深刻反省。從1806年到1945年，德法兩國才開始修好合作，這花了一個半世紀以上的時間。如果沒有那麼多的生命做代價，要化解仇恨，很難。日本對中國侵略所造成的傷亡，比起當年德法對彼此的傷害恐怕有過之而無不及，這點讓我感覺到中日恩怨的化解還需要更長的時間。大家要有智慧，而且彼此要相當程度對各自立場有所克制，才有可能。這是很難很難的事，不是那麼容易可以解決的。

　　所以，如果從對日抗戰的歷史記憶出發，就不難理解大陸同胞的反日情緒。對此我們要有充份的同理心，因為他們在抗戰中受到的傷害比我們在二二八中受到的傷害大多了。如果我們覺得不能用輕率的態度看待二二八的話，那麼指責大陸反日遊行是義和團，就顯得缺乏同理心了。如果台灣人對二二八還不能忘懷，就應該更加尊重大陸他們的感情。因此，對於歷史創傷的認知與肯定是必要的前提，然後我們才能談該怎麼看待這個事情。我們反對的是日本軍國主義，而不是日本國民。我們期待中日友好，但是堅決反對日本軍國主義傷害我們的主權與利益。正義的問題必須先釐清，才能期待友好與和平。

　　王：不過這次大陸保釣出現兩個不同層面：首先，不少年輕人站出來呼籲和平保釣，這理性的聲音不應該被忽視；其次遊行中出現了很多反映中國內部矛盾的標語，例如「沒醫保、沒社保，心中要有釣魚島；買不起房、修不起墳，寸土不讓日本人」。顯然保釣遊行不只是為了保釣而已。

　　林：確是如此。群眾運動當然會反映社會鬱積許久的不滿，所以統治集團害怕群眾運動，擔心內部矛盾藉此爆發，不是沒有道理的。就像是1960年代美國的反戰運動，從單純的反戰發展出對美國

社會體制的整體批判，甚至是對帝國主義的批判。當年的大資本家
洛克菲勒三世就說，雖然反戰運動造成了美國社會很大的衝擊，包
括對資本主義的抨擊，但是我們應該傾聽這些年輕人的心聲。連被
攻擊的資本家都懂得重視、注意批評的聲音，中共更應該傾聽這些
不同的批評。長期以來，中共對民間自發性的保釣採取了壓抑的態
度。在社會主義的教化下，政府相對清廉，較可以取得人民信任，
所以這樣的壓抑或許還可以被接受。可是，改革開放後，中國快速
的資本主義化，造成貪污腐化、貧富差距急速擴大、階級與其他的
社會矛盾益形尖銳，民眾早就有一大堆的不滿，保釣自然成為渲洩
情緒的一次出口。今天大陸的政治氛圍跟以前不同。我們大概無法
期待中共回到社會主義時期的清廉與理想主義，但是如果一定要走
資本主義的道路，那麼中共最少應該學習資本主義對差異的包容與
自我改革，才能更好地處理社會內部的種種矛盾。

　　王：另外，釣魚台問題還有東亞地緣政治的脈絡。去年大陸漁
船被日本扣押一事在日本也引起很大的騷動，主要是因為它扣連了
天安艦事件後的兩韓軍事緊張狀態，以及關於沖繩美軍基地轉移的
討論。今年的保釣爭議與日韓間的獨／竹島爭議幾乎是同時發生，
美國在沖繩部署危險性甚高的魚鷹戰機亦引發了沖繩民眾在9月9日
集結了十萬人抗議。在態勢升高、互不相讓的狀況下，東亞區域和
平是否陷入危機？堅持保釣立場的同時，我們是否也該考量沖繩人
民的立場與感受？

　　林：我不確定釣魚台問題是否真的轉移了日本民間對沖繩美軍
基地問題的關注，但是可能有配合的力量。我覺得更大的力量來自
於兩韓的對峙，這使得美國有機會見縫插針。天安艦事件的擴大與
嚴重化自然會激起日本一般民眾對於北韓挑釁的憂慮，這種擔心再
被轉化為對美日安保的肯定。這樣的話當然沖繩美軍基地使用的問

題就被轉移或淡化了。這是一個很清楚的策略。

　　王：所以當中共站上保釣第一線，而兩韓的緊張局勢又使得美國站到東亞區域安全問題的前線時，這樣的狀況對解決釣魚台爭議有幫助嗎？

　　林：這個是不利的因素。包括日本當時要扣押大陸漁船，這並不是中共故意去挑釁的，而是日本海上自衛隊特意跑到漁船行駛的路徑前面造成踫撞，然後據以逮捕。這在後來網路上公佈的畫面看得很清楚。雖然日本企圖淡化責任問題，但是稍微仔細看，就知道責任歸屬是很清楚的，挑釁的一方很清楚的是日本。

　　日本會這麼做是因為當時的日本首相菅直人非常親美，而南韓的李明博也是極親美的，所以這是鞏固安保防線的一個契機。對美國來講，它當然很希望藉這個機會解決日美安保條約延續以及基地沿用的問題，日本則希望趁此機會跟美國結成更緊密的軍事同盟關係。因為這是菅直人政策的核心之一，所以說雙方面都有這個需求。當然這個事件也就成為刺探中國在東亞安全議題底線的一次嘗試。

　　至於琉球，它本來就是獨立的王國，是日本在明治維新以後，用非法手段掠奪來的。開羅會議與波茨坦宣言都說的很清楚：戰後日本的國土只限於本州、九州、四國、北海道及其他附屬島嶼。原本獨立卻被併吞的國家，像韓國，就應該讓它獨立。琉球也是一樣。問題是，戰後美國託管琉球，並沒有按照聯合國規定，在託管一定時間後，進行公民投票，由住民決定獨立或是其他的政治主張，反而是將其交給了日本，並藉此取得在琉球設置軍事基地的權利，從而鞏固了美日安保體制。美國占據琉球二十幾年，本身就是非法的。把它占據，不讓它獨立之外，還私下交授給日本，更是非法的。

　　王：從運動的角度來看，保釣運動到今天似乎有了新的契機。但除了在領土主權的議題上持續努力之外，您覺得釣運可能往中日

和解的方向推進嗎？或對領土主權展開新的想像，如台大政治系教授石之瑜提出的「重疊主權」的概念？[1]

林：我不覺得。我剛才講過，中日兩國仇大苦深。領土主權尚未確保以前，我們不能往不切實際的方向去，因為戰後日本並沒有像德國那樣經過反省，右翼勢力還是非常的猖狂！我覺得在這裡不能有太多的幻想。雖然我剛才講過，我們千萬不能重蹈十九世紀德法兩國數度交戰的覆轍。可是要避免戰爭並不是無原則的一直讓步就可以避免。太多歷史證據告訴我們，你對侵略者讓步只會鼓勵他更進一步的侵略，因為他覺得你軟弱可欺啊！當然雙方一定要有所克制。不過這個原則一定要把握：在日本右翼勢力依然猖狂的情況下，我們不能一廂情願，期望和解。這樣的幻想千萬要避免。所以堅持保釣是非常重要的。

其次，以台灣跟大陸的關係，中共當然認為台灣是中國的一部分，雖然這還有爭議，但其實聽得出來重疊主權的味道。在論述上，中共當然不會承認重疊主權，而是認為台灣就是中國的一部份，所以才要保釣。對台灣來講，釣魚台主權屬於台灣，所以更應該保釣。所以，主張台獨的人更應該要主張兩岸合作保釣，因為大家都知道單靠台灣的力量不可能保住釣魚台。如果不保釣，難道準備把釣魚台奉送給日本嗎？那不是賣台嗎？所以借力使力，趁兩岸關係還不明確的時候讓中共替我們保釣，這有什麼不好？難道不共同保釣，台獨就能成功嗎？所以說真心要台獨的人一定要主張兩岸保釣啦。如果說兩岸共同保釣就會侵蝕台獨的基礎，那麼獨立的基礎豈不是

1　見石之瑜，〈在釣魚台實踐重疊主權〉，《中國時報》，2012年9月20日。http://news.chinatimes.com/forum/11051402/112012092000 465.html。

太脆弱了！

　　王：最後，您怎麼看待今日保釣運動在兩岸三地的意義？除了愛國保土之外，保釣的精神內涵又可以往哪些方向繼續深化呢？

　　林：保釣一個非常重要的意義在於它是國際反帝抗爭的一個部分。軍國主義就是帝國主義的一種形式，美國也是帝國主義，不只在東亞，在中東的表現都是徹徹底底的帝國主義。帝國主義至今還繼續控制著很多地方，形成壓迫。所以總的來講，反帝運動在今天還是有非常重要的現實意義。因此，透過保釣運動，兩岸三地可以理解日本軍國主義的真相，同時更加警惕美國帝國主義的威脅。美國重返亞洲，對亞洲絕不是好消息。美國重返中東進入伊拉克，對伊拉克人民就是一大災難。這是保釣運動對兩岸三地最重要的意義。我們不僅要保住釣魚台，更要藉此認清日本軍國主義與美國帝國主義的真相。

　　儘管日本目前還受到和平憲法第九條的規範，但是只有右翼勢力抬頭，它隨時都可能修改憲法，將自衛隊變成正規軍。當年多少國際條約，日本都沒有遵守。我們怎麼可以期待和平憲法對他們有多大約束呢？

　　此外，我們必須重新理解第三世界的民族主義。因為第三世界的民族主義都是因為帝國主義的壓迫而出現的。我們對於這樣的民族情緒要有同情的理解。難道凱達組織的死士對自己生命都那麼不珍惜嗎？他們實在是被人欺負得一點辦法都沒有，才會採取「跟你拚了」的態度，而我們卻把它汙名化。這不應該，因為這是缺乏同理心與正義感的做法。當然我不同意凱達組織的行動，但是我們應該試圖理解他們為什麼這麼做。當然，今天部份年輕人確實對民族主義有更多的保留，但是那樣的情感、感受應該被理解。換言之，反省民族主義的第一義其實是反省帝國主義。如果我們希望民族主

義的情緒不要龐大到非理性的狀態的話，我們首先需要的是，要求
帝國主義勢力的消退。同樣的，如果哪一天中國強大到一個霸道的
情況，我們也要反對它的。

二、保釣與台獨

　　王：您是保釣學生領袖中少數的台灣「本省」人，對台灣歷史
有深刻的認識，對「統運」有所保留，又同情台獨，乃至受到一些
指責和批判。不知道您如何定位自己這個在釣運中顯得特殊的立
場？又如何理解所謂的「台灣人意識」在保釣運動裡的作用？

　　林：這問題很重要，這也牽涉到我之所以參與保釣到那麼深的
一個原因。保釣運動一開始就是單純的愛國運動，當時參與的留學
生也不分本省、外省、台灣、大陸。在1971年4月10日的華府大遊行
之後，大家理解到國府不可期待，而尼克森受邀訪華的事件又大大
提升了中共的地位，所以在思想上 就不是那麼反共。既然思想上不
再那麼反共，依賴北京政府以遂行保釣的主張，就成為可能的考慮
之一，大家也才開始注意到台獨或統一的問題。由於釣魚台並不在
中共，而是在台灣的統轄之下，要對釣魚台有所行動，就勢必牽涉
到兩岸分治的現實。在國民黨不積極保釣的狀況下，兩岸統一就成
為保釣的一個前提。對當時的保釣人士來說，統一也是一個比較能
夠接受的主張。因為釣魚台屬於台灣，台灣跟中國統一，釣魚台也
就屬於中國。這樣的情況讓大家回想到民國初年軍閥割據，以及後
來國共內戰的狀況。回顧近代史，這就使得大家感到解決兩岸問題
的迫切性，北京政府號召統一也因而有了說服力。

　　廣義而言，台灣人意識的確存在，每個人都有，但是我反對把
台灣人意識狹隘地運用在政治上。就台獨來說，由於它包含在著台

灣人意識，所以很多人都會採取同情的態度。以我對台灣史的認識，我可以理解為何很多人希望台獨。台獨的根源來自於台灣人的歷史發展中，包括我們所受的教育，多少受到了扭曲。從日據時代開始，台灣人大多採取抗日的態度；日本統治結束後，很多記載都顯示，當時多數人對於回歸中國是有所期待的。可是國民黨的統治讓他們非常失望，又發生了二二八事件，這些都是促成台獨思想的重要因素。我的確也存在一些對台獨的同理心，也就是台灣人意識，但我並不認為一定就得台獨。台灣人對國民黨統治有很多不滿的情緒，台獨有很多人是當時地主階級的子弟，他們在三七五減租時，土地被國民黨徵收。台獨的想法最早從日據時代開始，戰後有一段時間麥克阿瑟將軍想扶植台獨，接著韓戰爆發，美國也助長台灣獨立的想法，形成所謂的「台灣地位未定論」。1967年，我剛到美國後就感受到那邊已有台獨活動，與親朋好友聊天時也察覺到台獨的想法在當時已經存在，頗有影響力。在釣運之前，三個事件也影響著台獨：一是彭明敏逃亡事件、二是世界台獨聯盟成立；第三是黃文雄刺殺蔣經國。這些事件都助長了台獨思想。釣運之後，台獨思想就更為蓬勃發展。

　　王：就我所知，很多經過釣運洗禮的人，後來都發展出對台灣史地的關懷。比方說，張系國的小說集《地》裡頭就透露了很多對台灣土地的感情以及對海外生活的反省。劉大任的《浮游群落》則是回到保釣之前，來觀察台灣的政治情境與社會氛圍。從文學的角度，釣運的經驗其實突顯了留學生對台灣的深刻關懷。可是這個部分一直沒有受到台獨的承認或重視。簡單的說，台獨對保釣依然是隻字不提的。這是否與釣運後期轉向統運有關？

　　林：沒錯！台獨與釣運的對立最直接還是因為釣運轉向統運的緣故。不過，假如釣運沒有變成統運，或是說假如沒有尼克森訪問

中國這件事情，釣運或許不會變成統運。但即使如此，在我來看，台獨依然是不會尊重或是支持釣運的。這是因為就意識型態而言，釣運的大背景是反越戰和反美帝。釣運受到反戰運動的影響，而反戰就是反對美國帝國主義，而台獨其實比國民黨更親美。不過，保釣變成統運，我並不同意。在我的想法裡，釣運應該比較單純，而不該成為派系的運動。雖然基本上我不贊成台獨的主張，但是台灣人之所以傾向台獨是有其受壓迫的因素。就這一點而言，我就覺得釣運反對台獨的說法，我不能同意。釣運的目的是為了保衛釣魚台，所以批評國民黨政府是有道理的，因為國民黨政府不保釣。但是，如果將保釣進一步扭曲成反台獨，我認為這就失去目標。因為台獨當時也受到國民黨政府的打壓。當我們比較了解國民黨政府的壓迫本質後，我們對於被國民黨政府打壓的台灣人應該抱有一定的理解和同情。把保釣轉化成反台獨忽略了台灣人被壓迫的本質。當然我並不贊同台獨的主張，因為台獨運動的起源與帝國主義分裂中國，在歷史上有密切的關連。台獨運動最早就是在日本的美軍總部的支持下展開的，它與美國帝國主義有著共生關係。但是台獨還有很重要的另一面，就是台灣人被國民黨壓迫，這一點不能被抹滅。很多人之所以支持台獨單純是因為受到壓迫的結果。因為這樣，我在《釣魚台快訊》上寫了一些文章反映了台灣人的心聲，有些人不能理解，就給我戴上了立場不堅定的帽子。

陳宜中（以下簡稱「陳」）：陳明忠有個說法是，台獨在海外興起，地主階級是其中很大的因素。

林：我同意，但這不能完全歸諸於階級決定論，還要考慮戒嚴時期國民黨的高壓統治。在三七五減租時，國民黨用黨營公司的股票來補貼土地被徵收的地主，但是其中有兩間公司面臨倒閉，因此，他們等同受到欺騙，土地平白被搶走，他們的憤怒轉變成台獨的訴

求也是很自然的事。這些人非常反對國民黨，但同時也受到國民黨
反共教育很深的影響，反國民黨又反共產黨，在國共都不好的情況
下，唯一的出路就是台獨。我剛到美國的時候，對社會議題完全不
了解，自然也傾向台獨。但是參與釣運讓我更理解台灣的歷史發展，
若沒有參加釣運，很有可能我也一直會懷抱台獨的想法。

　　在參加釣運的過程中，我觀察到，外省人子弟都能言善道。保
釣運動時，很多上台演講或領導運動的清一色都是外省人。當時很
多台灣人都感覺到自己是二等公民，永遠都是外省人在呼風喚雨。
在台灣他們的父兄站在我們頭上，現在連反國民黨的運動也是外省
人主導，好像台灣人只能跟在後頭。這些因素也有影響。當時在芝
加哥的《釣魚台快訊》就曾經發表過這樣的文章。特別在早期，很
多在美國的外省人都是中上階層或是國民黨的權貴子弟，他們在台
灣的時候出盡鋒頭，到了海外才發現國民黨不好。但是他們在海外
時總覺得自己批評國民黨時有點底氣不足，因為台獨批評得更兇。
我自己觀察，有些外省子弟在海外感覺到自己有些窩囊氣，但又看
不起台獨，這是很複雜的心理。一旦他們發現自己比台獨站在更高
的思考點上，便開始批評台獨是美國帝國主義的走狗。

　　陳：您是說，當時海外外省人分成兩派，一派是支持國民黨政
府的反共愛國同盟，另一派是傾向毛澤東與大陸的左統派？您跟這
兩派的關係如何？

　　林：從保釣運動開始，左統派之所以浮現，是因為留學生對國
民黨的忠貞分子感到不滿，這是最重要的因素。在整個過程中，國
民黨表面上都稱釣運是愛國運動，但是私底下卻勸說我們要好好讀
書，不要被利用，接著就是打壓、造謠、寫匿名信、恐嚇電話，警
告在台灣的家人，這些事在芝加哥都發生過。很多人，包括我的家
人也受到警告。這些造謠與匿名信讓我們越來越反感，所以參與保

釣的人很快就與國民黨分開了。是不是很多人馬上變成左派，那不一定。對我而言，我變成社會主義者是很晚的事情。

保釣運動以1971年4月10號大遊行為最重要的分水嶺。那次的遊行一開始是針對日本，後來才發現問題出在政府，因為保釣人士發現國民黨政府礙於外交局勢根本就不想保釣，大家當然無法接受。國民黨的忠貞分子也對保釣人士展開打壓，這使得參與保釣的人越來越灰心。他們開始不知道該怎麼走，對整個運動的方向也很茫然。如果問題的核心不是日本，而是自己的政府，那老百姓該怎麼辦？在很大的徬徨中，就走向了兩個方面：一是從中國近代史裡去理解為何國民黨不保釣，從1971年4月10日到5月4日，各地的保釣人士都在探討中國近代史。另一方面，同年7月15日，尼克森總統宣布密使季辛格已經訪問中國，這也對保釣人士造成震撼。原因在於，當大家在尋找出路時，突然發現原來北京政府更具代表性。很快地大家就把希望寄託在北京政府身上。

陳：您是說，也有些人西瓜偎大邊，覺得北京政府有實力就靠過去？

林：其實也不然，那時很多人在找出路，在台灣長期認同中華民國政府，政府也塑造憂患意識。大家常常覺得美國總統若到亞洲造訪，一定會去南韓、日本或菲律賓，而不會在台灣停留。大家都覺得，中華民國至少是戰後四強之一、聯合國安理會的常任理事國之一，而美國號稱是我們最好的盟邦、世界最強的國家，看起來並不把我們看在眼裡。在這種狀況下，大家發現北京政府其實是美國更想要拉攏的對象。美國總統想去北京，還得先派人過去探問北京是否接受。反觀，在台灣，報紙寫到美國國務卿或參議員經過政府九牛二虎之力受邀前來，就已是莫大的榮耀。相較之下，大家突然覺得大陸的氣勢遠比台灣強很多。大家想：大陸的聲勢旺，說不定

可以保釣，就把希望寄託在北京。這就是4月10日遊行後，大家在一片茫然中發生的事情。我同意在保釣人士裡，有少數幾個領導人物對於社會主義有所認識或認同，但是大多數是像我這樣的人，是在4月10日以後的整體發展中慢慢轉變的。

　　陳：聽鄭鴻生說，在四人幫垮台前，有些人甚至認為共產黨一切都是好的。但是在四人幫垮台後，統運受到了挫折，於是有些人又回頭關心台灣。

　　林：那是後期的歷史。整個保釣運動的發展變化還是以前期最為重要。前期的問題很簡單，就是4月10日遊行後大家對國民黨感到失望，想要尋找出路之際，碰巧遇到尼克森派人到大陸，部份保釣人士在大陸身上看到希望，大家才開始關心大陸。那時很多人想了解大陸，一些人就變成所謂的左派，但這種左派，我想就是年輕人的狂熱、趕時髦而已。聽說台灣後來在校園裡也出現一篇文章，叫做〈如何在三天之內變成一個左派〉。海外的情況也類似。這都是暫時的發熱現象。

　　回到我個人，我個人沒有受到這個影響。我對於政治本來就沒有興趣，只是很單純的要保釣、反對日本，對於國共之間的鬥爭我並不關心。另外還有比較個人的因素就是我從小就很討厭流行的事物，這可能與我唸科學的態度有關，科學就是要清楚地認知而不要人云亦云。我從小就對流行的事物反感，我不唱流行歌，流行的服裝與事物我都不採用，到現在還是如此。像我在唸書時也流行過存在主義，雖然我對哲學也不排斥，但對於很多人著迷存在主義，我感覺只是在趕流行而已。所以對於當初保釣的一些人轉變為左派，我是不感興趣的，我還是只做保釣的事情。保釣到了5月4日後，走向就變了，像是有些刊物就從《釣魚台月刊》改名為《國是月刊》，我辦的依舊是《釣魚台快訊》，一直維持到結束。總之，我對於一

窩蜂地傾向於什麼，沒什麼興趣。這是我個性使然，也與我唸科學
的背景有關。

　　陳：您當時接受的社會主義，是哪種社會主義？

　　林：我並沒有分得很清楚。我只是很單純對那些口號與一窩蜂
的熱衷有所反感而已。

　　我剛才主要是從整個運動的發展方向來談，我個人又是比較特
別的。那時候很多人開始關心中國大陸，廣義的文革也還沒結束，
整個革命的口號仍舊非常響亮。當時部份的保釣人士因為將希望寄
託中國大陸，所以開始閱讀左翼的資料。那時中國大陸的確有很高
的理想主義色彩，保釣的人也都有這樣的理想，所以很快就接上了。
其中的必然性就在於此。保釣運動把很多人的理想主義激發出來，
又接上文革的後期，並且基於保釣的需要，開始理解中國大陸。

　　在1972年我還弄了「保沙運動」，保衛南沙群島。那時保釣運
動已經走向統獨的分歧，所以很多人對「保沙運動」並不重視，全
美國只有芝加哥在進行。我當時只是很單純地想要保衛自己的領
土，沒有其他的雜念。保釣運動過了一、兩年，我才開始接觸社會
主義的思想，才慢慢地覺得這與我理想主義的性格相符合，才漸漸
地變成所謂的左派。

　　錢永祥（以下簡稱「錢」）：在這過程中，所謂中國的因素有
影響嗎？效果是什麼？

　　林：中國的因素沒有很重要。間接上我想會有，因為當時大家
都對社會主義中國非常嚮往，芝加哥有些報紙甚至將《毛語錄》翻
譯成英文。在那個氛圍下，自然會有所接觸，要說沒有影響也是絕
不可能。但是中國對我並沒有很直接的影響，我接受社會主義是非
常個人的因素。當時保釣運動裡像我這樣的人，絕無僅有。所以我
的立場並沒有特別的代表性。

　　不過，我開始去理解社會的情況與歷史的發展，也會特別關心台灣的具體問題。廣義而言，我也是台灣人，有台灣意識、關心台灣。接觸社會主義的思想後，我便開始用那些理念去理解台灣社會，以及中國與台灣近代史的發展。我在芝加哥的圖書館看了很多之前都沒有接觸到的書，像是二二八的問題、台灣的戒嚴狀況，過去對這些事情都比較沒有感覺。

　　王：那麼您會怎麼總結保釣運動的意義，至少就您個人而言？

　　林：保釣運動的意義，對我來說，是要跳離開國民黨教育的框架。就這一點來說，台獨運動並沒有達到這個境界。台獨運動，總體而言，還是在國民黨教育的框架下。在整體的思維上，保釣超越了台獨反共右翼的框架。如果保釣運動當時有條件，能夠讓海外留學生，不論外省本省，都超越國民黨反共右翼的思維框架的話，那麼後來這些人回到台灣，對台灣的發展或許就會有另一番不同的景像。遺憾的是，當釣運轉向統運後，國民黨權貴子弟大罵台獨，反而造成很多台灣人轉向支持台獨。我當時看到了這樣的危機，覺得很遺憾。

　　我覺得釣運的意義應該是再啟蒙運動。讓從台灣出來的留學生能夠超越國民黨教育的框架，為台灣未來的政治發展立定一個比較健康的基礎。由於釣運與台獨的對立，使得很多台灣人離開了釣運。其實很多台灣人一開始就參加了釣運。這樣的結果就造成了對立，乃至激化的思考，讓很多台灣人失去了自我啟蒙的機會，而陷入了統獨的框框。保釣運動中受到啟蒙最為深刻，並且留在釣運裡的，當然有少部份的本省籍，但大部份的都是外省人。但不論是本省、外省，這些人後來都變成所謂的「左派」，被國民黨列入不准回台的黑名單。這就使得保釣這個難得的啟蒙運動，其效果反而沒能回饋到台灣社會。因為在這運動裡面受到啟蒙最深刻的人反而回不

來。這個結果，我覺得是滿可惜、也很遺憾的事情。我之所以參與
釣運這麼深，就是感覺到這個問題的重要性。以我的釣運資歷應該
可以作為一個橋樑，把這個問題講清楚，一方面聯接兩邊的差異，
另一方面以釣運的啟蒙精神，對國民黨教育下的台灣有比較深刻的
思想啟發，發揮比較進步的作用。我回到台灣以後，就覺得台灣政
治裡啟蒙的力量實在太薄弱了！

三、保釣的第三條路線

陳：左派釣運的演變，是否如鄭鴻生所說，在四人幫垮台後，
部分左派又逐漸把視角放回台灣？

林：鄭鴻生到美國比較晚，所以簡化了很多早期的變化。釣運
之後很多人左傾，大部分是狂熱，或者趕上流行的現象，這些人是
否如鄭鴻生所說的，後來又轉變為關心台灣，我覺得即使有也是少
數人而已。保釣運動的轉折點，如前所述，第一個是4月10日的華府
遊行，第二是個九月初安娜堡的國是大會。在某種意義上，國是大
會只是分裂的表象化，分裂的種子早在4月10日就已種下，因此，4
月10日還是最為關鍵的分歧點。另一個關鍵事件就是美國要與中國
建立邦交。最後的結果就是安娜堡國是大會上的爭議。釣運後來一
般都理解成左右分裂，事實上一開始就有三條，而不是兩條路線。
現在大都以為當時只有兩條路線，一是左統、另一條是右派，右派
後來變成反共愛國聯盟的那些人。但是還有第三條路：第三條路線
的人關心台灣，不過因為受到了社會主義思想的洗禮，所以他們關
心台灣的焦點與愛盟那些人不同，跟左統也不一樣。這一派人數相
當不少，但大多都是隱姓埋名，因為當時要關心台灣不能只喊口號，
不然就會害死要關心的對象。

王：這一派與台獨派的又不同？

林：基本上就是有社會主義傾向，受保釣運動洗禮，但又與左統派的不同。左統派的受社會主義影響後，便轉向支持中國大陸。第三派的人曾經發生一個爭議，當時不知道是周恩來還是誰說：要解放台灣有三個條件，一是祖國的強大；二是國際條件的成熟；第三是台灣人民的覺醒。這「三個條件說」引發了一些爭議。左統派認為，當然是祖國強大為第一要件，台灣人民的覺醒也必須透過祖國的強大。對台灣的工作，唯一的要點就是要幫台灣人民了解中國。但是我們第三派認為，三個條件當然是以第三個為最重要。台灣人的覺醒要靠台灣人民在現實環境下進行的鬥爭。當時的爭議算是蠻激烈的。所以我們現在說當時的左派，其實也不只一派，只是一般人不知道。我們參加第三條路線的人，也不大張旗鼓，名聲擴大無益於幫助台灣。當時有這三派的說法，現在是較少為人所知。一直到2009年，在清華的保釣論壇上，我才開始提出這個論點，也慢慢地把這些人找出來。[2]這派的人並不少，但都不是赫赫有名的人物，只是默默地共同地為台灣做點事。他們不是那些保釣的領袖們，那些人只有少數是走向第三條道路的，也許只有我算是。像是王惠珀、楊寧蓀這些人都是。我們還沒回來時，就對當時的鄉土文學、陳明忠事件或者施明德事件有所支持，也對後來的黨外運動非常支持。

王：1980年代初期，台獨人士亦在美國活動，像是張燦鍙和洪哲勝辦《台灣公論報》或許信良辦《美麗島週報》。在當時的合作關係中，您是怎麼抓住那條分界線，並堅持第三條路線的立場？

2　見林孝信，〈保釣歷史的淵源跟對海峽兩岸的社會的意義〉，收錄在謝小芩、劉容生、王智明編，《啟蒙・狂飆・反思：保釣運動四十年》（新竹：國立清華大學出版社，2010），頁24-47。

　　林：《台灣公論報》是台獨的機關報，立場鮮明，所以我們跟他們就比較少來往。我們並不主張台獨，但是只要是受到國民黨政府壓迫的我們就支持。早期的黨外，很多人的台獨思想都不濃，唯一比較強烈的只有施明德一人。張俊宏、許信良、康寧祥或陳菊，到海外時，很多都是我安排的，他們當時尚未有台獨的想法。當時只是覺得，台灣在國民黨的壓迫下，統獨爭議應該是次要的問題。台灣明明有些人被抓起來關，還在吵統獨，這麼做只是遂行自己的政治理念而已，不是真的在支持台灣的社會改造。這樣的傾向當然是不對的。但我們的作法很多左統派也不同意，台獨也不同意。高雄事件之前發生了許信良事件，他因為聲援余登發而導致縣長職位被拔除，那時我們就聲援他，在芝加哥找了台獨派一起辦遊行。

　　王：所以支援台灣的民主活動或黨外活動，不必然需要一個統獨的立場？

　　林：長期而言，每個人也許都有自己的政治立場，但當時我們覺得像是高雄事件、陳明忠事件，明明是台灣人受到壓迫，如果還在吵統獨，根本不是在幫助台灣人民，只是想辯論政治立場而已。我們只做最重要的事情。我必須承認，我們的立場後來在成立「台灣民主運動支援會」的時候受到衝擊，裡面有不少人是支持台獨的，但總是不會變成極端派。我們當然有點兩面不討好。像是1976年陳明忠事件發生時，有些左統人士就在背後給我們戴帽子。

　　陳：陳明忠不就是左統派？為什麼海外的左統人士會這樣做？

　　林：剛開始時，海外他們並不知道。陳明忠事件的訊息是透過AI（國際特赦組織）傳遞的，AI當時被認為是美國中情局的外圍組織。陳明忠事件發生後，我們在很短的時間內匯集了很大的力量，在《紐約時報》登廣告，辦了幾次遊行，當時都很不容易，但在幾天內我們就組織起來了。所以有人懷疑我，為什麼能在很短時間內

把很多人匯集起來？左統人士就認為我背後一定有台獨的力量在支
持。這是事後有些朋友跟我說的，那是他們當時的判斷。1971年到
1976年間，我仍舊在做大量的組織工作，所以陳明忠事件發生的時
候才能很快地聚集力量。做長期的組織工作，我也不太敢招搖，大
張旗鼓只會引人注目，無法幫助台灣人民進行改革。這是保釣第三
條路線的作法。

　　王：您所稱的第三條路線與「革新保台」是否有所區辨？

　　林：「革新保台」真正的提倡者是沈君山，他與我長期認識，
辦《科學月刊》時他相當幫忙。他也是唸物理的，在《科學月刊》
寫了很多文章。辦《科學月刊》時，他對我能夠聚集很多人感到印
象深刻，所以後來保釣運動時，當時他在台灣，很快就到美國來。
在美國，他希望能替國民黨政府說些話，但是他對國民黨也不是百
分之百滿意，因而提出一個可以努力的方向，就是「革新保台」。
他對於國民黨的忠貞分子，像是反共愛國聯盟，也不贊同。沈君山
以為我的立場與他相同，所以他到美國後，也找了我，想要把「革
新保台」做成一股政治力量，甚至是政黨。但是後來一談，我們很
快發現分歧，我對台灣政府的批評當然比較兇，我當時已經很清楚
地走向支持台灣，批判國民黨政府，他比較沒辦法接受我的立場，
所以後來就分道揚鑣了。

　　王：我能否將您所稱的「第三條路線」，做個簡單的概括。就
是：希望台灣社會朝理想主義的方向改變，但絕不上綱到國家認同
的層次，是否如此？

　　林：基本上可以做這樣的描述。我們覺得統獨是另一個層次的
問題，比統獨更重要的是對台灣社會的關心，所謂的統或獨最終都
應該是為了更美好的未來。主張統獨大概只有兩種理由，一種是遂
行個人的政治理念，另一個是真的希望台灣變得更好。我一直在想

我是為哪一個。我覺得大家很容易只看到最終的立場。我當時覺得，
台灣明明還在戒嚴，還有很多可以努力的事情，為什麼要把這些事
情看作是次要的，我覺得這樣的態度是不對的。統獨不是不重要，
但至少在當時來看不是最重要的，支持台灣為正義的鬥爭、受壓迫
的鬥爭，這是不論哪個立場都該要去支持的。

四、兩岸左派

　　陳：到了1980年代，第三條路線的發展又是如何？美麗島事件
後，開始挑起台獨問題的是新潮流，是邱義仁、林濁水。新潮流曾
以「獨左派」自居，也參與工農抗爭，當時你們跟新潮流有互動嗎？

　　林：當時我們在海外的理解，並不認為新潮流是左派。我與喇
叭（邱義仁）很熟，在芝加哥時也聊過很多次，知道他思想的底細，
他也坦承自己右傾，左派或工運農運只是策略的運用。「社運建國」
只是把社運當成工具。但對我們而言，社運不是工具。我回到台灣
後，觀察了很多台灣的社運，也參與了不少。我覺得台灣的社運過
度缺乏自主性，台灣的社運相當程度上是在配合政治運動，這是台
灣社運相當可惜的地方。原因很清楚：因為在國民黨一黨獨大下，
社運分子與黨外分子很自然地結盟，再加上新潮流強調社運，儘管
他們只是策略地運用，所以結果就是社運變成政治的尾巴。我始終
認為，社運是理性的政治運動，但不能夠被政治運動或政黨所代表。
當民進黨上台後，很多人對社運的期待就破滅了。

　　陳：您當時怎麼看《人間》雜誌？陳明忠說，他去坐牢後，陳
映真搞的《人間》變成文化取向，以致於左統派在政治上一敗塗地。

　　林：陳明忠這樣的解釋，我覺得只是其中的一個原因，但不是
最主要的原因。他把《人間》雜誌的路線視為是台灣左翼運動的偏

差，我覺得他對《人間》雜誌的要求太高了。台灣左派最大的問題就是沒有走入群眾。他們只是一小撮人，最大的關懷是中國。台灣的《夏潮》系統，我覺得也一直走不出去，他們一直在自己的圈圈裡面繞。我與他們有過互動，也給過他們建議。我與他們同樣都認同社會主義，對中國也不排斥。當然如果只是為了國家主義的立場而主張統一，我沒辦法贊同之外，我對中國沒有排斥，也不認同台獨。我對他們不忍苛責、也不太願意講，因為他們對理想付出很多，特別是所謂的「老同學」，但他們一直都沒有走出來。

　　錢：1970年代、1980年代中國還未崛起時，作為左統，他們的感受與今日有很大的不同，他們的論述也有很大的變化，早期的確是左派的色彩比較濃厚，如今國家的色彩越來越強。

　　林：左派現在又更困難了。現在大家都認為中國是具有中國特色的資本主義。但當時中國還沒那麼走資的情況下，他們對社會主義自然有相當的認同。很可惜的是，中國的因素使得他們無法把路走出去，因為他們自許為統派，整個思考都以自發地配合中國政策來實踐。在1980年代他們的狀況就是如此，所以才無法走出去。《人間》也存在同樣的問題，但不是很鮮明，因為他們的政治性並不強，所以問題不顯著。《夏潮》系統因為參與建黨工作，成立工黨，後來分裂又搞了勞動黨。這個過程中，我覺得他們走的道路，很像中共早期犯的錯，中共早期的錯誤也是事事要聽從莫斯科的指令。那時的問題比現在更嚴重，但是因為當時中國處在一個非常需要革命的階段，所以還能吸引很多優秀的人參與。整個問題在於《人間》和《夏潮》系統在不斷地受挫下，逐漸脫離台灣，這是蠻可惜的。在當時中國還沒有那麼明顯走資情況下，他們應該從台灣的現況出發，這樣左翼的力量才能下種深耕。失去了這個機會，在中國走資的情況下，台灣左派的取向反而以統一為主，而不是發展社會主義

的力量為主,這就使得台灣要發展社會主義更為困難,要發展左派力量更不容易。台灣的年輕人很多都有社會主義的思想,但都與《夏潮》無關。我剛開始也建議他們,以左派的立場,從台灣的現實出發,發展出自己的力量,而不是配合大陸的政策。

錢:在您的觀察與參與中,近十年台灣的左派有什麼新的可能性嗎?

林:這股力量還沒有凝聚起來,可能還需要很漫長的時間。現在要凝聚力量很不容易,條件也有所不同。我們要同時觀察大陸的左派力量怎麼發展。我最近的觀察是,大陸的情況在江澤民的後期,整個意識型態往資本主義方向走到高峰,胡錦濤有些扭轉,但還沒有改變太多。最近的發展在經歷金融海嘯後,中國經濟力量的崛起已經成為國際的事實,世界各國當然不樂見這種情況的發展,所以會使用兩手策略,像是美國前陣子派很多人前來大陸,但這陣子又派航空母艦來耀武揚威。這些作法在中國大陸早期也不會太敏感,也許會感到些許無奈,像是南斯拉夫大使館的誤炸。可是現在中國崛起後,不會再那樣忍氣吞聲了。在這個狀況下,中國大陸發展的鐘擺在前些日子會擺向極右,現在也許會再擺往左邊。但是會擺多遠並不清楚。在這種情況下,左派力量的興起對於台灣會有多大的影響就值得思考。

不過,中國的左派還未定型。中國左派受到幾個因素的影響,一是傳統的左派力量,台灣對此似乎有點低估,但我覺得影響力很強,像是毛派在中國潛在力量還是很大。中國官方對毛澤東也不太敢公然的批評,甚至最近官方對毛的肯定越來越強烈。

陳:我前些日子訪問了一位文革造反派袁庚華先生。照他的說法,當前大陸底層的毛左派跟傳統建制的老左派是不同的,跟部分保守化的新左派也有差異。他寄希望於毛左派與自由派的合作,以

共促大陸的民主化。

　　林：你說的我覺得蠻有可能，中國的左派目前還處在非常紛亂的時候，中國左派的力量在興起，會有很多種不同的左派出現，我剛才說的只是其中的一股力量。我覺得一般人有點低估了這股力量。第二，也許如你說的，會有新的左派出現，第三就是學界的左派力量，當然他們跟西方的思潮有些接近。其他也有些介在自由派與左派之間的力量，像是社會民主。所以中國現在非常紛亂，對當前中國的分析也有很大的歧異。我會覺得這在很短的時間內很難塵埃落定，整個社會的矛盾還沒有要求這樣複雜的局面能夠漸漸地整合到一兩個比較大的力量上。中國目前的環境還不允許。1920、1930年代中國就有那樣的環境，當時左派當然也不止一派，可是後來因為環境使然，匯集到中共的道路上。現在外在的矛盾還沒有尖銳到可以整合力量，左派就很容易分散。

　　錢：您覺得中國的左派對台灣有起到什麼樣的牽引、挑戰或啟發的影響？他們對於台灣左派有任何的影響力嗎？台灣的左派又怎麼看待中國的左派？

　　陳：中國大陸所謂的左派，通常不接受自由民主的政治框架。

　　林：我同意，這些還有很多混沌未明的情況。我覺得因為客觀的條件還沒有尖銳到逼迫左派在是非上弄個分明，不像早期力量不匯集，就可能人頭落地。現在沒有這麼尖銳，要大家能夠談出多數都可以同意的，形成一股比較大的力量，我是覺得還沒有辦法。中國大陸與台灣的左派都面臨同樣的情境。我剛才所提到的，中美衝突加劇的情況，可能會迫使左派較容易找到多數人可以接受的主軸，這是目前看起來比較有可能的影響因素。

　　陳：您難道不覺得，中美矛盾的加劇，可能使大陸左派更靠向國家主義？這類狹隘國族主義若是抬頭，台灣也會有人把中國威脅

不斷上綱，於是，社會正義課題將繼續遭到壓抑。

　　林：這可能性當然存在。中美衝突的加劇，至少在我們討論的脈絡中，兩種可能性都會出現。一個是國家主義加強；另一個是左派力量又會興起。至於哪一個力量會發展比較快，現在還不是很清楚。如果是以國家主義為基礎的，就會產生你說的那個效果。但我想那也不是唯一可能的結果，在我的觀察中，兩種傾向都有可能。回到對台灣的影響這個問題上，左派無論在台灣或中國都依舊只是少數，兩岸都是國家主義的右派力量比較大，所以意義就在於，這得看兩岸的左派是否能夠結合？如果再分散，就更沒有力量。

　　錢：您能不能談談您怎麼觀察中共本身的內部矛盾問題，如剛剛討論的，您好像假定中國有兩條道路，一是左派，另一是國家主義，這是兩條道路，但在中共的發展中，這兩條道路是否分得開？馬克思主義的中國化，或具有中國特色的社會主義，內在是不是就有很強的民族主義的成分？

　　林：我想一定是有的，包括在毛澤東身上，就已經有很強的愛國主義成分。

　　王：我想中共有很強的民粹成分，外在是超英趕美、內在是以工人執政、維持無產階級專政。雖然存在國家主義的思維，但對於人民民主是有一定的訴求的，而形成國家主義的內涵。雖然這跟國家的距離很接近，但就要看人民民主的部份怎麼被淬取出來，能夠成為改變的力量與思維。

　　林：我同意剛剛老錢說的，左派與國家主義是否無法兼容，或可能就是同一條道路。但我想只能分辨哪一個為主、哪一個為次。若主要的力量變成國家主義當然是比較遺憾的。

　　錢：我覺得智明剛問的問題很有趣，那個問題假定了中共在無產階級專政的前提下，基本上仍舊依循一個左派思路，你覺得有萃

取出來過嗎？建國以後，你覺得有出現過嗎？舉個簡單的例子，他們的工會是假的，他們農民不能組織，農會根本就不存在，這兩個例子說明，萃取民粹中的訴求，在中國究竟可能具有什麼內涵？

林：理想上當然是沒有，就事實來看也是沒有。我們姑且相信他們有這個目標，但要達成恐怕不是那麼單純可以達成。一定會碰到現實複雜的挑戰。他們建國以後，要發展農村的生產力和朝向社會主義，要從合作化做起，從1950年代開始就有合作社的運動，先是互助組、初級社、生產大隊、到高級社，最後是人民公社，基本上大概在1958年左右比較全面的提倡。在這樣的情況下，他們就認為某種程度上已經取代了過去農會的必要性，所以既然有更高的合作組織，農會被取代也是很理所當然的。這樣更高的合作組織不單純是民間團體，甚至還具有政權的性質，算是掌握在以農民手上，也有民主的形式。當然，後來整個中國的發展，牽涉到很多其他的變化，特別是政治鬥爭，使得人民公社變成爭議的焦點。在文化大革命時推行人民公社，到鄧小平後，就被取消了。合作社原本可以理解成農會的深化，但一直發展到人民公社，到最後取消人民公社，結果就什麼都沒有了。這當然是個問題。毛澤東時代存在很多的問題，包括有人批評人民公社並不具有民主成分。但不管如何，至少他當時還有個社會主義的目標。但鄧小平上台後，就有很大的改變。全部廢掉後，就連原本農會所扮演的角色都不存在了。這造成社會主義的進展倒退了很大一步。

錢：您先前講到，台灣社會運動被政治勢力所掌控的情況，同樣地把這個觀察放在中國不論是社會主義之前、社會主義時期，或改革開放時期，任何的階段，您覺得有真的社會運動嗎？如果沒有，那究竟是什麼在帶領社會的改變呢？是不是只剩下黨？

林：這是個很複雜的問題，要先看政黨的屬性。中國的社會主

義的發展，共產黨與西方的政黨不同，還是以集體主義方式來領導，不像西方是以個人主義的方式來進行。社會主義的政黨要包辦一切，黨的意見若是對的話，還是有很多人會認同。但走向災難的情況是，如果黨的路線偏離了整個社會主義道路，又不讓民間的力量成長，那就會退化得更大。這是探討社會主義不得不思考的可能性。坦白講，對於中國近來的發展，我是有些憂慮，因為中共已經變得腐化、唯利是圖，缺乏理想性，社會貧富落差那麼大。我看了是很痛心，很反感。

　　錢：在這個意義上，台灣的左派在這些問題上多一些反省，也許很淺，但也有一些經驗，這樣的話兩岸的左派就不單純只是台灣的左派受中國左派所啟發，而是中國左派怎麼受台灣左派所啟發。不過台灣左派目前似乎並沒有這樣的企圖。

　　林：當然，我完全同意。這是另一個課題，台灣近年來，不只是左派，右派更是如此。早期從1970年代到1990年代，台灣的社會各方面都覺得是優於大陸，現在感覺上是反過來了，現在都覺得自己已經沒有任何貢獻的地方，也不敢做大格局的對話。在前些日子的一場座談會上，我就表示，台灣目前似乎是過於被動、只是消極地適應中國所帶來的轉變。我一直主張，台灣有很多可以啟發中國的地方。但是，台灣的左右派或一般學界都很少這樣的想法。

　　陳：台灣卡在統獨與藍綠，自己內部都搞不定，只是不停內耗。

　　林：我同意還要相當長的時間，我覺得只能從民間的角度持續進行，我之前在海外支援台灣民主運動也是如此。先不要大張旗鼓，企圖直接改善具體的社會問題。在我有限的接觸中，大陸內部社會主義的種子還是存在，比起台灣好像更多。因為大陸廣大，所以我們得花更多時間去互動。兩岸的交流目前比較容易，但是交流不能只停留在表面層次，而要在比較深刻的部分上進行。我建議大陸人

民應該了解台灣六十年來在民主政治上的奮鬥，也希望台灣去了解大陸六十年來的變化。我覺得應該在先有比較深刻的相互了解後，再來進行互動。我們的實踐很值得他們借鏡，台灣的左派是在資本主義的情況下發展出來的，與大陸完全不同。大陸的左派是由共產黨的路線所帶領。這兩條路線很不一樣。毛派很多人對資本主義並不了解，也許整個大陸對資本主義都不夠了解。這些部分，我想台灣的左派是更為清楚。我們在這邊有很多的鬥爭，也知道資本主義下社會運動的過程。這或許是我們可以供他們參考的地方。

　　無論如何，現在還不是在大陸大張旗鼓的時刻。大陸的變化非常劇烈，我比較主張與他們先交朋友，互相了解狀況。從他們內部的變化過程觀察外部的變化，像是中美關係的衝突，是否助長左派的力量。台灣左派對於帝國主義、資本主義和美國的理解能夠提供一些想法與協助。中國大陸現在有很多罷工事件，這是資本主義道路上必然會發生的，可是罷工怎麼進行大陸左派還不是很清楚。這方面台灣的經驗就比他們多。在教育界或社會的其他領域，台灣也有可以直接借鏡的地方。台灣必須透過社會實踐把內部的力量凝聚起來。

　　其實，過去十幾年來，我必須承認我是失敗的。我去推動社區大學就是希望推動這些想法。回台灣後我直接參與了一些社會運動，但感覺他們走不出去，直到推動社區大學。我覺得還是教育的力量可以產生新的可能性。不過現在看起來，也沒有很成功。但我還是覺得，在台灣的社會實踐還是不要放棄，透過實踐我們可以凝聚一些軟實力，否則的話，在各個領域都可能會被吸納過去。沒有整體的力量，我們好的成果也無法呈現。

五、社會運動與理想主義的提煉

王：剛剛談到了兩岸左派的發展與競合的可能，能否請您進一步談談對兩岸社會運動的觀察？

林：台灣的社會運動，基本上的根源是來自於台灣社會很多不合理、不公平的地方。長期以來，特別是在戒嚴體制下有很多不合理、不公平的地方。但除此之外，我覺得台灣社運有一個很重要的根源是一般年輕人的熱忱與理想，不僅僅受到世界進步思潮的影響，更重要的是接連上黨外運動或民主運動的進程。但是，我們對於這一點必須有很清楚的認識，推動社會運動的人不能把社運當成手段。我們必須要很認真、誠實地對待社會運動。只要是覺得這件事能夠促進社會的合理與公義，不管政治立場怎麼樣，我們都應該毫無保留地支持。今天台灣社運的發展遭遇瓶頸，就是因為社運被當作是政治工具。一旦這個工具幫助他們達到目標，達到政治目的，他們就放棄了社運的價值和精神。這就是我們看到陳水扁上任以後，很多社運人士反而沒有想像中的歡欣鼓舞。他們覺得，在體制外努力更可以達到他們追求的目標，政府體制反而讓社運的精神與價值更難落實。

社運的精神與價值是追求社會正義。我覺得釣運不只是一種狹隘的民族主義運動，而是一個富有正義感、追求公義與公理的運動。雖然釣運離不開民族主義的熱情，但是這個熱情背後一定還要有正義感為支撐。我們不只是純粹地為了民族主義來進行保釣，更是要反對帝國主義對弱小民族的欺壓，這個正義的部分是很重要的。現在有些人故意把釣運矮化為一個純粹民族主義的運動，這樣的說法並不公平，因為釣運還有很多對社會正義的期許和左派的思想，希

望改造社會。過去，這個部分很可惜的，因為許多保釣人士滯留美國而沒有發揚。台灣往後至少要將這一部份的精神繼續發揮。

台灣現在有點條件了，我們也希望將來大陸也能夠宣揚與延續釣運這個理念，推動大陸往更合理的方向改革，成為改造大陸的一股思想推力，就好像過去五四運動在中國近代思想史上所產生的作用一樣。我們希望釣運也能發揮這樣的作用。但是由於釣運源自台灣，推到大陸還是隔了一層。所以，首先我們要努力的是看台灣能不能先將這股精神發揚出來，這也是為什麼釣運目前的重點還是在台灣。我們希望這一部分的工作能夠在台灣先有突破，期待釣運分子重視、支持台灣的社會改造運動，而不要把社會運動當工具來使用。

王：就台灣而言，哪些方向特別需要改造？各個問題之間是否有優先性？

林：那很多啊！勞工、環保、媒體都是很大的問題。教育改革，甚至是公共衛生改革也很重要。現在勉強說，稍微比較不需要關注的是人權問題啦。當然也不是完全沒有問題，不過比以前好很多。至於運動之間的優先性是一個很大的問題。以目前的客觀現實來看，我覺得先百花齊放再說吧。本來按照正統左派理論應該是以勞工運動為優先，但是這個東西有很多爭議。1980年代以後出現新社會運動理論，像拉克勞、慕芙這些人的東西。他們認為社會運動沒有優先性，因為每一個社會運動都是平等的。

離開理論的問題回到總體現實來觀照的話，我覺得一個非常重要、影響深遠的問題是新帝國主義和新自由主義的影響。社會運動必須因應現在世界局勢的變化對這兩者提出批判，因為它們影響最為寬廣而深入，但是在某種程度上又是比較隱晦不清的。所以未來在這個方面需要更多努力，從在地的脈絡來思考新帝國主義與新自

由主義的影響。這是一個很大的課題。

　　王：在社會運動中，您覺得年輕人的參與如何？對兩岸的年輕人有什麼具體觀察嗎？您覺得年輕人未來能扮演怎麼樣的功能與角色？

　　林：我感覺台灣的年輕人普遍失去了奮鬥的方向，大陸也可能有這種現象。我一直在想，如何再次喚起與激發年輕人的理想主義。過去有人說過，年輕的時候如果不是左派，就不是年輕人，也就是說年輕人如果沒有理想就不是年輕人。理想主義當然是年輕人的特色。在某種意義上，我會覺得台灣年輕人似乎有一段時間找不到可以關心的問題。樂生可以持續這麼久，我有點吃驚。台灣社會比樂生值得關心的議題還很多。為什麼樂生能夠持續下去？當代社會與世界仍有許多的問題，為什麼我們沒有注意到？

　　錢：這會不會是社會運動的問題？社會運動本質上有一種缺陷，就是會走向單一議題化，因為議題太過於集中，走向專業化，所以大家就走不出來，是不是如此呢？

　　林：我同意是這樣的情況。但是我覺得比較可惜的是，會造成這種現象並不是年輕人的錯，而是客觀因素的局限。有些客觀因素年輕人也無法扭轉。不過，我會建議他們，除了自身的努力外，要考慮用更寬廣的視野來揭露當前的問題。

　　王：老一代的也許有「現代中國」這樣的平台可以溝通，但現在兩岸年輕人要在何種平台下進行互動？目前只有中國崛起的情勢，但這背後卻隱藏很多問題。觀察兩岸年輕人的互動，您覺得可能性在哪裡？

　　錢：新的兩岸年輕人關係，會不會變成像是與日本、韓國的關係，只剩下大眾文化的成分，共同喜歡的歌星、電影，但是除此之外，有什麼可能性呢？

林：我想這不只是兩岸的問題，而是新一代人共同的問題。新一代的年輕人，基本上缺乏一種鼓舞他們往理想奮鬥的目標，兩岸的年輕人都有這樣的問題。兩岸的交流、互相的留學，會製造更多的互動，這個情況會有，只是兩岸要交流什麼東西呢？當然不是風花雪月的事務，重點還是在於激發他們的理想主義色彩。我始終相信這是絕大多數年輕人都會有的。可是總體來講，我一直覺得目前兩岸的年輕人都太冷淡。

王：理想主義在不同的年代有不同的內容。過去的年輕人或許比較會考慮大敘述、大結構，但現在的年輕人對這些感到有距離，沒有參與感。不像您們的時代，覺得激烈地做某些事情是可以改變社會的。今天的年輕世代好像比較沒有這樣的可能性。

陳：但是今天年輕人也在社會各個層面，推動一些重要的改進。

林：您們提到的現象，我不太同意，老錢也提到過，我們太「理性」化了，但是趨勢已經轉變。這是到了二十世紀的末期一種普遍的現象，我想多少也受到後現代主義思潮的影響，後現代是很強調批判「大敘述」，認為「大敘述」會抹殺了人的個性或特性，下一步就會造成壓迫。但這會造成人們不去想大的問題，還不僅是無能為力。過去我們也不是那麼天真，覺得只要三、四個人遊行就可以改變世界，只是覺得那是我們該做的。但到了二十世紀末，我感覺到，後現代主義就造成年輕人怎麼去評價與看待社會。這股思潮的影響非常的大。我們在觀察台灣與兩岸的問題時，也不能忽略這個脈絡。

陳：在大陸，政治理想主義退潮後，整個社會赤裸裸地追求錢與權，價值虛無主義當道。年輕人的理想主義找不到出口，就可能變成憤青。最近一波的國家主義熱，跟理想主義找不到其他出口是有關的。

林：的確，理想主義也可能造成災難，不要說法國大革命、文革與納粹，這些人都是理想主義。但總體來說，理想主義在台灣太受到壓制，這是氛圍所致。對台灣的年輕人而言，這是較為根本的問題。年輕人該有年輕人的熱情。在人類的歷史上，理想主義縱然有缺點，但它帶來正面效果仍舊是比較多的。每一個人都曾經年輕，年輕人很重要的特色就是保有理想性。缺乏夢想，不作夢的人，就不算年輕人了，所以我希望年輕人一定要保有一些理想。唐文標曾經說，「我永遠年輕」，這是他一本書的書名。我想唐文標的意思是，他自己一直保有理想的色彩，我也以此自許。我希望年輕人千萬不要到年紀大了以後，才發覺自己沒有夢想過，沒有一份為理想奮鬥的經驗，那你真會覺得這一生有點白過了的味道。為了追求理想，你可能會有很多的掙扎、很多的痛苦和犧牲，但事後回想起來，你會覺得那是十分甜美的回憶。

王智明，現職為中研院歐美所副研究員。學術著作散見中英文學術期刊，如《中外文學》、《文化研究》與《歐美研究》。目前正在進行亞裔離散文學與台灣外文系建制史的相關研究。

摸索「第三條路線」：
追思林孝信

王智明

一

　　我和老林結緣在2003年的冬天。那年夏天我剛通過博士資格考，回來台灣找資料，準備撰寫關於1970年代留美學生文學與政治運動的論文。透過朋友引介，找到了當時在台南藝術大學教書的老林，並約了到他台南家中訪談。我當時已閱讀了一些保釣的材料，對那個運動和時代略有初步的了解，知道老林在釣運當中扮演的角色，只是當時的我更關注釣運的左傾化，而對立場較為「中間」的老林有些保留與不解。雖然初次見面不免感到生份與客氣，但老林卻是滔滔不絕地娓娓道來，從1971年4月10日的華府大遊行講起，一路談及他對五四和中國現代史的看法、1960年代美國反戰的氛圍、海外華人統獨對立、釣運左傾與反美日帝國主義等問題的想法，以及保釣對他的影響。我猶記得，言談之中，老林並沒有因為學業中斷、無法回台，乃至求職不易等事，表露出不甘或憤慨的情緒；相反的，他視之不足掛懷的態度，給我留下了深刻的印象，第一次感受到理想主義者的風範與格調，以及1960年代的政治與文化在他身上留下的刻痕。

　　再次見到老林是2009年5月在新竹清華大學舉辦的保釣論壇上。那場論壇集結了當年左右兩邊的保釣青年，而老林正是核心人物，因為只有他有這個能力召集與協調這些政治光譜與立場迥異的菁英。這場論壇同時也是他把釣運帶回台灣的一次嘗試。誠如他在開幕講演裡提到的，在尼克森訪中後，保釣運動形成了三個不同的發展方向，除了左右兩派外，還有所謂的「第三條路線」，強調「即使追求中國的統一，也應該基於台灣人民的利益與認同為基礎，真正的統一運動應該以台灣內部人民的要求為主力」；主張第三條路線的人，因為透過釣運重新認識了台灣，進而「去關心台灣社會，去做啟蒙工作，去支持台灣內部的社會運動與民主運動」[1]。回頭想來，四十年後老林揭示保釣的第三條路線，應該不僅是為了重新商榷釣運的歷史，而是為了確立他自創辦《科學月刊》以來一直不斷努力的社會改造路線。只是釣運以降的國際與島內局勢變化，使得這條樸直務實的路線變得崎嶇坎坷，乃至左右為難。即令如此，老林仍是勇往直前，踽踽獨行的去實踐。

　　透過這場論壇以及後續的工作，我開始與老林有了較為密切的接觸，包括編輯清華保釣論壇的文集，協助策劃2011年4月的「理想還在召喚：保釣四十年周年大會」、2014年11月的「重現狂飆年代：《大學雜誌》四十年論壇」，以及參與他自2011年起即開始推動的「釣魚台公民教育計畫」。因為這些合作經驗，我得以近身觀察老林、向他學習，對他的志業也因而有些較細微的感受和觀察。

1　林孝信，〈保釣歷史的淵源跟對海峽兩岸的社會的意義〉，收錄在謝小芩、劉容生、王智明編，《啟蒙‧狂飆‧反思：保釣運動四十年》（新竹：國立清華大學出版社，2010），頁32。

二

　　相信和老林工作過的朋友（特別是他的助理），都會有類似的感受，那就是老林講話總是徐徐緩緩，誠懇而堅定，但做起事來卻是急急忙忙，風火雷電。比方說11月就要舉辦的活動，6月才開始規劃；周末就要開始的研習營，週三還在找人演講；而他要發的稿子、文件，總是不到最後關頭不見蹤影。我列舉這些經驗並不是要抱怨，而是想指出他做事的方式和處境的艱難。事實上，我曾數度向他抱怨時間太過急迫，甚至藉口推辭他的邀請，但他總是平淡而堅定地強調「事在人為」，並且搬出他搭灰狗巴士在美國奔走保釣的經驗予以說服。的確，我不得不佩服，在那個沒有手機與電郵的年代，他不顧一切投身理想的勇氣與毅力，四十年如一日。在我看來，老林是少數沒有「班底」的社會運動家，甚至專職助理也是後來才有，並且時常替換，以致許多事情他都必須親力親為。這或許部份來自於他為保釣奔走的經驗以及1960年代的革命氛圍，但我相信這也是缺乏組織與資源的他，不得不的選擇。組織活動時，他經常扮演召集人的角色，出面邀集各方朋友（有些甚至未必志同道合），臨時成軍；缺乏經費時，他得擔起募款人的角色，各方遊走，調動資源；臨有變故時，他又得充當救火隊，臨機應變。主持會議時，他總是苦口婆心，每次都得從頭說起，這固然是他講話的風格之一，也是因為每次參與籌備會的小組成員都有變化，他必須適時照顧到每個人的感受與參與，儘可能的讓大家同心一志。

　　參與老林召集的活動，我常感覺自己是應著老林的道德感召與理想號召而來的，而其他人只是隨機而聚的浮萍。雖然大家都在老林的旗號下──為了保釣、社會改造，或是某種大家都有卻又兜不

攏的理想主義——做事，但很少會有一種「共同感」。不論是同代，或是跨代的朋友，我們的共同感似乎僅止於「老林」這個人，或是「保釣」這個理所當然，又困頓不已的符號。於是乎活動結束後，大家又立刻星散各處，直到老林氣力用盡，告別人間的那一刻。就像是土星的光環一樣，老林保釣愛鄉、改造社會的理想主義本身亦是碎片的層積。這個不太貼切的譬喻想要強調的是：老林或許有意識地要憑一己之光照亮且聚攏台灣社會裡的諸多碎片，但他沒有，或許也無法將這些碎片夯實為一體，形成一股更為紮實、更有現實感的社會力量。即令曾與他接觸的團體和個人都不會羞於承認老林對於他們的啟發與協助，但是這些團體和個人（包括我本身）都只是像個體戶一樣地單幹，不曾集結成一個團體。也就是說，老林所謂的保釣「第三條路線」——這個以社會公義為指標，關心、介入台灣的方向——雖然值得肯定與重視，但實際上並沒有成為足以挑戰、改變現狀的集體力量，而只能是對散落在台灣各地、各別的小戰場——人權、民主、勞權、公衛，乃至於其他形形色色的社會運動——的努力的指認。這當然不是老林的過錯，但它折射了台灣社會統合與改造的艱難，而老林或許是我們這個時代能夠連繫左右、跨越統獨、接渡兩岸與今昔社會與理想的最後一人。

三

　　2014年春，在太陽花運動的衝擊波下籌辦「重現狂飆年代」國際論壇，讓我看到老林在保釣之外的另一面，以及1970年代之於台灣的關鍵意義。記得是2013年的初秋，老林聯絡我開會，地點在杭州南路的城鄉改造環境保護基金會。當時對於這個地點，我是完全陌生的，我既不知道該基金會的老闆是前民進黨大老張俊宏，也不

清楚老林跟民進黨之間的關係，更不明白這個基金會為什麼會支持
與組織一個紀念《大學雜誌》的活動。當然熟悉《大學雜誌》的朋
友就會知道張俊宏先生曾經扮演過的重要角色，認識張俊宏先生的
朋友也就會理解城鄉基金會的宗旨與作用。但對當時的我來說，老
林與城鄉基金會的合作是件奇怪的事，不僅因為保釣與台獨在政治
想像上的高度對立，更是因為整個1970年代老林其實不在台灣，即
令他在海外曾與當時的黨外多所接觸，也為營救陳明忠出錢出力。
那麼，他要以什麼方式與立場去回顧這段已被主流論述視為台灣民
主化運動開端的過去呢？在會議海報的文案上，老林是這麼說的：

1970年代是台灣社會急劇變遷的時期。保釣運動、社會運動、
民主運動，這三大運動深刻地改變了台灣的發展，開啟日後的
解嚴，完成了亞洲地區罕見的不流血民主化。四十年後，這個

狂飆年代所塑造的典範還繼續煥發光芒，成了新世紀第三世界
國家興起的楷模。

就歷史意義層面，1970年代不僅開啟了台灣民主化與社會改
造，她也實現了五四運動引進「德先生」的期待。可以說，代
表第三世界人民爭取從帝國主義侵略壓迫解放的五四運動，其
部分目標就在台灣的狂飆年代體現了。就全球性的意義層面，
二十一世紀將是建設一個民主、平等與和平的國際秩序底時
代，廣大第三世界國家還在為擺脫往日的封建包袱而奮鬥，其
中的重點正是民主改革。就華人社會的層面，兩岸共同歷經帝
國主義與殖民主義的欺負，德先生、賽先生與抗日是當今兩岸
分歧中的交集，台灣的民主化經歷其意義不僅止於寶島台灣。

　　換句話說，老林是將台灣的民主化運動放到第三世界的解殖歷
史中來理解，從而將五四的德先生與賽先生，跟1970年代對科學、
愛國抗日與民主的追求聯繫起來，並指向兩岸社會作為這個民主化
運動的腹地。老林的這個看法，很重要地，挑戰了將民主化等同於
本土化的主流話語，反對把「當家作主」視為民主轉型的指標，而
是將之視為解殖的重要內涵。當太陽花運動將自己視為台灣民主運
動的接棒者，延續冷戰反共教條，將民主自由視為區辨兩岸的判準
之際，老林的這個說法恰好提醒了我們，1970年代以降的民主化運
動不只是台灣社會轉型的重要經驗，它同時也是中國民主化運動的
先聲，並與第三世界反抗帝國霸權的意涵有所呼應。德先生與賽先
生是為了自我與眾人的解放而來，而不是為了排除他者、撕裂自身。

　　會議的作用或許不如預期，但是相對於同年春天風起雲湧的太
陽花運動，老林在文案中提出的觀點，仍然值得我們深思，也打開
了一扇重新理解台灣來路的窗口。原來藍綠對立不必然是台灣民主

的常態，民主也不只是爭權作態；就在不久之前的1970年代，不僅沒有藍綠撕裂的矛盾，如今分屬兩邊的知識分子還曾經攜手協作，為共同的民主事業努力。那不僅是狂飆的年代，也是美好的年代。以藍綠的角度去看待老林與張俊宏的合作，不僅誤解了他們的立場與來路，也錯看了台灣的歷史與民主的意義。如何指認、延續乃至擴大「第三條路線」，不為左右統獨所限，於是具有高度的現實意義。

四

　　雖然這些活動不過是老林漫長「過動」生涯的簡短插曲（在清華保釣論壇後，他立即投入了《科學月刊》四十周年紀念活動的規劃，同時還主編著從2005年起創辦的《通識在線》；2012年釣魚台問題再次緊張的時候，他還得出面組織遊行、發表聲明、聯絡協調等等，並在隨後開辦了釣魚台公民教育計畫），但是這些活動的頻率與強度（或迫切性）相當程度反映了老林的心境、志業與困境。

　　老林之所以會在回台十年後再次投入保釣運動，這反映的不僅僅是他個人志業幾近苦行僧式的追求，以及解嚴後台灣社會的重大變化，也是理想主義實踐於當代的試煉與考驗。如同老林在訪談中強調的，「釣運的意義應該是再啟蒙運動，讓從台灣出來的留學生能夠超越國民黨教育的框架，為台灣未來的政治發展立定一個比較健康的基礎」。但是由於釣運與台獨的對立，加上國民黨的黑名單封鎖，不准釣運分子回台，使得釣運的啟蒙效果「反而沒能回饋到台灣社會」[2]。從釣運之後到他去世，老林一直將自己作為連接與化

2　見王智明，〈保釣、兩岸與理想主義：林孝信先生訪談錄〉，《思

解統獨差異的橋樑，不問黨派省籍和年紀，只要能夠協作，進行啟蒙與改造的可能，他都願意去接觸、嘗試、支持，以一己之力將大家聚攏一起，護鄉衛土、追求公平與正義[3]。老林以戎馬倥傯的一生去實踐這個理想，不論成敗，他已活出自己的價值，也為我們的時代與家國留下最具批判性，也最為溫柔的見證。

　　這篇文章不僅僅是為了紀念與懷念老林及其典範，也是想透過與他共事的經驗，提出一些觀察和想法，一方面思考時代與世局的變化，另一方面也探索繼承老林志業的方式。

（續）──────────────────
　　想》第30期（2016）。

3　在我看來，護鄉衛土是老林一生一個很重要的價值。當北美釣運轉向統運的時候，他依然執著於釣運，並將視野南望，關注當時已然風起雲湧的南海，在芝加哥發起「保沙運動」。「保沙運動」在當時雖然影響甚微，但其意義，尤其是在當前南海爭議的脈絡，不可不謂深遠。

民間行動的力量：
梁曉燕先生訪談錄

陳宜中

　　梁曉燕先生，1957年出生於浙江舟山群島。1980年代任職於北京外國語大學，兼任《走向未來》叢書編輯。1989年六四事件後，主動退出中國共產黨。1993年參與發起中國最早的民間環保組織「自然之友」，任歷屆理事並兩度兼任總幹事；2000-02年赴美國華盛頓州立大學和哈佛大學訪問交流；2004年後主持教育公益組織北京天下溪教育諮詢中心；2005年共同發起公益雜誌《民間》並任主編；2008年起，任北京西部陽光農村發展基金會秘書長。長期關注環境保護和鄉村教育，投入民間志願者的培訓和經驗累積。她以推動中國的社會發育和政治轉型作為畢生志業，為大陸NGO界資深的行動者之一。

　　此篇訪談於2012年6月24、29日在北京、2014年11月10日在台北進行，經陳宜中編輯後，由梁曉燕先生修訂、確認。

梁曉燕先生

一、早期經歷

梁曉燕（以下簡稱「梁」）：我的祖籍是山東棗莊，1957年出生在舟山群島。我父親是1950年打到舟山群島的解放軍，一直駐守到1965年從軍隊轉業，在上海從事黨務工作。小時候聽父親說，1950年國民黨撤離時，把舟山群島的青壯年男性五千多人劫掠去了台灣，所以島上的孤兒寡母比比皆是。我和兄姐幼時經歷的幾個保姆，都是這樣的身世。那時候，覺得台灣是個很可怕的地方。

我的母親也曾是軍人，1949年在寧波高中畢業參軍，是學生兵，隨軍打到舟山群島。1952年父母結婚，1954年母親就轉業了。1957年，她因為給機關領導提了一些意見而被打成右派，一個多月後生下了我。在我幾個月大、還沒有斷奶的時候，她被強制送到舟山最偏僻的海島上勞動改造。聽家裡人說，我最初被帶到島上，可是母親實在無法餵養我，只好又被父親接回，靠保姆餵羊奶長大。1961

年母親勞改回來後,被派到民辦中學當老師。她是一位極優秀的、愛學生的老師,後來我教書面對學生時,總覺得母親的魂就像附在了我的身上。

陳宜中(以下簡稱「陳」):可否談談您年輕時的教育?

梁:從童年到念大學之前,中國基本上處於文化大革命階段,我受的教育主要是「革命接班人」的教育,童年接觸的都是革命書籍和革命文藝作品。我在21歲讀大學之前,沒看過一點西方古典小說和藝術作品,也基本上沒有接觸過中國古典文化。1965年,我隨著父母到上海,往後十六年都在上海。我對文革的記憶不多,當時我們家多少也受到衝擊,因為我母親是右派,而我父親被打成了走資派。儘管我哥哥姐姐一開始也想當紅衛兵,很積極地參與,但不怎麼被接納。當時我太小,只是跟在後面看熱鬧。不過,在那時的革命教育體制和家庭教育氛圍下,我算是一個很正統的革命接班人,也就是「革命事業的螺絲釘」。上大學之前,我幾乎是個完全沒有自我意識的人。

文革期間,因為緊張,父親把家裡有點「資產階級」嫌疑的書都燒了,而那正是我開始讀書的時候。回想自己的早期教育資源,歸結起來就是兩個。一個是「革命英雄主義」,源自於《紅旗飄飄》、《星火燎原》和《志願軍一日》這三套革命教育讀物,內容是共產黨與解放軍的戰鬥史、成長史。另外一個,也許是我母親的偏好,家中倖存了十多本各民族的民間故事(包括《苗族民間故事》、《蒙古民間故事》,還有《格魯吉亞民間故事》等),這類書也是我的精神營養,都讀了不下幾十遍。

我認為自己比較晚熟,單純、懵懂,認知與思考的門一直沒有打開,直到二十多歲才開始體悟到一些事。

陳:您是在大學時期才被「啟蒙」?

梁：我1978年春進了上海華東師範大學政治教育系（77級），兩年後又分專業，政治、經濟及科學社會主義，我念的是後者。那年我21歲。

確實可以說，我在大學時期才被啟蒙。我高中畢業後曾當過三年泥瓦工，學徒結業那天正好接到大學的入學通知書。在大學以前，我的知識結構非常偏狹，精神世界的「底料」單薄得可憐。我很慶幸在那時上了大學，因為上山下鄉的老三屆同學很多（我是同學中年齡最小的幾個人之一），他們在我面前展開了一個「革命」之外的世界，讓我驚訝和震撼。那是思想解放的時代，大學裡人聲鼎沸，風雲激盪，同學們在論辯中展現的豐富知識和思考、強有力的邏輯和表達，像一種致命的誘惑，吸引我嚮往和追隨。那時，我真可以說是「如飢似渴」地讀書，三個暑假都留在學校，每天到圖書館讀書，還參加一切有意思的討論和藝術活動，像是張開了全身的毛孔吸收各種知識。我開始有系統地讀書，從小說、詩歌到政治書籍，並接觸古典和現代藝術。多年後，我的知識結構和精神世界才有了一些變化。

1982年大學畢業後，我被分配到北京外國語大學任教，擔任學生輔導員，也教公共必修課「世界史」，後期還做過校刊編輯。

陳：您到北京後，參與了《走向未來》叢書的編務工作，那段經歷對您的影響大嗎？

梁：在《走向未來》叢書參與編輯工作，對我個人的成長來說特別重要。這樣說吧，從革命接班人教育直到大學期間飢渴地補課，都是比較空泛的，跟我個人的生活和具體選擇沒有直接關係。進入《走向未來》編委會後，跟中國頂尖的思想者同在，觸摸到當時社會最敏感的脈搏，不僅打開了我的眼界和思想，也讓我開始在更高的基點上尋找人生目標。雖然在這個群體中，我是一個還未出茅廬

的「小妹妹」，經常覺得自己什麼都不行，但這樣高水準的思考氛圍，激發了我對未來中國的想像，開啟了我對中國政治、社會發展的背景和複雜性的認知。另一個重要影響是，《走向未來》編委會是1980年代中國知識分子「自組織」的早期嘗試，對於在大一統體制下開闢「體制外」的空間，爭取相對獨立的地位和作用，有著重要的意義。我參與了這個過程，有了「體制外生存」的真實感受，對以後的社會思考和人生選擇意義重大。參與《走向未來》編務的那些日子，也正是我的自我意識和內在價值感生長的時期，在跨度很大的國家－事業共同體－朋友圈－家庭－個人－內心等多層次糾結和牽動下，我走過了自己的精神成長史上最有挑戰性的階段。

1987年下半年後，我從《走向未來》的工作中慢慢淡出。1988年開始，跟梁從誡先生一起籌辦《知識分子》雜誌，但只做了兩期就被停刊了，那是1989年7月初。

陳：停刊是因為六四事件？在那場運動中，您參與有多深？

梁：停刊確實是因為六四。

在六四事件的過程中，跟許多在風口浪尖上的知識分子和學生相比，我並沒有做什麼特別的事，主要是和自己學校的學生、教師在一起，成為當時北京沸騰的「民意」的一部分。當然，在這個過程中，我也有自己的觀察和行動，這些在卡瑪拍攝的紀錄片《天安門》中已有表達。

6月3日晚上，聽說天安門附近開槍死人了，我馬上騎車到了廣場，找到了自己學校的學生，和他們在一起，一直等到凌晨，在坦克和自動步槍的逼迫下激憤地撤出。

陳：五一九戒嚴後，您是否預感到了鎮壓？

梁：整個局勢在五一九戒嚴以後，變化得很快。戒嚴以後，幾乎全北京市的人都動起來了，去堵坦克、設路障，支援廣場上的學

生等等。但在5月27-28日以後，大家就開始焦慮接下來該怎麼辦？有個消息說，全國人大要開會，於是很多人都有一種期待，希望這件事有一個程序內的了結。但究竟會如何了結？在中國現實中，並沒有相對成形的其他政治力量可以對結果施加一定的影響。說實在的，我（相信其他大多數人也一樣）完全沒有經驗，也無從預測；只是，真的沒想到共產黨竟然會開槍，長安街竟然會成為死亡之地。

陳：六四後您受到何種懲處？

梁：因為6月3日的天安門之夜，也因為四個月後我的「退黨」之舉，我被停職審查長達五年，不讓工作也不讓上課，還得了一個嚴重處分。但我真正離開北京外國語大學是在1996年，因在《天安門》紀錄片中接受訪問的緣故。這片子出來後，我的護照就被吊銷了，有五年不能出境，當時參與的很多工作也經常受到干擾。

陳：受六四事件牽連的人有多少？

梁：被牽連的人很多，難以準確估計。被抓的在北京有幾千人吧？一開始知識分子被抓了幾百人，後來陸續釋放，也有的判了刑。聽說還有一、兩千位市民被抓，他們中很多人都被判了重刑，甚至有人迄今還在監獄。高校裡，有些學生被抓，還有部分學生因為六四，當年畢業後就沒有畢業證，原本該分配工作的沒有分配等等。高校教師中多少有些處分的人很多，其他學術、文化、傳播機構的知識分子，有不少在職業、仕途、事業發展上受阻。

在後期的全面清查階段，包括那些實施清查的人心裡都有數，當年在北京，若真要追究起來，恐怕誰也脫不了關係。所以，除非雙方是私敵，否則下狠手置人死地的並不多。由於那是一場牽連甚廣的政治行為，清查者也傾向於能過去就過去吧。不過，即使這樣，對我個人而言，我不願意就這樣過去了。所以，在黨員面臨清查時，我選擇了退黨。退黨在當時是挺大的事，因為中共是不允許黨員退

黨的。我遞交了一個退黨聲明,給我的回答是一紙開除黨籍的公告。
當然我知道,我的舉動實際上就斷了自己在體制內的「飯碗」,斷
了和體制相關的前途。

二、讓六四的血不白流

陳:六四之後,除了參與創立「自然之友」,您還投入哪些事
情?

梁:從1989到2000年,這中間有六年,我的編制仍在北京外國
語大學,但是不能工作,只拿基本工資,直到1996年離開。那段時
間,我不單做自然之友的事情,主要在辦雜誌。從1992年起參與《橋》
雜誌,吳思是主編,我擔任編輯;1993年8月後開始做《東方》雜誌,
我做了將近四年,擔任副總編,後來雜誌被停刊。1997年我去深圳
主編關注社會動態的《街道》雜誌,一年後刊號被吊銷,那年年底
《橋》雜誌也停刊了。後來,我就在萬聖書園(按:北京著名的人
文社科書店)設立工作室,從事民營出版,直到2000年4月去美國訪
問研究。其間,我曾替中央電視台的女性節目做策劃,前後大約三
年。上面所有的事情,都是以體制外自由職業者的身分去做的,既
是生活所需也是事業所繫。我希望在高度體制化的文化傳媒領域,
力爭擴展小小的體制外空間,雖然殊為不易,但也鍛鍊多多。

陳:您後來投入NGO工作,跟您對六四的反思是有關的?

梁:應該說,有相當大的關係。六四事件的過程,除了中共政
權的專制本質外,還讓我們看到了中國未來政治發展的關鍵弱項,
就是社會的組織化程度太低,自治能力貧弱,公共參與的管道和機
制都沒有建立起來。一方是絕對專制的當局,一方是一盤散沙的「大
眾」,極其缺少中間的黏合劑、動員機制和博弈機制。群眾運動起

來了，各有各的視角和意見，大家如何獲取共識？如何有效行動？獲取共識需要一種機制的連接和自治能力的日常訓練，但在1989年，這一切都還來不及完成，甚至，大多數人還沒有真正意識到它的重要性。

有些人說，這種能力和機制的建設有賴於政治體制的根本性變革，只要政治體制不變，就無從建設出理想的公民能力和聚合機制。這話不錯。然而，在自上而下的變革一時完全看不到前景的情況下，我們作為有能動性的公民，難道只能束手等待？更進一步的問題是，期待中的政治變革真會在某一天突然發生嗎？民主制度的建設真會一步到位嗎？即使可能一步到位，它的運行是否順暢，品質是否良好，是不是仍然需要自下而上的自治訓練？民主體制的宏觀「上層建築」和它的微觀社會基礎，是前者決定後者的關係，還是互動生成、交互增長的關係？對這一系列問題的體會和思考，觸動我和一些朋友們在外在環境非常嚴酷的時候，試圖摸索出施力的方向。

我們為什麼要做NGO組織的嘗試？就是想在宏觀政治條件還不甚具備時，立足於民間自下而上的努力，在微觀的社會層面上踏實踐行，慢慢建立起尋求共識、自治互助的機制，以求凝聚出健康的民間力量，對宏觀的政治變革形成推力。六四的慘痛歷史告訴我們，中國爭取民主的道路還很長，無論那個歷史節點何時發生，一盤散沙、沒有自治能力的民間社會都不可能成為其有效動力，而只會成為阻礙。推動NGO的發展，對我來說，特別重要的意義就在於「讓六四的血不白流」。

陳：您參與發起「自然之友」的背景為何？

梁：自然之友在1993年6月成立，1994年半正式註冊（非法人），但從1992年就開始策劃了。當時的北京，還在巨大陰影的籠罩之下，社會氛圍很壓抑，大家（尤其知識分子）的情緒都很消沉。有社會

關懷的人有心無力，茫然和虛無感瀰漫。如何讓這些人走到一起，把社會關懷凝聚起來，擺脫無力感，創造出一種對外有作為、對內能相容的公共生活？這就是我們結社的起點和初衷。當然，一開始也並不那麼清晰，只有懵懂的意識而已。由於梁從誡、楊東平、王力雄和我，都是1980年代「早期體制外萌芽」的參與者，對民間的潛力和生存方式有一定的感知，也對環境保護有比較一致的認識，幾個人一拍即合，創立了環保組織「自然之友」。

1980年代所形成的一些民間結社雛型，有個明顯的特徵，就是大都局限在同業圈，以知識分子居多。而自然之友的成立，帶來了一個變化：環境問題是一個跨度很大、較少階層障礙、沒有身分或業圈限制的公共領域，所以參與者相當多元，公務員、工商業者、員警、律師、記者、大中小學的教師、企業白領、售貨員、家庭主婦、學生，什麼樣的人都有。跨界的公民聚合，是自然之友的一個特點；來自不同背景的人走到一起，也對民間組織化的能力和自治水準提出挑戰。2014年是自然之友註冊成立20周年，它曲折的發展過程，可說是中國NGO背後的政治和社會現狀的縮影。

陳：在1990年代，您的職業是編輯、出版，NGO是業餘志願工作。您全力投入NGO，是從美國回來以後？

梁：2000年去美國，待了兩年半，主要是在華盛頓州立大學、哈佛大學訪學。我走的時候，覺得回來後可能會繼續幹傳媒、出版。但當我從美國回到北京時，想法就已經非常清楚了……

在美國期間，我投入了大量時間觀察、參與美國的民間公共生活。各種各樣的公民團體、公益組織、行業協會、社區委員會等等，使這個社會充滿了自治活力。美國的民主制度有良好的微觀基礎，不僅是制度骨架完整，而且有血有肉，細胞的發育比較健康。

我參與了很多公益組織和公民團體的活動，去了解他們的管

理，去接觸他們的成員，去交朋友。從教會、社區組織到議題性的公益組織，如反飢餓、教育公平、公民權利、無家可歸者救助、動物保護等等，我都去過，做過很多組織的志願者。我喜歡美國的一點是：一個普通的人，只要你願意，都可以為你關心的事情找到志同道合的人，一起做一點事，大到改變法律和政策，小到改善自己的社區和家庭生活。他們也在共事和共用中，發展出共識和共存。相形之下，長期受制於大一統的「官本位」體制，中國社會普遍瀰漫一種無力感：你什麼都不是，像一顆孤零零的沙粒；你什麼都做不了，只能被動地承受。我當然知道，美國人的公共意識和行為，有賴於憲政體制的保障和激勵；但也更知道，從源頭回溯，憲政體制的建立和完善，從來都少不了各類先行者去勉力推動。同樣，中國人公共意識和行為的缺失，固然跟專制體制的壓制和束縛直接相連，但是否也和主動的實踐者、推動者太少有關？不必說美國跟中國有多麼多麼不一樣，我相信，束手旁觀、被動無力不會是中國人命定的生活狀態。

在兩年多的美國訪學結束時，我形成了一個想法：回去以後，我應該全身心地投入中國公民社會的建設。

三、中國的社會發育

陳：您如何評估中國民間組織的發展狀況，和過程中遭遇的阻力？

梁：問題好大啊，一點一點說吧。

在1979年以前，中國完全沒有民間組織的生存空間。1950年代初的《社團法》，主旨是消滅一切民間社團，把一切民間的組織形式收歸到國家體制。1979年以後，雖然那個法律還在，但在「反思

文革」的背景下，隨著經濟的鬆動，逐漸讓「體制外」的人和事有了一些活動餘地。1980年代還沒有NGO這麼一個成形的概念，但民間的經濟活動和社會活動已經開始復甦。經濟活動就不講了，民間的社會活動也出現一些新動向，例如，正式或非正式的民間編輯部、研究所、函授學校、協會等。

陳：但需要「掛靠」，找到一個體制內的接點？

梁：是的。如果沒有掛靠的部門或單位，就不能常態存在。但和後來不同的是，此時掛靠的接點比較隨意，沒有法律上的責任，「人情」或「關係」起到很大的作用。而且，掛靠只是對外的交代，由於沒有法律上的明確關係，上級一般也不會直接介入到你的內部事務。

六四事件之後，1989年10月，頒布了兩個法律檔，一個是《社會團體登記管理條例》，另一個是《集會遊行示威法》。第一個法律的基本功能就是「強力遏制」民間組織的合法產生與活動，它的兩大特徵是「**雙重管理體制**」和「**非競爭性原則**」。

陳：新法下的登記管理，跟掛靠有何不同？

梁：在雙重管理體制下，要合法成立一個民間機構，既需要有業務主管單位（從事什麼業務，由相關的同級政府部門主管），還要有登記主管單位（各級民政部門）。例如，如果你要註冊為全國性的環保組織，必須由部一級的相關行政單位做你的業務主管；如果你想註冊在北京市或東城區，就必須由市一級或區一級的行政單位來主管，然後由他們先行審批，再去相應的民政部門登記，以取得合法身分。1980年代沒有這個東西，只要掛靠到一個公辦單位就行了。

在雙重管理體制之外，還有一條所謂的「非競爭性原則」，就是在同一行政區域內，同一性質的民間組織只能有一家。

陳：「非競爭性原則」的作用是什麼？

梁：比方說，為什麼自然之友二十年來一直不能得到「社團」註冊？最簡單的拒絕理由是：全國性的環保社團已經有一家了，是直屬環保部的中華環保聯合會。在非競爭性原則下，環保部就不能再充當主管單位，自然之友也就不能獲得全國性環保社團的註冊。在各地註冊公益組織，尤其是註冊「社團」時，這是經常碰到的拒絕理由。

這套東西說起來有點複雜。中國民間組織現在有三個類型：一種叫社團；一種叫「**民辦非企業**」；一種是基金會。民辦非企業包羅萬象，學校、醫院、培訓機構、體育機構、文化娛樂機構等，多數是營利性的，公益性的民間組織和機構只是其中很少一部分。

1998年，推出了兩個法規，更新後的《社團登記管理條例》以及《民辦非企業登記管理暫行條例》，再加上2005年的《基金會管理條例》，現在基本上是在這三個法規的框架中管理民間組織。無論是哪一部法規，限制、防範是其主要特徵，上面的兩個原則（即「雙重管理」和「非競爭性」）始終都存在。

陳：這幾年沒有放寬嗎？

梁：近幾年來，因為社會發展情勢的催動和民間力量的增長，情況有了一些變化。三個法規的修訂一直在進行中，但遲遲落不下來，所以全國性的變化並不顯著。但地方性的法規，對於「做事」的民辦非企業註冊，有了一些鬆動；對於「聚錢」的基金會，註冊上也有相對空間。但對於「聚人」的社團，因其更明顯地具有社會動員和社會組織的功能，仍然保持高度戒備，至今不見明顯鬆動。

正是在這種制度狀況下，中國的民間組織和公益事業艱難地發展著。很多有社會關懷之心，有結社意願和行動力的人，希望走到一起來做事，但很難獲得合法的身分，也很難在合法的框架內發展。

很多公民結社、草根生長的民間組織，或者不得不寄生在官方或半官方機構之下，或者隱藏自己的宗旨以求符合註冊要求，或者註冊成企業身分，或者乾脆不註冊，以非正式的方式存在。中國制訂的很多法律，不是為了讓你遵守，而是為了讓你不得不違法，我們叫做「普遍性違法，選擇性執法」。不少機構都處於灰色地帶，隨時他想治誰就可以治誰。

總之，這種「八仙過海，各顯神通」的存在方式，雖然獲得了一定空間，但在夾縫中求生存的畸形狀態，也為日後的發展留下很大隱患。中國民間組織發展的諸種特徵和弊端，都能從這種管制方式中找到起因。

陳：自然之友是註冊為……

梁：總有很多人問我，自然之友都發展二十多年了，為什麼會員這麼少？我都苦笑一下說，就這點會員，還是不那麼合法的，隨時都可能招致「非法」的指摘。自然之友至今不能獲得合法的社團身分，只能註冊為一個區級的「民辦非企業」，所以在法律上，根本不能擁有會員。這麼多年來，要不要發展會員、怎麼界定會員、如何組織會員，自然之友為此「費盡心機」，才在鋼絲上搖搖晃晃地沒有掉下來。這種情況當然不止自然之友一家，在中國，只要是成立時間稍長一點的民間組織，哪家不是在夾縫中支付「制度成本」？因此受挫或消失的機構也不少。

陳：1990年代除了自然之友，還有哪些發展？

梁：1990年代主要有兩波民間組織興起。一波是環保，大約有十家左右機構出現，如北京的地球村、綠家園、大學生綠色營，還有重慶的綠聯會、遼寧的黑嘴鷗保護協會、雲南的綠色流域等。另一波是性別研究和宣導。1995年世界婦女大會在北京召開，其中包括了非政府論壇。在這之前，中國政府完全沒有承接過這類非政府

論壇，如臨大敵。但既然大會要到中國來開，就需要有一批中國的非政府組織去參與，於是，發展出一些半官方的機構和組織（GNGO），主要依託在婦聯、大學和官辦的協會，但也有部分民間人士和民間資源參與其中，形成一種混合形態的組織。1995年以後，中國政府官員（尤其中央政府這一級）開始知道國際上有非政府組織，而且從世婦會的過程中，看到非政府組織怎麼辦會、開會，看到了非政府組織非主流（反叛）、有活力、多元共容等特點。世婦會讓政府官員開了一點眼界，也催生出中國的性別研究和宣導組織。

陳：中國的GNGO有何特色？

梁：在我看來，GNGO（政府的NGO）倒是「中國特色」之一。他們是體制內的政府部門、「群團組織」（工會、青年團、婦聯、僑聯、文聯、社科聯、科協、殘聯等）和「事業單位」及其衍生出來的社團、協會、中心等（有人戲稱為「二政府」或「後花園」），承擔著社會工作的職能，也大都擁有一定的行政權。這個群體的數量不小，他們和自下而上、自發生長的民間組織有著基因上的明顯差別——是「對上級負責」，還是「對使命負責」？當然在歷史意義上，這種「中國特色」也是民間組織生存空間的一部分，有著轉型期打破體制僵局的積極意義。

近十多年來，隨著民間力量和民間資源的逐步壯大，隨著政府職能轉變、事業單位改革的「擠出」效應，也還因為GNGO本身在法律上定位不清，「政府」與「民間」這兩種基因經常混合在一起（程度不同，有的更偏向於政府，有的稍偏向於民間）。前者支配、吸納、規訓後者，後者也影響、感化、改造前者。在數量對比上，「政府」基因純度高的GNGO逐漸有所減少，「民間」基因純度高的GNGO在增加。大多數的中間混合狀態，其內部成分也在變化。

變化的方向，主要取決於該地區行政改革的力度，和在機構中起主導作用的人。

　　陳：其他方面的NGO發展狀況如何？

　　梁：這需要一塊一塊來看。1990年代主要是環保和性別研究與宣導。後者依託在婦聯和大學，但主要不是在官方系統內運作，而是在準社會系統當中運作，形成了在性別研究、女性及性少數權利保護和服務的一些機構，開始向社會發言。近年來，性別議題的社會影響在逐步增加。

　　還有一個是愛滋病議題，從1990年代後半期開始出現，那時正是中國愛滋病問題受到國際矚目的時候，國際上有很多關注愛滋病的援助資金。圍繞愛滋病防治和患者服務的公益組織有幾百個，大多依託於國際資金和政府資金，民間捐款很少。近年來，隨著愛滋病問題的嚴重性下降，以及部分國際援助資金撤出中國，這方面公益組織的活躍性也在下降。引起新一輪社會關注的是塵肺病，但遠沒有達到愛滋病救助的規模和社會投入。除了愛滋病防治之外，在公共衛生領域，其他的NGO組織非常少，甚至有的方面是空白。

　　1990年代後期，慢慢出現了教育、扶貧、農村社區發展這些方面的NGO。1997年前後，個別關注貧困兒童教育的組織出現，但這類組織的集中出現是在2003-04年以後。2001年左右，通過互聯網的連接，形成了一批愛心助學的公益組織，現在仍有不少。「三農」（農民、農村、農業）問題在1990年代末開始尖銳化，此後，扶貧、農村社區發展、小額信貸等公益組織逐漸多了起來。

　　另外，關注養老、助殘、疾困兒童等公益組織多年來一直在出現，近十年來有較大發展。

　　陳：這些公益組織是否也有不合法或半合法的問題？也大都要繳稅？

　　梁：在我的視野裡，直至兩年前吧，大部分真正的NGO（民間自由結社成立的組織）在成立之初，基本都是不合法或半合法的。有的以後才慢慢改善，有的至今仍在這個狀態中。以公司註冊當然就要納稅；以民辦非企業註冊，基本也要納稅。民辦非企業與社團的一個區別，就在於社團不納稅，民辦非企業要納稅。雖然政府開了一個口子，說民辦非企業經過申請，確認是公益組織可以免稅，但一個大城市可能有幾千家民辦非企業，獲得免稅資格的門檻很高，因而少之又少。不少公益組織一邊尋求捐款，一邊還要繳稅，這個滑稽和尷尬的情況，跟「民辦非企業」這種混亂的分類有關。

　　陳：近十年來，公益組織發展得相當迅速。您的總體評估為何？

　　梁：這一塊確實是有些發展，其中一些部分的發展可稱「迅速」。但和中國社會發展的真實需求相比，和公民自治能力提升的迫切願望相比，和互聯網時代開闢出來的更大可能性相比，應該說還遠遠不夠。

　　政府監管在一定程度的放鬆，當然跟民間的積極推動有關，但更為內在的原因，則是政府想要卸責，這是很重要的一點。過去政府是全包的，權力沒有邊界，社會問題的解決也不得不全包。但如今，在「政府職能轉變」的改革圖景中，那些承擔公眾福祉的政府部門想把責任給卸下來，能卸給誰啊？

　　陳：能承接任務的、聽話的NGO？

　　梁：對，政府吸納、發展NGO，很重要的動力來自於這個。

　　在政府的職能部門中，民政部對NGO發展的態度是比較積極的，因為它承擔的社會福利、公共福祉的任務最重，希望民間發展出承接能力的需求也最迫切。但是，民政部主導不了更宏觀的公共政策，只能在具體的技術細節上小小動作。政府確實不該什麼都管，但如果政府想從社會領域逐漸退出，照說應該在一個新的法律框架

內，重新界定政府和民間的權利和責任，體現在公共政策的平衡和可持續上。可目前的狀況是，規範公益行業的高階法律遲遲不能出檯，三個行業管理法規的修訂多年徘徊，反覆不定。政府仍然是在「維穩」和「控制民間組織」的舊思維中應對問題，也還是用「分類管理」的老思路來鬆綁一部分，控制一部分，打壓一部分，不斷製造緊張和衝突。總之，想卸責卻不放權，把公益行業的宏觀環境搞得十分扭曲和變態。

陳：宏觀地問，您如何看待大陸NGO的發展態勢？

梁：現狀大體是，和經濟發展有關的行業協會、專業性服務機構以及狹義的「慈善」領域發展較快；傳統概念中的扶貧、救災、助殘、助老、助弱、基礎教育、公共衛生等，有相當的工作空間。登記與管理放鬆的「利好消息」，這部分機構是主要的受惠者。前者是呼應經濟發展的要求，後者是政府部門迫切想要卸責的事務，而且，兩部分的政治敏感性都不高。

然而，今天中國面對的社會挑戰是全方位的，市場經濟全面深化所產生的社會矛盾和激發出來的社會能量都是巨大的，需要回應和解決的問題，已遠遠超出了傳統慈善的範圍。

在這裡，有一個「傳統慈善」和「現代公益」概念的對比，值得討論。一般來說，慈善針對的是弱勢者，基於人類普遍具有的慈悲心、同情心，以緩解受助人的當下痛苦為主。而公益在慈悲心、同情心之外，還帶有社會正義、公平的視角，關注弱勢的社會成因，不僅緩解當下的痛苦，也致力於社會環境和公共政策的改善。傳統慈善一般是對弱勢者的單向輸出，弱勢者是被動方、接受方；公益的姿態更為平等，強調雙向的理解和互動，更注重過程中權利和尊嚴意識的生發。慈善工作一般針對「**匱乏性需求**」；公益的範圍包含前者，但擴大到「**發展性需求**」，朝向社會未來圖景（更公平、

更多元、更具持續性）而努力。另外，和慈善相比，公益也更強調跨界合作的資源動員方式。這不是在貶低慈善工作，而是提出一個分析角度：**現代公益的核心特徵在於尊重、依託和完善公民的基本權利，這和傳統慈善是有區別的。**

陳：當局偏好的是能幫忙卸責的、單純「服務性」的社會工作或慈善。您的「現代公益」觀念會被認為太政治化嗎？

梁：對我來說，現代公益與傳統慈善的區分，主要是分析性的。從我的視野去看中國NGO的發展現狀，我們會發現，在政府的「分類管理」思路中，受到鼓勵和支持的多是「傳統慈善」的組織和工作方式；合法性資源和資金、免稅資格等，都向這類組織傾斜，民間捐贈也帶有這樣的傾向。凡是帶有權利視角的、注重發展性需求的工作方式和組織機構，往往困難重重，舉步維艱。以我十多年來投入最多的農村教育領域來說，涵蓋了以「教育扶貧」為指向的組織，從微觀上關注教育品質、開發多元教育資源的組織，和推動教育權利平等、教育公共政策改善的組織，但三者所得到的合法性資源差別很大：前者得到鼓勵，中者自生自滅，後者則隱藏著各種危機。

很有意思的是，中國社會發展過程的不平等狀況舉世矚目，社會歧視比比皆是，可是，中國的反歧視組織卻很少很少，現有的亦難以擺脫各種管制風險而風雨飄搖。中國有世界上最龐大的消費者人群，但中國卻幾乎沒有任何消費者組織，除了一個官辦的消費者協會以外。中國的醫患矛盾如此突出，卻很少見維護患者權益的組織，也基本沒有真正關注醫生群體利益的民間組織。中國的環境問題如此嚴峻，但致力於維護公民環境權利、監督環境公共政策的環保組織，成長卻非常緩慢。中國經濟發展迅猛，民族、地區、文化的多樣性在快速消失中，面臨保護的困境，在這方面投入精力和資

源的組織也非常少，幾乎是杯水車薪。**自然性的弱勢者有較多NGO
在代言和服務，但社會性、體制性的弱勢者卻難以得到最基本的代
言和服務**，這包括傷殘勞工、失獨家庭、戶口「黑人」、污染受害
者、職業病受害者、強拆遷受害者等等，每一個群體都有幾十萬、
幾百萬、上千萬的人。這裡涉及的社會問題，都跟**社會發展不公平、
公民權利缺失**有關，不是簡單的「服務性」一個維度所能涵蓋。如
果這樣的問題都被歸入「政治問題」而不能觸碰，那麼，公益還剩
下多少實質性的內容呢？

　　陳：這幾年所謂的公益「春天」，指的是什麼？是資金的大量
湧入嗎？

　　梁：近幾年的公益捐贈資金是在緩慢增加，但對於民間公益領
域來說，這是否意味著資源更多，還有待分析。2008年，因為汶川
大地震的作用，公益捐贈資金躍上了千億的台階；2009年，下降到
六百億左右；2010年到2013年，在八百億到一千億之間徘徊。資金
數量是在增加，但資金的接受和使用主體還是政府民政部門及其下
屬的慈善會、官辦的紅十字會、公募基金會等。2008年，只有10%
左右進入了非公募基金會、公益組織、宗教機構等民間公益管道。
2011年，綜合不同的統計，進入民間公益管道的捐贈資金約在20%
多一點；2013年也在20%左右。也就是說，社會捐助的大量公益資
金，其分配和使用主要還是在行政系統內封閉運行；真正進入民間
公益行業，對它的發展起到促進作用的資金，為數相當有限。

　　陳：您的意思是，捐款數量的增加並不能直接指向「公益的春
天」，捐款的使用方式和途徑也很重要？

　　梁：在這裡，有兩個細節還需要解釋一下。一是接受公益捐贈
很大數量的各級慈善會系統，這是一個極為「中國特色」的畸形系
統，直接隸屬於各級民政部門，用政府的權力去吸納民間公益慈善

資金（有人把企業向慈善會捐款形容為交「慈善稅」或進行「慈善賄賂」）。這些資金在使用上完全不透明，對民間公益的發展幾乎沒有任何正面作用。

第二個是公募基金會。在各種公益捐贈接收方的統計中，基金會是很籠統的一項。在中國，如果不能區分它的官辦或民辦性質，有可能會混淆對一些問題的認知。在基金會中，官辦公募基金會，現在仍然是接收捐款的主力；他們中的絕大部分（除了「去體制化」做得較好的少數幾家），並不對民間組織釋放資源，接收的捐款基本上回到行政體系內使用。因此，不能簡單地把基金會接收的捐贈，跟民間公益資源的擴大畫上等號。

另外，經常被作為「春天」的內容來表述的，還有從2010年開始的「政府購買服務」行為。雖然直到今天，這個資金規模很小，但它總被當成政府支持民間組織發展的重大舉措來表述。應該看到，這本是政府轉移其公共服務職能的配合之舉，有意義，但不必高估。同時，購買誰的服務？過程是否公開？有沒有合理的程序？資金使用的效能如何評估？誰來評估？這些問題的追問可能更有意義。只有這樣，才能讓「政府購買服務」的資金真正成為公益的陽光資源，而不是私下的利益輸送和效能低下的無謂浪費，更不會變成購買「維穩社工」和「黨支部書記職位」的變相黨務支出。

在我看來，些許春意不能說沒有，但「春天」還遠沒有來到。

陳：春意表現在哪裡？有正面的發展趨勢嗎？

梁：當然有。1998年長江的大洪水，2003年的SARS危機，2008年的大地震，都起到了凝聚民心、刺激民間公益發展的作用。災難激發出來的民間互助精神和正義感震撼人心，讓人感受到一些樂觀因素。從正面看，2008年以後，志願者和志願精神從小圈子走到了大眾層面，這是地震救災最有價值的社會成果。過去做公益較多是

小圈子，NGO組織也很邊緣化。2008年的大地震把很多其他人捲了進來，包括專業人士、企業家、設計師、藝術家、各類名人等等。不僅有大量人群加入，而且擺脫了以前依附於行政體系的行為方式，在自組織、自我管理、建立規則、相互協力等方面，都展現出良好的素質和行動力。可以說，較大規模的公益行動，成為公民社會成長最好的訓練場和「加速器」。

另外，社會的廣泛參與，使得大環境對公益行動、對NGO組織的認知度和容忍度增加了。過去政府把NGO視為異類，很多普通人也不知道NGO在幹什麼。在社會認知度大大提高了以後，生存空間就得到了一些擴展。其次，也帶動了一定的資金和物資、資訊等資源進入公益領域。儘管大部分資源還在政府手裡，但NGO組織也因「水漲船高」而獲得了一些資源，改善了自身的效能和行動力。第三，NGO人力資源的組成也在發生變化，有一批社會主流人群全職進入公益領域，為NGO組織的「升級換代」創造了條件。

更為重要的一個發展趨勢是，隨著互聯網的普及和功能提升，社會的動員方式和組織方式正在發生深刻的變化（傳播、籌款、資源匯集、民意伸張等）。在可預見的未來，民間公益組織的業態也會隨之而變，變得更為靈活，力量的組合也會有更多形態，一些原本難以突破的瓶頸可能將會突破。許多組織（機構）間的界限會慢慢模糊，為解決問題而跨界協作將成為常態。儘管政府部門的管控機制依舊，但我相信新趨勢有可能會走在前面，創造出更適應社會組織化需求、更符合現代公益觀念的新型組織和協力行動。

「公益的春天」未來也許將在這裡展現。

四、公民社會與政治轉型

陳：您如何看待「公民社會」與政治轉型的關係？

梁：在這個問題上，爭議不少。而看法的不同，多是出於參照系不同，側重點不同，對未來前景的期許和嚮往不同。不做誅心的論辯，坦誠地交流，既表達自己也傾聽別人，本身就是「公民社會」良性發展的題中應有之意。

我自己的觀察是，二十多年來，中國公民社會發展的各種要素越來越豐富了。狹義NGO的存在與發展，反而由於內外部的各種壓力和挑戰，已經不是最活躍的公民社會要素。當然，這是相對比較而言。

在1990年代，我們確實有個期待，希望通過大量NGO（關注各種公共利益的「公民自組織」）的出現，以開啟中國政治變革的另一種路徑。當時，在我們的認知中，NGO組織＝公民社會的發展＝政治變革，三者是畫上等號的，至少我過去的認識是這樣的。1990年代中後期，中國曾出現一波公民社會研究和論說，主要邏輯是：經濟發展帶動大量中產階級產生，而中產階級將產生很多新的社會需求和政治需求；這種需求被組織化，就是公民社會的基礎，它將直接導致政治上的變革或轉型。當年這套解釋框架，很多人是接受的，包括我在內。

當時，隨著經濟市場化的進展，中國的全能政府正在慢慢分解它的功能。在這個過程當中，我們希望能成長出一些替代性的社會力量、社會功能。所以，從一開始就期待建立社團，為更多人建立社會動員的平臺，一起共同參與公共事務。環保，相對來說起點比較低，參與者可以從不同的角度加入進來。慢慢地，這樣的組織就

是公民社會的健康細胞。

後來，我形成了一些更具體的想法：一個全能政府剛剛開始鬆動時，社會還都是散的。所以我們需要有一個一個的組織細胞，讓一個一個的細胞存活、自發生長和連結，從而形成有活力的社會有機體。什麼是細胞？就是一個一個小小的公民自治組織，可能是註冊的、正式的，也可能只是臨時的、隨機的，但必須具有自主性，必須是自主運行的公民自發組織。

要想持續運行，你得先有內部規則，能夠共處，進而發展行動力。中國已經有幾代人，在體制習慣中行事，沒有「上級」就找不到座標，沒有「領導」就不能做決定。自治的平權組織是一項挑戰，我們需要在自己的生活裡面，創造出一種沒有自上而下的「領導」、由協商機制來決定做什麼不做什麼的運作方式。這樣的社會細胞多了以後，在這個和那個之間，在很多細胞之間，如何形成良性的交往互動？如果更廣泛的公共事務需要共同來參與、來發聲，來促進，怎麼做？外部也要有交往和合作規則，這些規則怎麼建立？誰能給你這些規則？說到底，都要一起協商和決策！這個過程就是有機體形成的過程，這一點我感覺特別重要。

原本，我賦予這個社會建設過程以更多的政治意義，期待它直接導向政治轉型。但近年來，我的想法慢慢有了一些改變。我覺得，這個過程有其政治涵義，但不一定直接地導向我們所期待的政治結果。

陳：能否更深入地說明您的思路？

梁：在中國發展民間的NGO組織，除了各自關注和著力的社會議題之外，大約有三種不同層面的政治訴求。第一種是，在一個高度行政化、原子化的社會中，通過創造廣泛的公共生活的機會，讓盡可能廣泛的民眾參與進來，在實踐中發生聯繫，形成不同訴求的

「小共同體」，學習相處、共容、發力，實現他們的公共關懷和心願。這種訴求力圖改善社會的土壤成分，化解大一統的板結狀態。它追求改善人們社會生活的廣泛領域，而不單單是政治層面的變革。甚至，它有意無意地避開敏感的政治議題。

第二種訴求，是面對中國經濟社會發展的諸多問題，希望通過組織化的方式，在政府和企業之外，形成協力的制約和監督，參與到經濟社會變革的實質進程中。這種路徑力求在現狀中尋找生存、突破的空間，把體制內的可能性激發出來，把寫在紙上的權利落實下來。它也許帶有政治變革的期許，但指向並不直接。它傾向於在現有政治條件下發揮可能的影響力，擴大可能的行動空間。它不正面衝突，手段相對溫和。

第三種訴求，認為中國發展道路面臨的諸多嚴重問題，是現行政治經濟體制的產物。為了突破體制性的障礙，就需要擴大政治參與管道，正面爭取公民政治權利。它帶有更顯著的權利視角，更著眼於推動政治變革，推動民間力量的政治參與和政治行動。當然，有些人強調這已是「維權運動」的範疇，而不屬於民間NGO行動。但這是比較「中國式」的理解。在其他國家，中國所謂的維權運動、維權團體，實際上正是廣義的民間NGO的重要構成部分。

當然，三種政治訴求之間並不界線清晰，有一定的交錯地帶，是動態變化的。

從中國NGO組織的發展歷程和博弈的現實結果來看，政治環境的嚴酷使得「合法」很容易變成了一種扭曲。合法化既是一個誘惑，也是一個牢籠，伴隨合法化而來的恐怕是組織目標的窄化，方法和行為的局限（受限或自我設限），也對內部治理的獨立性產生威脅（如正在逐步推行的黨組織進入NGO）。

很有意思的一個現象是，在其他國家，NGO組織和社會運動幾

乎是孿生兄弟。但是在中國，兩者若即若離，甚至互不相關。面對
以「維穩」為基本特徵的民間組織管理和壓制模式，前面提到的第
一種訴求還能勉力存活；第二種訴求舉步艱難，努力的空間尚存，
前景卻並不明朗（和社會運動相交的地帶主要在這裡）；第三種訴
求受到強大的壓制，無法充分展開，先行者有過不少嘗試，也付出
了很大代價，它的前景和路徑在可見的未來仍然很不樂觀。

　　過去二十年，我們主要在NGO組織的「公開化」和「合法化」
上著力。現在，從推動政治變革的角度，比較有意義的工作已經不
是僅僅訴諸「合法化」，而恰恰是至今還難以完全合法化、有明確
「權利」訴求、和社會運動更緊密相連的那部分工作。也就是第二
種訴求（甚至第三種訴求的一部分）所要求的那些工作。

　　陳：您如何理解「公民社會」概念？

　　梁：把公民社會作為政治概念來使用，跟作為社會發育的概念
來使用，含義是不一樣的。在中國語境下，我認為兩者都有豐富的
意義。但我個人的用法介於兩者之間，既看重社會發育，也著眼於
政治變革。我不會直接把公民社會跟政治轉型畫上等號，也不主張
把公民社會概念「去政治化」。對我來說，社會發育和政治變革都
是「公民社會」不可偏廢的題中之意。

　　在中國，現在主流的NGO或公民團體，並不直接訴求政治變
革。從某種層面來說，他們的服務工作，是在為社會的潰爛皮膚抹
膏藥，未嘗沒有消解政治變革的作用。那麼是不是說，服務型的
NGO，或追求社會多元發展的NGO，對未來的政治變革就沒有意義
呢？當然不是！它的意義主要不在於政治反抗或催生政治變革（至
少不直接表現在這裡），但它的意義會在政治變革以後展現出來。
對自主性的錘煉，對公民性的培育，人和人之間如何既平等相處又
能形成共識等，往往需要經過很長的時間才能有所成。民間組織對

這種社會建設的意義重大，而在終會到來的政治轉型過程中，可能起到重要的社會鋪墊作用。

可以這麼說，民間NGO的社會發育工作，也許不是通往政治變革的主要途徑。但如果良性的社會建設能夠持續，最終仍有助於政治轉型的順利著陸。

陳：最近有一波聲浪，說「公民社會」毫無意義，只是轉移焦點而已。您的看法顯然與此不同。

梁：我們所面對的共產黨是一個變形金剛，應該承認共產黨的學習能力是挺強的，把很多東西不斷吸納進它的體系。有些人認為，被共產黨吸納的部分（包括現在很多的公益組織）就沒有意義了，但我不這麼看。我很關注政治，對政治有很強烈的參與意願，我認為推動政治變化很重要，但是我不會去否定那些非政治性、弱政治性的社會建設。我認為那些建設行為，在政治變革的過程中、過程後同樣有著重要的意義。

如果說，一個專制政權一定要、也一定會轉型或倒台（無論以什麼形式和什麼過程），那麼，更關鍵的問題是：這個國家的人民是否會跟著陪葬（陷入長時間的混亂與失序）？決定這一點的，不只是領導人的英明。相對更充分的社會發育，相對更活躍的社會網路，更多可供人們依託的「小共同體」等，都是有助於「軟著陸」的重要因素，也是政治崩塌時的「防護墊」。中國當前的政治形態，可能一朝瓦解，也可能長期潰敗，但生活總是在進行中的。對每一個活生生的生命來說，還有什麼比建設和保衛自己的生活更為重要的呢？

我經常在想，我們今天所做的一切，只是在和這個專制體制「戰鬥」嗎？不是！我們是在追求未來更好的生活，這個「更好」包含了豐富的內容。因為共產黨的專制體制，阻擋和破壞這樣的追求，

它才成為我們的對立面。和這個體制產生衝突是必然的，但它只是
必須克服的障礙，而不是目標本身。如果說，排除障礙變成了一切，
生活本身卻退到了無關緊要的位置，那是不是有點本末倒置了呢？
從這個意義上說，今天那麼多人傾心投入慈善公益行動，著力培育
良善社會，為了追求更好的未來而努力，這值得讚許和尊重。我們
也應該對這種努力的社會和政治後果，持更加開放和期待的態度。

　　同時，我們也應該看到並警醒，民間社會如果不面對和正視政
治專制這一無可迴避的「天花板」，不能意識到自身所受到的根本
限制，不僅走不遠也一定走不好，扭曲和變形的命運常常會相伴而
行。因此，對於進行正面反抗行動的同仁，恰恰應該給予更多的肯
定，以及所能做到的支持及援助。他們不僅不是陌生的路人，更應
引為同道。正因為他們在跟體制做正面博弈，「趟地雷」、「擋子
彈」，才給NGO的慈善公益工作開闢了相對的「安全區」。正是他
們堅持的人權、公民權利、公平正義、政治參與的理念，為具體的
慈善公益行為帶來了更為寬闊的社會視野、工作格局和思路──這
些理念原本就應該蘊含在慈善公益行動的內在邏輯之中，但在很多
情況下，卻並沒有得到足夠的重視。我相信，隨著各方努力試圖突
破發展困境，更多的人、更多的組織會看清楚，只有通過政治變革，
才能真正保衛社會發育過程不被阻斷、不受侵擾。

　　從我的角度，在推動政治變革的過程中，「社會發育」和「政
治抗爭」是不可互相替代的兩個要素。兩者不構成對立，有可能互
相成全（不是必然，而是有心才能達成）。如果說，社會發育帶有
更多的溫和色彩，政治抗爭則表現出更強的激進姿態；中間有個寬
泛的譜系，包含為建設更好的社會所做的所有努力。有位年輕的女
權公益行動者這樣說，「溫和在保證這個世界的平穩和累積，激進
在擴大這個世界的邊界和容忍度，兩者相依相存；哪個更重要，取

決於你是什麼樣的人。」對於在行動中成為什麼角色、選擇何種策略，跟個人的期許、稟賦、組織的使命相關。有對歷史及現實思考的深淺和角度認定之差別，但談不上道德的高下。堅持自己的選擇，關注並理解他人的價值，在大生態的視野下找到自己的「生態位」，跟他人優勢互補，也許是最值得期待的社會圖景。

陳：在您看來，政治變革從何處著手？

梁：政治變革的動力機制，我把它形容為一個能量場，是一組社會要素的交錯互動：既有社會流動和利益分化大大加劇，使社會治理難度空前提升；有媒體傳播（尤其是基於互聯網的新媒體）難以遏制的自由衝動；有不同層次的社會運動（尤其是涉及公民權利的社會運動）此起彼伏所體現的廣泛民意；也有民間結社的廣度和深度及力量蓄積；還有市場進化、技術進步所帶來的經濟和社會組織方式的深刻變革等。這一切，和體制內不同勢力的政治博弈，和諸多國際因素交纏在一起，最終會給出一個相對清晰的方向——大一統的極權統治可資利用的合法性、合理性資源越來越少，要付出的統治成本太高，承受的代價太大，內部的消耗太厲害，越來越無法在原有的權力框架內實施統治。這一組社會條件，很難說哪個比哪個更重要，它們的交互作用在什麼時候會帶來什麼樣的結果，目前難以臆測。

特別要提到的是，互聯網時代所孕育的各種可能性，值得花大力氣去探究，去實踐，去創造性的挖掘。互聯網有兩個功能很重要，一個是資訊的大範圍快速傳播，成為前所未有的動員手段。過去你很難讓這麼多人在特定的時間共同關注一件事，但互聯網的出現改變了這一點。第二個是去中心化的組織功能，既能聚合又有分流，每一個節點都可能成為「發動機」。這為以「權利」為導向的社會運動，提供了多元聚合、求同存異、自主運作的有利平台。作為互

聯網時代「原住民」的年輕一代，其價值觀和意識型態的變異，其組織行為的特徵，及其對未來生活的想像，已經遠遠超出我們的經歷和經驗。對此，保持一種開放和謙卑的態度，應該是明智的，也是負責任的。

因此，很難說什麼工作是「最」重要的，大家「應該」從何處著手。每個人身處的位置和條件不一樣，可利用的資源和能力長處千差萬別。在相對一致的目標下，願做什麼的做什麼，能做什麼的做什麼，這就是我的基本立場。在大裂變前做好小聚合，在小聚合間發展大網路，在大網路中選擇可能的突破點……，等等。相比於精心盤算和周密計畫，我更相信自發生長、自主行動的力量，以及這種力量可能帶來的意想不到的「轉捩點」。

陳：您如何看待受到強力壓制的「維權運動」？

梁：我一直很注意觀察近年來在各方面蓬勃興起的維權運動。在「維穩」的大方針下，政府打壓得很凶，但是參與的人並沒有愈打愈少。相反的，有些人從爭取個人權益慢慢走向了伸張公民權利，越來越堅定和從容。專制政府侵犯人權的事情越來越普遍，牽涉的面也越來越廣，但是時間長了，人們承受壓力的能力也在增強。第一次被喝茶你感到恐懼，覺得是大事，可多次的博弈之後，你哪怕是被拘禁，關一個月也不覺得是什麼大事。從維護各種公民權利出發的社會運動，這部分力量正在慢慢增強。公民的各種權利，包括性別平等權利、消費者權利、反歧視的權利、反污染的權利、享受平等教育的權利等等，在邏輯上，跟推動政治變革密切有關。

這一兩年，非政治性NGO的發展瓶頸已基本打破，公益慈善組織在一段時間內，會有較大數量的增長，儘管它和社會運動的連接還很不通暢。現在，進入NGO的人慢慢多起來了，社會身分也逐漸多樣化，障礙雖然還存在，但已經越來越小了。在這樣的態勢下，

對我個人來說，也應該是回歸二十年前「初衷」的時候了。

在我的內心，早已把推動中國的政治變革和社會發育作為一生的事業和志業。1990年代起步時，我把兩者看成同一個過程，認為發展民間組織可以直接促進政治轉型，現在我發現這不一定，它們會有一定的區隔，而爭取各種公民權利的社會運動是連結它們的紐帶。在NGO的多個工作領域，我做了二十年的努力，如今，堅冰慢慢地打破了，我在其中的角色完全可以被替代，也應該被替代了。推動實現公民權利的社會運動，促進政治變革，可能要面對更大的風險和壓力，也將面臨更多的不確定，但我希望自己往這個方向走，去展開下一個二十年的努力。

五、台灣觀察

陳：您兩度來台訪問，對台灣的民間組織有何觀察？

梁：不久前，我有一次印象深刻的公益探訪。儘管日程很緊，但涉及的公益領域卻很寬廣，多元教育、環境保護、社區發展、弱勢者權利保護與服務、青少年工作、公共事務參與、公益人才培養與行業自律等等。

相對於中國大陸，台灣公益行業已有較為完整的生態，上掛公共政策制定過程中的多層次參與，中聯不同領域、不同形態的社會組織（行業協會、企業、專業機構、公益組織、志願者協會等），下接如毛細血管般遍布社會基層的各種社區組織、宗教團體、互助圈子等。在我看，其豐富性和自組織性，正是台灣社會充滿活力的主要來源。

台灣的民間組織在在體現了一個重要特徵：弱勢者保護是綜合性的社會事業，不僅僅是「扶貧」，不僅僅是公益組織的具體服務，

還需要和政府公共政策的改善相連；需要多層次的公眾參與；需要和企業的市場策略、社會責任等要素勾連；更需要多種類型的專業人員、專業機構、專業力量共同加入。同時，還少不了弱勢人群本身的權利意識、自尊意識的覺醒和行動力的提升。

所謂公益生態的完整，就是指以上所有這些力量的匯聚：有制度化的管道和規則來保障；有基本可測量的指標來把握；有廣泛的社會、文化認同來激勵。我們參訪中的所有案例，在這三個方面雖各有所長，但都在公益生態中的特定位置發揮作用，互相延伸、彼此強化。這說明，台灣的公益行業早已走出了個人或小團體、小組織的孤立發展，已從簡單地進行「慈善」、「捐款」、「行善」或「服務」的初級形態，進入到在平等、公平、正義等基本價值的關照下，在比較完善的政治社會治理框架中，有規模、有效能、社會動員也更廣泛的現代形態。

陳：您對台灣的年輕人有何觀察與期許？

梁：近來，在台灣跟朋友們交流時，我能感覺到一種社會心理中的緊張感和焦慮感，挺強的。這也許是因為，台灣歷史走到今天，經濟發展的成就與「民主優等生」的自豪感在受到挑戰？這幾年，台灣的經濟發展模式進入瓶頸期，民主制度正在經歷成長中的「陣痛」，政商關係、政府效能、產業調整、媒體生態等問題不無可議可歎之處……。但是，從我這個外來者的眼光來看，台灣的社會建設成果是潛藏之寶，遠遠沒有被深度挖掘，那裡面是否蘊含著某種再生的機遇？我不知道有多少人真正在意這個寶藏，並嘗試去煥發它的生機？

在我的理解中，處在外部有大陸虎視眈眈，內部有產業升級、轉型深度焦慮的台灣，是不是反而有可能在擠壓中走通一條另類發展的路徑？這是因為，這些年來，台灣廣泛社會運動的指向及由此

帶來的社會意識轉變，社區層面多種價值的開掘，對「好生活」內
涵的多向探討，在全球發達經濟體中是卓有特色的。走「另類」發
展之路，對台灣民眾（尤其是台灣的年輕一代）來說，應該不是無
源之水、憑空想像。說不定，這扇門已經在無意識中悄然開啟了？

　　當然，這種可能性要變成現實，還需要更廣泛的共識，和一系
列銜接、過渡、引導性的經濟社會政策。這一深刻的時代命題，呼
喚著傑出的政治家和成熟的公民社會，也取決於兩者的品質和兩者
間的互動。或許，在歷史「宿命」中開出新路、走通新路，需要二、
三十年甚至更長時間。而這，恰是「太陽花」世代作為社會中堅必
須承擔的。他們感受到這種使命了嗎？我真的不太知道。

　　陳宜中，中央研究院人社中心研究員，並擔任本刊編委。研究興
趣在當代政治哲學以及社會主義思想史。

宗教的
現代變貌

編者前言

　　數個月前，伊斯蘭國的極端分子接連在巴黎與布魯塞爾等地發動恐怖攻擊，引發全球騷動不安；羅馬天主教教宗方濟各與俄國東正教宗主教基利爾，於2016年初在古巴舉行歷史性會晤，是兩大教派分裂近千年後第一次領袖聚首；中國浙江省人民政府自2014年開始強拆千餘座十字架，引發抗議與關注；台灣在2016年初剛落幕的總統與立委選舉，具有強烈宗教背景的「信心希望聯盟」及「民國黨」都各自推出候選人投入選戰。上述這些地理空間迥異、發生時間相近的事件，彼此之間有一個共同點，就是都與宗教有關。

　　雖然大部分的論者多承襲韋伯的論題，認為現代性的開展是建立在世界的祛魅解蔽（disenchantment）之上，但宗教從未自現代生活中退位，反而持續形塑著人類社會的發展。撇開近來影響擴及全球的伊斯蘭世界、以及西方社會出現的再魅化（re-enchantment）現象暫且不提，台灣向來是個多元宗教蓬勃發展的地方，而一度標榜無神論的共黨統治下的中國大陸，近年來出現許多大規模的宗教復興運動（尤其是基督教），也引起越來越多的關注。在號稱全球化的21世紀，我們究竟應該如何理解周遭的宗教現象，而宗教在現代社會中又扮演了什麼樣的角色？

　　本期專題邀集了四篇文章，從不同層次與角度提供線索，幫助我們思考上述問題。黃克先梳理並比較了海峽兩岸的政教關係，探討不同政權對宗教的態度、以及宗教對政治所造成的影響；簡瑛欣考察了台灣民間信仰中「祖廟現象」的流變，從中窺見兩岸關係的微妙互動；齊偉先以台灣的基督教、民間廟宇與人間佛教團體為例，

探討傳統宗教的道德論述與慈善事業之間的關係；丁仁傑則是從幾年前因爆發命案而令社會輿論一時嘩然的「日月明功」，檢視一個膜拜教團從無到有的發展歷程。這幾篇文章有的觸及高度組織化與制度化的世界宗教，有的處理傳統民間信仰，有的專注於新興宗教，涵蓋的議題包括政教關係、信仰實踐、道德論述、慈善事業、成長團體、靈性救贖等，雖然無法涵蓋不同宗教的所有全貌，但大致反映出現代社會中宗教相關議題的複雜多元面向。本刊編委原擬以「傳統宗教與現代救贖」為主題，籌思專題已久，本次承蒙中研院社會所同事齊偉先教授大力幫忙，協助邀約稿件，專題方得以略見雛形問世，謹此誌謝。雖然有幾篇原本邀約的稿件最後未能如期完成，不免有憾，但希望這些稿件未來仍有機會在本刊面世，也期待來自讀者的迴響。

　　　　　　　　　　　　　　　　　　　　　　　　——汪宏倫

兩岸政教關係的發展及新局：
過去與未來之間

黃克先

　　2015年，台灣與中國大陸的政教關係都出現了值得深思的轉折。在台灣，這幾年來基督教團體積極介入社會政策並走上街頭，在2015年更組成信心希望聯盟參選，成為宗教團體首次進入政黨政治的場域的現象；另外在同一年度成立的民國黨，也被認為宗教色彩濃厚。雖然兩個黨最終並未跨過取得不分區立委席次的5%的門檻，但已引發了許多的關注，其中不乏有「反對宗教干政」、「逾越政教分離」、「政策主張違反人權」等批評。在對岸，自2013年起則出現政府針對基督宗教發展勢頭採壓制行動的「拆十字架」行動，雖然一開始官方宣稱是全面性取締違法宗教建物，但事態發展讓觀者多認為是直指基督宗教。即使當地信眾激烈抗爭、神職人員連署抗議、維權律師協助、海外聲援，都無法讓這個行動停止，直到2015年中仍在繼續。本文試圖將上述兩岸政教關係的新發展，置放到更巨觀、貫時的脈絡中，希望藉此更適切地理解並評估這些事件代表的意涵。

中華文明傳統的政教關係[1]

　　在中華文明歷史長河中，屢屢可見人們訴諸於宗教——做為「人外力量的一種信仰」[2]——來改變自身及群體命運。然而不同於西方教權獨立生長並發展出龐大的組織，在中國對人外力量的信仰往往彌漫（diffuse）[3]在各種社會制度之中。故在中國的政教史裡，我們看到的從不是西方那種教權與王權分庭抗禮或交相為用，而是特定行動者更細緻地在權力網絡中，相應於環境時局變幻，運用人外力量來造「勢」或獲得指引。歷史學者指出，中華帝國形成過程之初，統治者本自居「群巫之長」，獨占了與「天」交流的管道，或操縱

1　政教關係一詞原譯自英文的state-church relationship。從church一字可看出依循這個詞彙下的學術討論，預設著宗教有著獨立（特別是在政權之外）的組織，能與政權對抗、交往或協商，但這樣的預設並不適用在中國的脈絡中。然而，在本文中，我將此處的「政教」關係指稱為廣義的政治與宗教之間的關係，而非政府與教會，據此展開以下的討論。另外，雖「宗教」一詞直到清末民初才隨著西方列強而被引入，並帶有以基督教為想像的規範性定義，但這並不意味中國人的生活中就沒有宗教，在更廣闊的定義（如註釋2所示）下我們仍可以說，宗教在中國人的社會生活及政治運作上扮演重要角色。參見陳熙遠（2002），〈宗教——一個中國近代文化史上的關鍵詞〉，《新史學》第13期，頁37-65。

2　參見蒲慕州（2010），〈中國古代的信仰與日常生活〉，收入林富士主編，《中國史新論：宗教篇》，台北：中央研究院、聯經，頁14-15。

3　在此，將diffuse一詞譯為彌漫，請參見魏樂博、範麗珠、陳納、馬德森與鄭筱筠（2010），〈制度性宗教 VS. 分散性宗教，世界宗教〉，取自新疆哲學社會科學網，網址請參考http://big5.xjass.com/mzwh/content/2014-07/24/content_330672.htm

巫術或其他儀式，將自身塑造成受命於天、代天治理人間的中介者，藉此形塑本身治理的正當性[4]；宗教專家則始終從屬於天子而為人臣，任務在輔佐或協助統治者與超越界溝通及互動。這套統治者中介天人互動的觀念，還進一步結合了儒家對於人際倫常的規範，讓天子祭天順天成為「孝」的表率[5]，鞏固了臣民由內而外、自小團體而大社群都需盡力侍奉並環環相扣的意識型態，如此一套政教合一（Caesaropapist）、忠孝求全的正統觀念，始終籠罩著中華大地上人們對宗教與政治的想像。儘管偶或有異端思想或團體的挑戰，但激情過後又會回流到這條主渠。任何外來宗教想要中國化，勢必也得融入這樣的正統政教觀。在這樣的封建帝制下，宗教專業人士──這群宣稱掌握神聖知識、中介於天人之間的類知識分子──勢必在國家治理能力許可範圍內受到嚴格監控。例如政府往往透過發放度牒（國家認可宗教人士資格的憑證）、登記清冊等方式，對這群人嚴加管理。明代甚至在各級行政層次設置對應的宗教督察機構，由選舉產生出的僧人道士組成，對所屬地區的和尚、道士、尼姑的品行舉止及宗教實作予以控制約束，並定期向國家官僚上級提出報告[6]。政權也透過敕封各種神祇封號，安置祂們的位階及梳理其事蹟，

4　參見余英時（2014），《論天人之際：中國古代思想起源試探》，台北：聯經。林富士（2010）〈中國古代巫覡的社會形象與社會地位〉，收入林富士主編，《中國史新論：宗教史分冊》，台北：中央研究院、聯經，頁65-134。

5　參見Anthony, C. Yu.（2005）. *State and religion in China: historical and textual perspectives*. Chicago: Open Court Aihe; Wang（2000）. *Cosmology and political culture in early China*. Cambridge University Press.

6　參見孔復禮（Kuhn, Philip A.）（2000），《叫魂：乾隆盛世的妖術大恐慌》，陳兼、劉昶譯，台北：時英，頁151-156。

提供人民「帝國的隱喻」[7]以理解這個政治體制與社會之間的關係，成為教化或規訓人民的工具。

這種將宗教信仰視為正當化政權統治基礎之工具，因此必須牢牢掌握並介入的傾向，一直存在於中國大地上，並不因現代共和政權的來臨而有根本的改變，雖然不論是國民政府或共產政權皆已拋棄過往立基在具宗教色彩的宇宙觀，而從世俗理論證成他們的治理。中華民國建立之初，雖然制定憲法者模仿西方而明列人民有宗教自由並主張政教分立，但實際上對宗教信仰及相關團體的管制仍嚴，並也支持、放任或協助一系列的反教活動，例如非基運動、毀廟興學政策及反迷信運動等，藉此清除地方上盤根錯結在寺廟網絡的地方豪強縉紳勢力以鞏固政權[8]。國民黨更仿照列寧式政黨散布細胞組織至社會各角落的作法，讓黨國力量滲入宗教團體內，並在各級政府部門下設立宗教管理機構，負責宗教教職人員的管理、宗教團體的日常管理、宗教活動場所的登記等，同時在宗教團體內也創設全國性協會，以便於政府透過教內權威人士掌控宗教群眾[9]。到了1949年以後，共產政權更一路繼承了這極具中國特色的宗教管理體制，同時更融入了統戰新技術，在官方認可的五大宗教內，於各行政層級內設置「愛國組織」，由黨認可的「愛黨愛國」教內人士領導，藉此整肅任何與外國「帝國主義」勢力（曾）有連繫或殘存「思

7　參見王斯福（Feuchtwang, S.）（2008），《帝國的隱喻：中國民間宗教》，南京：江蘇人民。

8　參見杜贊奇（Duara, P.）（1994），《文化、權力與國家：1900-1942年的華北農村》，王福明譯，南京：江蘇人民出版社。

9　參見Vincent Goossaert （2008） Republican Church Engineering. The National Religious Associations in 1912 China, in Mayfair Mei-hui Yang（ed.）. *Chinese Religiosities: Afflictions of Modernity and State Formation*, University of California Press, pp. 209-232

想餘毒」的人士。不願意加入該愛國組織者，或是被定罪為「反革命分子」、應被掃除的「四舊」封建迷信，或被視為「反動會道門」，而予以打擊、清除。直至1980年代以後，中共官方更發起反邪教運動，至1999年以後因法輪功事件而達至顛峰；在中國的刑法第300條中，明文打擊「利用會道門、邪教組織或者利用迷信破壞國家法律、行政法規實施」者，以及「利用迷信蒙騙他人、致人死亡、奸淫婦女、詐騙財物」者；其法條內，將邪教組織定義為「冒用宗教、氣功或者其他名義建立，神化首要分子，利用製造、散布迷信邪說等手段蠱惑、蒙騙他人，發展、控制成員，危害社會的非法組織。」從種種作法可看出，古往今來的中國政權，為鞏固統治正當性並消除潛在威脅，均會密切管理宗教事務，並嚴肅打擊類宗教團體。

來到台灣的國民黨政權在統治時仍嚴密管控宗教團體，特別是對新興宗教格外忌憚，將之視為對其統治及社會秩序有威脅的「假借神權統治的秘密結社者」而予取締查禁。例如在民間有裸體崇拜及姦淫婦女之謠傳、被當成白蓮教「餘孽」的一貫道便首當其衝，儘管教眾屢次透過體制內各種管道溝通仍不被政府理會。另外像源於日本的創價學會、韓國的統一教，以及摩門教、耶和華見證人會等新興宗教，皆在戒嚴時期或遭政府取締，或被監視蒐集情資[10]。同時，政府試圖導正「錯誤」、「不正確」、「偏、邪」的宗教作法：例如根據〈查禁民間不良習俗辦法〉，取締「以卜巫堪輿為業者、崇奉邪教開堂惑眾者、供奉淫神以斂財者、設立社壇降鸞扶乩者、舉行迎神賽會者、妄造符咒圖讖預言或散布此類文字圖書者、藉符咒邪術醫治傷病者等」。又根據〈改善民俗綱要〉強調動員戡

10　參見張恩鴻（2009）《台灣百年來宗教自由之繼受與實踐》，台灣大學法律學研究所碩士論文。

亂的戰時需節約的原則,「糾正」「不良的」地方祭典習俗「鋪張
浪費、落後不文明」的做法,以及這些活動中殘留日本殖民色彩的
細節,如使用日本歌曲、信徒高喊日語、抬轎者身著日式祭典服飾
等[11]。

政教「和諧」與跨界互動觸發的突破

在這樣的強勢以政領教的傳統氛圍下,華人信仰團體或宗教領
袖一向對政權保持消極態度。若不是把焦點放在個人「內向超越」
的修煉或自我救贖的追尋,對於自身以外的政治事務冷感或刻意保
持距離;就是工具性地看待與政治的關係,積極肯定當權並為其背
書,藉此增加自身資源,拓展團體信眾的數目。這兩種態度雖可算
是天平的兩端,但共同點則是宗教團體或領袖與政治的關係,並不
立基在根據於宗教信念上的穩定原則,而是因勢利導、互相為用。
或許有人會認為中國宗教的彌散特質因無明確經典、組織,故是導
致這種對政治漠然或被動順服立場的主因;畢竟它們不像西方宗教
有神聖經典為原則、有嚴密教會組織來動員。但我認為前述的華人
政教文化更為關鍵,原因在於不少深深本色化的基督宗教,不論在
台灣或中國大陸,也都展現了這樣的政教關係。根據筆者田野觀察
及文獻回顧所得,在1949年後切斷與外界連繫、欲實現自立自傳自
養的中國基督教,多數業已融入了這種政教文化,三自教會內許多
宗教人士為後者的代表自不在話下,而多數信徒及非官方教會領導

---

11 上述內容,部分引自拙作:黃克先(2014)〈他者的意義網,朝廷
的正義劍:關於「邪教」,社會學說的其實是……〉,登於巷仔口
社會學,網址請參考 http://twstreetcorner.org/2014/07/21/huangke
hsien/

者則大多傾向前者，主張個人靈性追求及來世盼望，無意過問社會改革或公義等問題。除非他們本身或團體的利益受到公權力威脅或侵犯（例如沒收教產、拆十字架或禁止聚會），不然是不會對政府施政及正當性發出異議。這種情況，在國民黨執政的威權時代亦然，大多數的基督教及天主教會對於各類社會及政治議題噤聲不語（除了宣示愛國及反共的立場之外），專注於個人靈性的耕耘及來世的渴望。

　　不論在中國大陸或台灣，絕大多數的宗教團體，似乎僅是主流價值的反映或趨附得勢者而委身其下的角色，無法成為批判世俗力量的獨立超然異議者。政治人物也樂得逢廟必拜、逢神稱信，吸取宗教認證的統治正當性，將自身嵌入庶民傳統宇宙觀中對聖人治國的想像。只是，這樣的華人政教相融的「和諧」文化也不全然沒有值得肯定之處，相較於西方政教分立的競合互動，利弊互見。在此筆者認為杜贊奇在最新著作《全球現代性的危機》裡的論斷是十分正確而值得深思的。他認為近代中國的政教關係發展，不像印度及日本走上了宗教國族主義方向，也不似西方形成了明確區分信仰敵我的認信團體（confessional communities）而導致戰爭，故能維持一定程度的政教分離及宗教寬容；然而中國面臨另外一個問題，即國家和菁英與庶民在宗教性上的垂直分裂（vertical division）[12]，彼此或工具性地看待對方，或視對方為無法溝通的他者，在虛與委蛇地互動的背後各自追尋著自己的議程，而未曾想像彼此可能如何合作，為社會、人類共謀更好的未來。如此一來，宗教可能局限在個人內在追求，有陷入過度強調神秘及反人性極端立場的危險，而政

---

12 Duara, P. （2015）. *The Crisis of Global Modernity*. Cambridge: Cambridge University Press.

治則可能始終缺乏更超然的理念追求，困在物質主義及立即利益的
枷鎖之中。宗教團體政治態度消極，教內也缺少有論述能力且認真
看待信仰的社會菁英，結果無力或無意願走向淑世改造政局或社會
結構之途，而當權的社會菁英也未認真看待宗教可能的超越性及針
砭世俗時局的能力。但反過來看，這種分裂的好處在於社會中並無
因宗教而引發的嚴重對立，在世界其他地方因宗教而引爆的大規模
內戰或恐怖事件，在華人社會裡幾無所聞，這也孕育了華人社會在
世界各國中宗教多樣性排名居前的情況[13]。

在這種中華文明的政教相融的「和諧」文化中，當然少不了偶
發的衝突或對立事件。最常見的劇情有兩種：政權因故主動迫害宗
教團體，使後者為求生存而發動叛亂或發聲，或宗教團體領袖得到
神祕經驗，並迎合特定政治社會亂局，而驅動反政府的天啟運動。
然而，筆者在這裡想特別討論第三種可能，這也是在全球化過程各
地交流互動日盛情況下，愈來愈容易出現的一種可能：即某些在地
宗教團體因為鑲嵌在跨國的宗教網絡中，而使前者導入了某些「以
基進性超越」（radical transcendence）為本的現世精神或原則，將
原本浸潤在溝通性超越（dialogical transcendence）內的自身與現下
環境抽離開來，並陌異化且問題化了原本或許不以為忤或怪的現下
社會文化形構（socio-cultural configuration），最終使該團體走向「不
（安於）和諧」之路。以國民黨統治台灣社會幾十年期間最著名的
政教衝突個案——台灣基督長老教會（以下簡稱長老教會）為例。
許多觀察者在討論它與國民黨政府的衝突時，會著重在該教派反權

---

13 請參考Pew Research Center於2014年公布的全球宗教多樣性調查
（Global Religious Diversity Half of the Most Religiously Diverse
Countries are in Asia-Pacific Region），網址如下：http://www.pew
forum.org/2014/04/04/global-religious-diversity/

威的加爾文改革宗教義。然而長老教會並非始終與國民黨政府處在
緊張關係，而是在1970年後再走向政教衝突。若想理解這種轉變如
何被觸發，筆者認為不能不考量與國外其他宗教力量、人士或組織
（例如普世教會協會、世界歸正教會聯盟及亞洲基督教協會）的互
動產生的影響，據此這些長老教會菁英有了不同於在台灣被傳頌的
「民主」、「國際現況」、「台灣處境」的理解，導致他們能陌異
化且問題化國民黨政權對在地現況打造的看似有理結構（plausibility
structure）[14]，最終走向發表三篇與政治事務有關的聲明。進入廿世
紀末後，這種與全球連結而能採另類視角批判性檢視在地政教現實
的情況，隨著網際網路的發展而更普遍。例如在中國大陸的家庭教
會間，便普遍流傳著架設於海外、資金也受助於海外的異議性電子
刊物，裡頭引介「宗教自由」、「法治」、「權利意識」等概念，
挑戰政權透過官方教會組織宣揚的意識型態，而形成了跨地域線上
教會，不少著名的基督教維權知識分子都深受影響[15]。

台灣民主化開啟的分岔路：宗教團體參政的評估

但上述政教相融的「和諧」文化，在台灣民主化的過程中，有
了劇烈的轉變。首先是國家的角色，其統治的正當性不再仰賴與宗
教信仰形塑的宇宙觀積極應和，或需要對於宗教團體嚴加控制以免
形成叛亂的組織基礎。相對地，政府是透過選舉制度來確立政權能
代表民意，各政黨必須在選舉過程中盡可能吸引選民的認同。一些

---

14 參見 Berger, Peter （1967） *The Sacred Canopy: Elements of a Sociological Theory of Religion.* New York: Anchor Books.

15 參見 Wielander, Gerda （2009） Protestant and Online: The Case of Aiyan, *The China Quarterly,* Volume 197: 165-182

關心政教關係的宗教社會學者皆言，這讓台灣走向了政教和諧的時期[16]。但在此想指出的是，通過解除戒嚴、走向民主選舉制度，也促使台灣原本身在政教相融「和諧」文化中的許多宗教團體，逐漸意識到在民主體制內，愈來愈無法透過舊時代黨國機器內部的侍從關係來爭取宗教內部的權益，而只能開始學習如何在新時代表達自己理念訴求或團體利益[17]。台灣在解嚴後，民間豐沛多元的社會力具現在迅速成長的自主結社團體，人民逐漸學習容忍其他聲音、多元理性對話、重視公共精神等公民德性，針對許多具爭議性的議題形成公共論域凝聚共識。如今，宗教團體也漸次介入到公共議題的討論，動員信徒以擁有群眾基礎，或依賴宗教人士具備的「脫俗」的象徵光環發聲，例如在動保、反賭場、代理孕母、性／別教育、同性婚姻等議題上的政治參與。近期，甚至有前所未見的大量宗教徒走上街頭，乃至於成立政黨參與選舉。只是，宗教團體參與公共議題的過程也引發了種種質疑聲音，有人認為這是「神權統治」的前兆，違反了「政教分離」的原則；有人覺得它們種種「反動」、

---

16 請參考葉永文在以下著作中整理各學術著作對台灣政教關係的分期，參見葉永文（2000），《宗教政治論》，台北：揚智文化，頁129-144。另可見時參考林本炫（1990），《台灣的政教衝突》，台北：稻鄉出版社。

17 筆者曾在另一篇文章裡，針對台灣特定宗教為何及如何走向公領域參與相關議題的過程，有更細緻的討論，指出其中的關鍵因素包括國家在道德議題上扮演的角色、跨國宗教網絡內的交流、在地宗教企業家等因素，皆是促使。請參考Huang, Ke-hsien. 2015. "'Culture Wars' in a Globalized East: How Taiwanese Conservative Christianity Turns Public in Same-Sex-Marriage Controversy and Secularist Backlashes," paper presented at the workshop of "Religious Activisms in Asia," Centre National de la Recherche Scientifiquin, Paris, France, Nov. 26-27.

「保守」的言論，是要將日益珍視進步價值的文明社會打回「黑暗時代」；有人則認為這類團體內部非民主的組織方式，訴求又含有不足為非教徒之公民接受或理解的宗教語言或教義預設，其公共參與隱含反民主的元素。

　　面對這新局，對台灣社會及其民主是好是歹[18]？筆者認為若從更長遠及宏觀的角度來看，在民主社會中宗教團體熱衷參與公共議題本身值得肯定，理由有三。首先，不少評論者已指出，資本主義、消費文化、科層制、人類中心式的社會工程、個人主義式的人群生活風格，讓當代的生活世界常顯得病態叢生，面臨生態、人際與政治上種種難解的困局；宗教體系則內含著共和精神、解放理念、節制無止境享樂縱欲的倫理，或與生態萬物共榮共存的願景及教導等，若通過立基在超越追求下反照的現世批判，可望提供人類社會某些難題上的出路。這種超越性的想像空間，或許有時具現為不合時宜且令人恐懼的守舊論述，但確實也在一些例子裡展現為不受制官僚、企業、偏狹利益團體、鄰避居民而勇於批判或提出嶄新可能的力量[19]。第二，宗教團體長久以來孕含著倫理道德、生命價值或其他價值的強調，結合儀式、象徵及集體生活形塑出的社群意識及人際信任，也可提供公民社會中其他團體運作上的參照；愈來愈多有識者已認識到這一點，並認為可以是下階段進步理念能推廣或扎

18　從宗教信仰的角度來看，是否應以某種方式參與公共議題，又是另一個問題。在信心希望聯盟宣布成立以後，曾有許多神學家及教會人士從公共神學及教會論的角度發出異議，在此無法細論。

19　當然我們也不能過度樂觀期待宗教團體，畢竟很多時候宗教團體本身提出的主張也是偏狹、自利乃至於囿於特定傳統意識型態或源於特定不平等結構的偏見。此時，若宗教團體不具備在公民社會中溝通協調、反身自省的德性，又誤將自身主張認定為超越者的命令而絕不能妥協，那麼這將成為公共議題辯論中的大問題。

根的重要一步[20]。承繼托克維爾及貝拉關懷的趙文祠討論台灣
佛道教團體對民主之貢獻的《民主妙法》裡，即展示得十分全面，
論證這些宗教自願結社提供了心靈指導，並鼓勵人們參與公共事
務，並在教說裡宣揚自由、平等與人性提升等進步價值，因而培育
了個人自主意識與集體責任感——這些都是有助民主所需之公民意
識的磚石。同時宗教組織也協助超越血緣家庭的人際社會連帶之形
成，讓由下而上的民主參與及共識凝聚變得更容易[21]。最後，過往
宗教團體內部鮮少接觸社會上重大的公共議題，信徒及宗教領袖多
執念於自身修為、救贖或組織的壯大及傳統盲信的維持，導致制度
上並未與其他社會場域共同經歷進步轉化的過程，教內團體封閉且
守舊，充斥著各種離譜、保守、排他的倫理或社會價值教導，衍生
出各種處理性別、同性戀、墮胎、性別分工、種族的歧視對待。然
而透過更積極介入公共議題，宗教團體進入到公民社會的場域，在
立場相對的公民團體的檢視之下，迫使這塊過往豁免於新價值追尋
及實現、傳統守舊觀念棲息的「飛地」，自然而然地曝露在各種當
代價值及思潮之中，活化被宗教菁英僵化、獨裁地對待的傳統，讓
宗教真正的精神得以透過反思而再次被提煉，進而推動教內改革。
總之，宗教不應一概而論地被視為民主的必然之敵、公民社會之寇；
某些宗教團體的爭議性作法，理所當然應受公評及批判，但不應據
此推論宗教涉政就是「邪教」、「走文明的倒退路」，同時，也不
應忽略當宗教參與政治時的正向效應。

---

20 參見艾倫‧狄波頓（de Botton, Alian）（2012），《宗教的慰藉》，
    台北：先覺；強納森‧海德特（2015），《好人總是自以為是：政
    治與宗教如何將我們四分五裂》，姚怡平譯，台北：大塊文化。

21 參見趙文詞（Richard Madsen）（2015），《民主妙法：台灣的宗
    教復興與政治發展》，黃雄銘譯，台北：台大出版中心。

召喚國族主義下可欲及不可欲的宗教

　　相對而言，中國大陸的政教關係發展，則似乎看到反向的趨勢。原本自共和取代帝制後，政權的正當性基礎已不再仰賴宗教信仰形塑的宇宙觀，只是對宗教團體本身的跨地域組織作為叛亂動員網絡，以及宗教人員以神道之名煽動群眾的可能性十分忌憚，因而嚴加管制宗教團體及人員的審核、訓練、流動。然而，近年來中共習李政權上台後，因為經濟發展的表現預期不若前十年突出，一黨專政領導的正當性需找到亮眼經濟表現以外的來源，因而更積極在意識型態上召喚中國國族主義。雖然中共官方意識型態仍為無神論，但它在這幾年確實更積極推廣、扶植並宣揚中國文化，而本土宗教思想學說即裡頭重要的一環，成為中國以文明大國之姿展現的軟實力。例如已舉辦數屆的世界佛教論壇、國際道教論壇，和沿海地區經常舉辦的民間信仰國際研討會，另外也在世界各地成立孔子學院。

　　至於融不進中國國族主義內的「外來」宗教如基督宗教及伊斯蘭教，可說在當局眼中是「更不可欲」（undesirable）的宗教[22]，則在體制內更需努力推行「中國化」與愛國教育，並施以更嚴格的管控或取締。這種來自於中共政權要求「宗教與社會主義相適應」的

22　參見Huang, Ke-hsien（2015）Governing Undesirable Religion: Shifting Christian Church-State Interaction and the Policy Bottom-line in Post-Mao China, a paper presented at the Conference of "State-society Interactions in Public Governance in China" in the Institute of Political Science, Academia Sinica, Taipei, Taiwan, November 13-14.「互動治理與韌性威權：演化中的中國國家與社會關係」，台北：中央研究院政治所。

呼聲，也可能讓宗教原本基於「超越性」而對現世批判以開啟新社
會可能性的潛力被稀釋乃至於抽除，並加大國家菁英與草根信眾之
間的垂直分裂。例如在基督教的例子裡，三自愛國運動會為回應官
方要求而推動的「神學思想建設」運動，其中一項很重要的改變，
就是希望原本基督教自馬丁路德以來的「因信稱義」的堅持，能轉
化為「因愛稱義」，原因是因信稱義的強調被認為加深了基督徒與
非基督徒之間的區分，阻礙了和諧社會的推動，同時更可能連結到
他世追求、末世預言這些現今政權不喜悅的宗教特色；倘若推行因
愛稱義，則可以讓基督教協力為社會慈善、福利、人際和諧、倫常
鞏固這些政權所欲的目標出力。只是，推動了十餘年下來，此舉反
倒讓不少草根信徒更覺得三自並非「真正的基督教」，而只是為政
權服務來扭曲教義的工具，增加了三自作為聯合黨與信徒之功能的
難度。另外，針對號稱是中國大陸基督教之耶路撒冷的溫州及其周
邊地區，進行的拆十字架措施，顯然就是反映上述趨勢的象徵行動。
只是，這樣的作法同時也讓廣大的中國基督教徒更體認到與政權合
作態勢的脆弱與虛幻，讓信徒對共產黨辛苦發展的宗教統戰組織（如
三自愛國運動會）原本就不算穩固的信任更危若累卵，如此讓前述
那種國家菁英與草根信眾間的垂直分裂更加擴大，不受政府管控的
非官方宗教組織反倒會更具吸引力而擴張，也增加了維穩所需的成
本及社會抗爭的可能性。若落實到信徒層次來看，他們似乎將面臨
更大的張力；原本可以在模糊地帶中同時擁抱國族認同及宗教情懷
的空間，因為這種大環境的影響而被壓縮。原本政、教各自的基層
行動者透過這幾十年來互動培養出的默契在短時間內蕩然消失，宗
教自由與支持政府之間成為選擇上的零和遊戲，這其實推翻了不少
改革開放後重新定位宗教、統戰宗教群眾的努力建立起的信任。當
然，目前拆十字架的做法仍僅限於一省，它究竟或是否意味著中共

高層宗教政策的調整,這個問題在學界討論中還莫衷一是,然而確實有不少人憂心,它象徵著中國大陸的政教關係將擺盪回離原本帝制時期的模式更為接近,而距台灣民主化後的政教互動模式更遠的位置。

小結

中國大陸與台灣的政教關係共享著相同的過去,承繼了中華帝國內政教關係的特色,然而如今卻有迥然不同的樣貌,未來更面臨相異的發展軌道及各自的危機。本文引介了一些理解它們的重要切入角度或概念工具,包括華人政教相融的「和諧」文化與西方政教分立的競合互動、基進與溝通性超越的分別、全球化及民主化對在地政教關係的可能影響。分析過程中,一方面限於個人能力、生活經驗及學養有限,二方面為了在有限篇幅裡為政教關係拉出一條有條有理的清晰軸線,因此陳述當中多有省略、簡化、偏重,但求拋磚引玉。畢竟台灣一直以來都是宗教多元活力旺盛之地,中國大陸也正經歷如火如荼的宗教復興,期盼有更多人一同討論、分析相關的宗教議題。

黃克先,台灣大學社會學系助理教授,研究興趣包括中國大陸及台灣的宗教發展、政教關係,以及全球化時代下的宗教跨界交流等,著作可見於 *Journal for the Scientific Study of Religion*、《台灣社會學》、《台灣宗教研究》等國內外期刊。

祖廟在台灣：
台灣民間信仰神明祖廟的權威來源與正統性

簡瑛欣

在某些台灣廟宇的佈告欄，經常可見黃色「香條」，這些「香條」公告廟宇之間的互動往來，香條上最常出現的文字為「謁祖進香」。「謁祖進香」通常是一間地位層級較低的廟，對另一間地位層級較高的廟所進行的朝拜行為，兩廟之間可能有「分香」而形成「根源」與「從屬」的「祖廟—子廟」關係。

此類活動在大廟神明生日時最容易觀察。近年來的進香活動，亦多有伴隨觀光活動，廟方籌組進香團，同時在旅遊行程中安排進香活動，神像與香客一同出遊，一面進行觀光活動，一面參拜當地的廟宇。香客所到之處，皆可稱為進香，因此足跡廣佈，神像搭飛機出國或搭船至中國亦屬常見。「謁祖進香」或「觀光進香」活動，對台灣的廟際關係而言都造成不小的影響。甚至，台灣民間信仰的尋根謁祖活動，某種程度也「重建」、或「啟動」了中國某些祖廟的形成，中國政府也常以原鄉祖廟為名，辦理許多以神明為主的觀光文化節，例如「南安鳳山廣澤尊王文化節」、「開漳聖王文化節」或「湄洲媽祖文化節」等宗教觀光文化活動，以這些節慶來凝聚台灣或海外分香廟宇的向心力。

「祖廟在台灣」這個議題，在近三十年來台灣與中國複雜微妙的政治關係中浮現。漢人民間信仰的宗教與政治層面，本來不易區

別，自宋代以來由官府認可祠廟合法性，而民間亦自有一套回應的
方式。在當代，受到中國政府大力支持的祖廟，亦有相同的現象。
湄洲媽祖祖廟與南安鳳山寺廣澤尊王祖廟等皆有其對台宗教交流的
政治目的，但對民間而言，宗教交流所帶來的經濟效益也不可小覷。
然而，祖廟一定在中國原鄉嗎？「祖廟在台灣」的現象表明，某些
廟宇認為祖廟就在台灣，不須前往中國進香，台灣祖廟更具正統與
權威。因此，觀察祖廟現象不應忽略背後所呈現的正統與權威的觀
念，進而理解台灣祖廟與中國祖廟的競合關係。

　　本文試圖解讀台灣民間信仰中的「祖廟現象」，進一步探析台
灣祖廟如何在中國祖廟的歷史纏結中尋求本身的定位，並討論對於
中國民間信仰所產生的反饋與影響。台灣祖廟何以成為祖廟？我希
望就幾個層次來探析台灣民間信仰中的祖廟現象。

　　首先，台灣民間信仰中的祖廟意識是什麼？神明祖廟如何形
成？其次，我們注意到有些具祖廟身分的台灣廟宇，並不熱衷前往
中國進香，例如台南南鯤鯓代天府、新營太子宮或雲林馬鳴山鎮安
宮。這些不往中國原鄉祖廟進香的廟宇，對於自己的權威來源自有
一套論述，值得加以探討。我們以「祖廟權威論」來討論這些「台
灣祖廟」表述其主體性的方式，並且進一步觀察浮現其中台灣民間
信仰的體系與意義，同時，我們探討台灣神明祖廟的概念，如何影
響中國原鄉「神明祖廟」的建構與想像。最後，我們希望從更符合
當代意識的觀察，反思西方人類與漢學界所關心的「是什麼使中
國社會聚合在一起」的問題。

一、 謁祖進香與祖廟權威：台灣民間信仰的祖廟意識

祖廟權威來源

　　一百年前《台灣日日新報》報導有關北港進香的香期盛況[1]，說明了當年北港朝天宮在媽祖信仰獨尊一方的地位。今天北港媽祖生日的進香活動之熱烈，並不亞於百年前的進香盛況。信徒對媽祖的崇拜儀式，分香廟與祖廟的香火連結，其活動之熱烈，組織之龐大，對於文化觀察者而言，更是深具特色。在台灣的媽祖廟，諸如新港奉天宮、大甲鎮瀾宮、台南大天后宮、鹿耳門天后宮等媽祖廟，都有自己的分香網絡。除了媽祖，無論是關聖帝君、王爺、包公、瑤池金母到巧聖先師，也都有自己的「祖廟—子廟」分香系統，各自表達廟宇廟的親疏關係與「正統」、「旁支」地位。規模龐大的進香中心祖廟，如北港朝天宮，非常引人注目，不過還有一種有別於進香中心型態的祖廟，雖然規模不若進香中心祖廟龐大，分香範圍不比進香中心祖廟廣闊，主祀神可能是中國與台灣都普遍存在的天上聖母，也可能是台灣在地獨有的神明，還有可能是無祀孤魂升格轉化為神明的王爺元帥——如台南四草大眾廟鎮海元帥或七股唐安宮騰風元帥，原本是無祀孤魂，而後轉化為神明——也會隨著信眾移民落腳到新地點而出現分香廟宇。戴文鋒的研究指出，這些「無祀祠」已脫離「厲祠」陰廟形象，轉變成地方庄頭廟或角頭廟，甚

1　「嘉義廳北港天后宮。香火之盛。甲於全島。每年自舊曆一月望日
　　起。北至基隆。南至恆春各處鄉民。結隊成群。前往進香。每處多
　　至二三百人。本年自一月至今。參謁者尤為昌熾。中、南、北三部。
　　每日統計有三萬餘名。詢盛況也」。《台灣日日新報》（雜報）「香
　　火繁熾」，1910.3.29。

至是許多分香子廟的祖廟[2]。

這些廟宇何以具有祖廟之姿？我們先釐清台灣祖廟的權威來源，包括歷史權威論、神物權威論與儀式權威論三種概念。首先，單一歷史權威論強調一所廟宇歷史的悠久；廟宇歷史越久，越有因聚落移民而形成的分香網絡，因而建立祖廟的地位。最明顯的案例，就是有些廟宇會在廟名前冠上「開基」或「開台」，「開基」具有「源出」意涵，「開台」為全台第一座概念，在內政部《全國寺廟名冊》上，我們可以發現許多冠名「開基」或「開台」的廟宇。實際上，仍有許多名冊之外的廟宇強調其開基或開台之名。我們認為「開基」與「開台」就是從單一歷史權威論的角度，來「主觀」表述廟史悠久而具有祖廟地位的象徵意義。

第二種單一權威論為神物權威論，也就是強調神尊與文物的權威，例如宜蘭蘭陽大興振安宮從廣東霖田祖廟迎回千年古爐，或台中東勢巧聖仙師祖廟有全台巧聖仙師廟歷史最久的道光乙未年間的「樂祝聖亭」碑、道光十三年的木籤、以及咸豐年間遺留的正殿神龕「巧奪天工」匾。由於歷史悠久與保存完善的文獻史蹟，加上行業神的特殊性，所以表現出神物權威論的內涵。某些台灣祖廟的文物碑匾則強調「皇帝敕封」或「官方賜予」，這是「官祀」的概念強化「神物權威」的論點。另外，祖廟神像的神聖性，亦是祖廟神物權威的重要內涵，例如蔡相煇研究北港朝天宮媽祖神像雕造有其嚴謹程序[3]，這也是為何早年台灣許多媽祖廟建廟時從北港朝天宮分

2　參見戴文鋒，〈台南地區民間無祀孤魂轉化為神明的考察〉，《台灣史研究》18（3）：141-173，2011。

3　首先，信徒發願終身為神服務；其次選定雕造神明。在雕造流程方面，第一為請神，請神後將祖廟香火置入神像背後；第二為入聖，意指將香火及各種寶物置入神像背後洞中儀式，包括神像內置入香

靈原因。

　　第三種單一權威論為儀式權威論，也就是廟宇儀式在同類信仰中的規模、儀式複雜性與象徵意義是否足以凌駕其他廟宇。王斯福提到「靈」的權威性[4]。「靈」的權威性是抽象的，但由「儀式」所表現出來的權威是具象的，對分香子廟或信眾來說，從祖廟的祭典儀式獲取更多靈力是連結祖廟的方式。以宜蘭縣二結王公廟為例，其二結王公生的過火與抓乩童儀式，在當今古公三王信仰的廟宇堪稱最大也最具代表性，眾多神明會與王公廟因而從二結王公廟分香，這就是典型的「儀式權威」祖廟。

　　然而，僅以單一權威論來表述恐怕是不足的，必須再以「神物權威」、「儀式權威」、或「歷史權威」兩者以上的交集，才能有更強的元素來強化其祖廟的地位。例如以「儀式權威」（發起聯誼會舉辦全國活動，創造儀式權威）與「神物權威」（千年香爐）表現交集權威的蘭陽大興振安宮，或以「歷史權威」（廟史最久）與「儀式權威」（最大規模過火、唯一抓乩童儀式）表現祖廟地位的二結王公廟，都是兩種權威以上的交集。

（續）

　　火、發願雕造神像者生辰八字、靈物（鳥、海馬）、五穀、通寶與黃曆各種寶物，再將洞口原木封上；最後由法師念經咒與宣讀祝詞完成程序，神像再經過開光點眼就開始具有靈力。以北港朝天宮在清嘉慶十六年至嘉慶二十四年共八年時間完成的新雕二媽與三郊媽為例，入聖寶物包括媽祖香火一分等十三類寶物，其中置入祝詞應包括敘明發心雕神者本命，雕塑神像原因、開雕、入聖與安座日期時間，署朝代年月並用線絲綁妥以示終生奉獻媽祖。參見蔡相輝，〈評郭金潤《大甲媽祖進香》〉，《空大人文學報》第12期，2003，頁188-189。

4　Stephan Feuchtwang, *Popular Religion in China: The Imperial Metaphor*, London and New York: RoutledgeCurzon, 2003, p. 173.

　　廟宇若能以三種權威交集成核心權威，就能更加確立其祖廟地位。例如以「歷史權威」（全台歷史最久、規模最大）、「神物權威」（開基五府千歲）以及「儀式權威」（王爺祭、代天巡狩、羅天大醮）的南鯤鯓代天府，就是最具核心權威的台灣祖廟。除了上述列舉的祖廟案例外，我們可以從祖廟權威論來觀察其他台灣祖廟的主體性表述。例如新營太子宮為中壇元帥三太子祖廟，每年農曆九月太子爺生為太子宮進香潮，新營太子宮亦從「歷史權威」（歷史最久開基太子廟）、「神物權威」（開基哪吒三太子神像、「奉玉旨勒令」旨牌）與「儀式權威」（九月神誕進香潮），並加上擔任台南祀典大天后宮於西元2011年所舉辦「護國庇民南都巡禮」繞境活動「統兵大元帥」，以及擔任北港朝天宮於西元2011年「北港媽祖下府城 南都巡歷大天后宮會香」活動「開路先鋒官」[5]等資歷，讓新營太子宮三種權威元素兼備，因而在全台灣的太子爺信仰的地位難以撼動。太子宮廟方也向我們說明新營太子宮是全台太子爺總廟，也是眾多太子信仰的祖廟，不需要前往中國進香；中國並沒有太子爺祖廟。我們認為這是台灣祖廟的主體性表述。

祖廟權威與正統之爭

　　當台灣祖廟有了「權威」，進一步便產生了誰是「正統」的問題。祖廟地位之爭，可以從兩種脈絡來看。第一種是台灣單一神種祖廟的正統之爭，如媽祖信仰，第二種是台灣祖廟與中國祖廟的正統代表問題。在媽祖信仰的正統之爭方面，蔡相煇指出大甲鎮瀾宮由進香北港朝天宮至繞境新港奉天宮的轉變，並且在祖廟認同上轉

5　許献平、吳建昇，《新營太子宮志》（台南：新營太子宮管理委員會，2012）頁153-185。

向湄洲祖廟[6]。張珣提到台灣媽祖廟的幾種現象，其一熱衷於前往湄洲謁祖進香，其二熱衷於競爭系譜上排行的大小，其三熱衷於建立媽祖廟之間的網絡。在競爭系譜排行方面，第一例是鹿耳門顯宮里與土城子兩座媽祖廟爭論誰是正統鹿耳門媽祖，第二例是北港朝天宮與新港媽祖廟爭論誰是正統「笨港天妃宮」的後代[7]。在大甲鎮瀾宮的案例，因為需要「正統」識別來跳脫「北港朝天宮」的分香關係，所以如大甲鎮瀾宮在1980年代前往湄洲進香，建設湄洲祖廟或迎回媽祖分身，並於1988年前往港里天后祠迎回「聖父母」神像[8]。此外，台灣祖廟與中國祖廟的正統代表問題出現在1997年湄洲媽祖巡台活動的爭論上。1997年1月24日湄洲媽祖來台「遊境」，當年的主要行程以台灣官祀代表廟台南大天后宮為主要邀請廟宇，主要駐點廟宇包括台南大天后宮、嘉義縣配天宮、嘉義市城隍廟、南投市慈善宮、台北三義重天宮、新竹長和宮、苗栗慈裕宮、台南縣鹽水護庇宮、高雄旗津福興宮天后宮、台北慈佑宮。從廟宇名單來看，避開北港朝天宮、新港奉天宮、大甲鎮瀾宮與鹿港天后宮等台灣最知名的媽祖廟。當年許多媒體針對此現象提出許多政治性觀察。這些台灣知名媽祖廟建設湄洲祖廟貢獻良多，但來台遊境卻巧妙避開台灣媽祖廟的競合關係，甚至引發這些至親廟的質疑，例如北港朝天宮即認為湄洲媽祖來台的目的與意義不明確，所以不配合媽祖巡台活動。當年台灣出現「台灣媽祖是全境神，湄洲媽祖是地方神」的主張，《自立晚報》（1997年1月22日）等質疑湄洲祖廟巡台的活

6　蔡相煇，〈當代台灣媽祖信仰的發展與祖廟認同的轉變〉，《媽祖信仰研究》（台北：秀威資訊科技，2006），頁469-512。

7　張珣，《媽祖·信仰的追尋》（台北：博揚文化，2008），頁186-190。

8　林茂賢，〈大甲媽祖進香過程研究〉，《第一屆俗文學與通識教育學術研討會論文集》，台北：大同大學通識教育中心，2007。

動目的，三尾裕子進一步提出湄洲媽祖巡台產生宗教的正統性與民族主義論述結合的意義[9]，這樣的活動，與其說是宗教交流，倒不如說是具有政治意涵的宗教活動。

以神物權威而論，湄洲祖廟的多數神像與文物，在文化大革命中遭受破壞，當今湄洲祖廟的建築，幾乎全數由台灣的媽祖廟捐獻建成，因而湄洲祖廟的神物權威是單薄的。另就儀式權威而言，湄洲祖廟刈火儀式與分靈證書，其概念承襲自北港朝天宮，而北港朝天宮發展出分靈證書，則與台灣媽祖廟正統之爭有相當大的關係。我們認為，北港朝天宮所擁有的歷史權威、神物權威以及儀式權威所交集而成的核心權威，使北港朝天宮在台灣民間信仰的地位難以撼動。北港朝天宮的「萬年香火爐割火儀式」，更是此核心權威中最重要的儀式核心。北港朝天宮管理者描述，讓廟方最引以為傲的就是「萬年香火」爐及其「刈火（割火）」儀式。每年農曆一月至三月的媽祖進香高峰期，都能在北港朝天宮發現許多廟宇攜帶香擔，為了分靈北港朝天宮的香火，從而有些遠道而來的信眾，和神明一起搭乘交通工具，更有以全程徒步的傳統，完成謁祖進香儀式。尤以白沙屯媽祖徒步進香最具代表，許多香燈腳在沿途分享白沙屯媽祖對於個人的靈感經驗，強化信徒徒步進香與祖廟的鏈結，白沙屯媽祖抵達北港朝天宮後的最重要儀式核心，就是在回駕前的「刈火」儀式。

上述白沙屯進香至北港朝天宮刈火（或稱割火），可以說是北港朝天宮儀式權威的代表，整個儀式包括起火、引火、刈火（割

9   三尾裕子，〈從兩岸媽祖廟的交流來談台灣的民族主義〉，收入林美容等（編）《媽祖信仰的發展與變遷：媽祖信仰與現代社會國際研討會論文集》（雲林：北港朝天宮，2003），頁197-201。

火）、火缸放入香擔、住持[10]貼上符紙、香擔過萬年香火爐、山邊媽祖與白沙屯媽祖過萬年香火爐，最後登轎，這就是北港朝天宮與白沙屯拱天宮共同構築的儀式權威。刈火儀式結束後，時程一到即回駕，白沙屯媽祖在眾人擁簇下，出北港朝天宮，在眾多香燈腳跟隨白沙屯媽祖神轎前行時，有經驗的香燈腳，還駐足在北港朝天宮正殿，等待萬年香火爐中的炭火。廟方執事人員，會將白沙屯媽祖與北港媽祖刈火的炭火，分享給香燈腳。在北港朝天宮廟方的認知中，由佛教住持執行割火儀式的傳統與刈火儀式的繁複，是台灣媽祖信仰的代表，也因為刈火儀式，串聯了子廟與祖廟，並強化信眾對於祖廟權威的認同。另外的例子是北港朝天宮曾舉辦跨縣市遶境活動。1987年10月3日至10月28日舉辦全國繞境活動，並於當年舉辦繞境澎湖活動，1994年再度辦理全國遶境活動，經由全國性的繞境儀式活動，宣示北港朝天宮為台灣媽祖廟的祖廟地位。時至2013年9月12日至22日，北港朝天宮更舉辦世界媽祖會北港的活動，當時總主辦單位為北港朝天宮，聯合主辦單位為湄洲媽祖祖廟與天津娘娘廟，首席協辦單位為白沙屯拱天宮，參與的廟宇以媽祖廟為主，但亦有眾多非媽祖廟參與。這項活動並獲金氏世界紀錄認證。總的來說，北港朝天宮以歷史權威（在台灣分香子廟眾多）、神物權威（神像保存、各式文物保留完整）、儀式權威（嚴謹的與廣泛被認同的刈火儀式）所交集的核心權威，奠定其作為台灣媽祖祖廟主體性的

10　北港朝天宮住持為佛教臨濟宗僧侶，蔡相煇的研究指出，台灣媽祖信仰興盛興盛，與臨濟宗崇祀菩薩信仰結合媽祖信仰有關，在重要的媽祖廟皆能發現清代臨濟宗僧侶綜理宗教事務，如今這樣的傳統以北港朝天宮為代表。參見蔡相煇，〈媽祖與觀音〉，《錫口人文發展暨媽祖信仰學術研討會論文集》（台北：台北市政府民政局，2007），頁33-47。

基礎，並經由與湄洲祖廟宗教交流，協助重建湄洲祖廟恢復媽祖信仰。

祖廟在台灣

　　此外，在與祖廟關係聯結或台灣廟際網絡重組的過程中，一些具有祖廟位階的台灣大廟，並不一定熱衷前往中國原鄉進香。他們開始強調其廟宇權威與主體性，強化自己身為台灣祖廟的基本元素。過去，許多討論探討台灣廟宇前往中國原鄉進香的現象，現在我們要從反方向來看，如南鯤鯓代天府等台灣祖廟，並不前往中國進香的原因，或者，原本定期至中國進香的廟宇，因台灣廟宇產生正統爭論，使得與原鄉祖廟產生由緊密連結到疏離的現象。

　　例如，台南市西羅殿為台灣廣澤尊王祖廟，每年農曆8月22日廣澤尊王飛昇得道之日，許多分香廟宇或神明會於此時回西羅殿祖廟謁祖進香。我們在西羅殿廣澤尊王聖誕前後的香期，可以觀察到的景像是，每天傍晚，祀奉廣澤尊王或太保的神明會，於西羅殿廟埕「吃會」，神明會會員在餐會過程中分享彼此在聖王恩庇下的點滴，餐會結束後進行擲筊儀式以選出年度爐主。西羅殿的廟埕兩側，貼滿各式香條，分香廟宇藉由香條昭告，良辰時刻回到西羅殿，分享祖廟的香火與靈力。過去，西羅殿與中國福建南安鳳山寺祖廟有著緊密的關係，時間可回溯至1907年，當年《台灣日日新報》記錄西羅殿三年一度回鳳山寺祖廟謁祖進香的盛況。今日西羅殿的牆壁上，即有一幅1907年進香實況的影像，說明西羅殿在日本時代即有前往中國進香傳統。開放兩岸宗教交流後的西羅殿，對於祖廟的重建更是不遺餘力，鳳山寺1966年毀於文革，1979年開始重建。鳳山寺祖廟在文革破壞後的重建，西羅殿扮演相當重要的角色，我們可以在鳳山寺的廟埕與重建捐獻碑記看到許多西羅殿的刻印。

　　台南另一座廣澤尊王廟宇下林玉聖宮，曾於2009年主辦「保安廣澤尊王遊台巡香」活動，南安鳳山寺祖廟受下林玉聖宮邀請來台巡境，參與廟宇含括台南市主要廟宇如祀典大天后宮、全台開基永華宮等台南廣澤尊王廟宇，另加上各縣市代表性的廣澤尊王廟宇，唯獨西羅殿不在巡境的名單中[11]。而後下林玉聖宮成為中國鳳山寺在台的總聯絡處，西羅殿不再前往中國進香。

　　我們從1980年重建鳳山寺祖廟至2009年廣澤尊王遊台巡香活動的例子注意到，由於台灣廟宇的競爭關係，產生廟際網絡關係重組現象，對中國原鄉祖廟的認同並非一成不變。

　　相較於西羅殿在中國原鄉祖廟有捐獻與交流，南鯤鯓代天府五府王爺則從未至中國進香。南鯤鯓代天府以「歷史權威」（全台歷史最久、規模最大）、「神物權威」（開基五府千歲）以及「儀式權威」（王爺祭、代天巡狩、羅天大醮）交集而出的核心權威，成為台灣王爺信仰的權威祖廟。南鯤鯓代天府的分香，無論是廟宇型態或是私人經營型態共達兩萬多座，廟方對於分香形式與神佛開爐做法已形成一套標準化的流程，以神佛開爐辦法為例，南鯤鯓代天府眾神明的分身經由信眾登記並擲筊後，依筊數多寡而決定取得何種神明分身。

　　經由擲筊中選開基神佛的信眾，就能獲得南鯤鯓代天府認證木匾一面。較特別的是，依廟方規定，中選者迎請開基神佛，只限於國內區域，不得逕自迎請出境，原因在於這是經由南鯤鯓代天府所認證的分香神明，自然僅能至祖廟南鯤鯓代天府謁祖。南鯤鯓代天

11　丁仁傑對此活動產生的漢人民間信仰的階序問題有相當深刻的探討，參見丁仁傑〈廣澤尊王遊台灣：漢人民間信仰神明權威階序的結構與展演〉，《民俗曲藝》177：57-116，2012。

府的開爐儀式反映神物權威與儀式權威的觀念。再者，南鯤鯓代天府於2014年舉辦創廟以來規模最大的醮儀「甲午科護國慶成祈安羅天大醮」，彰顯台灣王爺總廟的地位。羅天大醮奉乞王令共108座，經由鑑醮加持後由申請的宮廟或信眾迎回供奉，奉乞王令與開爐儀式的意義相當，是神物權威與儀式權威的展現[12]。南鯤鯓代天府亦曾在2008年辦理「鯤鯓王出巡澎湖」活動，這意味著「台灣王爺總廟」的位階，巡狩地方廟宇。在中國福建，泉州富美宮蕭府王爺祖廟與廈門馬巷池府王爺祖宮的接待辦公室，掛滿各式來自臺灣進香團的紀念匾額與旗幟，唯獨不見南鯤鯓代天府。南鯤鯓代天府並未舉辦至中國謁祖進香活動，廟方的看法是，南鯤鯓代天府的王爺信仰是五府千歲，是五王系統，但在中國均以奉祀單一王爺為主，兩者概念不同。況且南鯤鯓代天府在台灣與海外有眾多分香廟，就來源、位階與分香規模而論，儀式最繁複，歷史最悠久，分香數最多，因此無需前往中國進香。南鯤鯓代天府在全台王爺進香中心的位階與規模上，呈現鮮明的台灣祖廟的權威性。我們可以說，南鯤鯓代天府企圖透過歷史源流、廟宇規模、與儀式的繁複與獨特性，來展現它在全台王爺廟宇中的祖廟權威地位。

　　另外，雲林縣馬鳴山鎮安宮奉祀五年千歲，其管理委員會表示馬鳴山鎮安宮就是五年千歲祖廟，經廟方考察，中國福建晉江鎮海宮雖為代巡王爺，但其神祇系統與五年千歲並不相同。這些案例讓我們察覺到一種無須分沾中國祖廟香火的台灣祖廟，在祖廟成形的

12　南鯤鯓代天府於2014年10月16日起至12月14日，將近兩個月的時間辦理「甲午科護國慶成祈安羅天大醮」，廟方的文宣提到，這是台灣第一大醮，羅天大醮的規劃，包括平安鹽祭、台南府城巡禮會香、嘉義諸羅巡禮會香、神佛鑑醮入壇、豎立燈篙、恭送水火王、引鼓入轎、慶成謝土、敬謝天地、海陸普渡以及鑑醮神佛回駕。

基本元素中，尋求自己的位階，進而成為更具特色的台灣祖廟。

二、中國原鄉祖廟：追尋、移植與想像

我們且將祖廟議題移至中國福建原鄉。回顧1980年代，雖當時政府尚未許可，大甲鎮瀾宮仍繞道日本進入中國，當年的報紙描述「大甲鎮瀾宮借道日本轉往祖廟，董監事以二十萬元請回兩神像」，聯合報亦轉述人民日報報導「媽祖把兩岸連結起來」。事實上，當年宗教交流的爭議，引發政府正視文化交流進香活動，並進行相關法規的修訂。自民國81年公布施行《臺灣地區與大陸地區人民關係條例》後，台灣與中國的宗教交流有了更明顯而密切的往來。究其因，中國歷經文化大革命後，宗教寺廟文物多半毀損，而台灣在保留儀式與文物上相對完整，且不可諱言，改革開放後的宗教交流，是中國的統戰工具之一。1989年由泉州市台灣事務辦公室編輯的《泉州臺胞回鄉尋根指南》一書，即詳細編列泉州景點與台灣的關係。我們雖無從得知當年台灣進香團是否依尋根指南按圖索驥，但許多廟宇都曾有過到中國泉州進香的活動。有一些大廟，如宜蘭南方澳南天宮，曾為中國湄洲祖廟在台灣的總聯絡處，大甲鎮瀾宮於西元1989年與湄洲媽祖祖廟結為至親廟，又如台南市下林玉聖宮，為福建南安市詩山鳳山寺駐台灣辦事處。我們可以說，從中國改革開放並開放宗教交流後，台灣廟宇全面進入中國謁祖進香的潮流，經由小三通路線或是直航路線，伴隨前往中國的觀光活動，順道進香的安排快捷而頻繁。

我們發現台灣進香團赴中國謁祖進香的對象，單一神祇往往對應到複數祖廟，原鄉祖廟不只有一間，地方型神祇在祀神出生處、葬身處、成仙處都能成為正統的象徵，國家敕封色彩濃厚的媽祖信

仰，也出現究竟哪一座廟才是正統的爭論。這些中國的祖廟正統性，
多半奠基於歷史權威論。相較於台灣有多元權威論述，中國神明祖
廟則凸顯在歷史權威，實與文革時期宗教神物受到破壞有密切關連。

　　另外，中國祖廟意識的建構過程亦值得觀察。某些祖廟的形成，
與台灣民間信仰的尋根謁祖相關。例如開台聖王紀念堂之所以位於
福建省南安縣石井鎮，乃由於石井鎮為鄭成功故里，當年台灣的開
台國聖廟前往大陸謁祖進香卻苦無相對應的進香對象，於是在眾多
台灣開台國聖廟宇倡議下，於1998年興建開台聖王堂。開台聖王堂
的建立，與台北護國延平宮在1989年首度至石井謁祖進香有關，在
台灣開台聖王廟的謁祖與動員下，一座嶄新的祖廟便告落成。再看
懸掛在開台聖王堂的捐獻紀錄，時間始於1998年，捐獻紀錄包括個
人捐獻紀錄以及團體捐獻，台灣宮廟以台北護國延平宮為主，共捐
獻十三次，另外是各地鄭氏宗親會。我們並未發現開台聖王堂創廟
初期是否有南安當地廟宇參與，但南安並未盛行鄭成功信仰，南安
較具代表性的神祇為廣澤尊王信仰。由此亦可觀察石井鎮在當時並
未有鄭成功信仰，且對當地居民而言，此廟並非信仰中心，只是經
由台北護國延平宮與台灣開台國聖廟宇的影響，方構建出一座對當
地人而言的新的信仰。鄭成功的歷史地位在中國並不若台灣彰顯，
中國無開台國聖廟也是理所當然。然為應和台灣信眾靈力權威來源
之需求，因而創建了「祖廟」。我們認為這是台灣祖廟意識的延伸
與塑造。

　　另一個案例，漳州漳浦縣湖西古公三王祖廟的原身，是台灣宜
蘭二結王公廟於1987年委託香港中國旅行社與漳浦縣旅遊部門尋找
祖廟，經多方訪查，找到了位在漳浦縣湖西鄉的三王公廟[13]，但此

13　漳浦湖西古公三王祖廟管委會編，〈漳浦湖西古公三王祖廟〉，頁3。

廟僅為當地操漳州語的畲族人信仰中心。後來在眾多台灣進香團的告知下，有了「祖廟」的概念，方從「三王公廟」躍升為「古公三王祖廟」。湖西三王公廟主委表示，在台灣進香團前來尋根謁祖前，他們並沒有祖廟的觀念，更沒有其他漳浦三王公廟前來進香的行為，直到現在，他們還是習慣稱「三王公廟」。然而，一張掛在廟內牆壁上，由漳浦縣人民政府宗教事務局所頒發的漳州市民間信仰宮廟登記證，登記廟名為「湖西古公三王祖廟」，主委表示，登記為祖廟，原因在於可以在接待台灣謁祖進香團方面與政府資源上取得較多的支持。從另一張由漳浦縣民族與宗教事務局頒發的「2005年為構建和諧社會做貢獻 模範宗教場所」的獎牌，就能體認到從「三王公廟」到「湖西古公三王祖廟」兩者在位階上的差異。這兩則案例說明，祖廟意識是一種「想像」的歷程，與台灣廟宇到中國的尋根謁祖活動有密切的關連。中國當局透過祖廟意識的操作，不僅連結中國與台灣的信仰活動與人群組織，也重新塑造了中國與台灣的祖廟信仰位階。反諷的是，中國的祖廟正統性多奠基於「歷史權威」，而「歷史權威」的來源卻是來自非常當代的、台灣廟宇的祖廟意識的移植。

　　台灣廟宇經由進香活動，將祖廟意識移植中國，強化中國原鄉的信徒與廟宇對於「祖廟」的認知與想像。台灣的眾多廟宇，也在祖廟意識移植的過程裡，籌組聯誼會，經由宮廟的聯合力量，來建設中國的祖廟，一方面進行香火聯繫，二方面也能確立在原鄉祖廟的嫡系承續地位。台灣祖廟意識的移植與擴散，對於不同身分的參與者，存在不同的功能與詮釋角度。

三、反思「是什麼使中國社會聚合在一起」

　　本文以「祖廟在台灣」為題，分別從「台灣祖廟的權威來源」以及「追尋中國原鄉祖廟」兩個不同路徑的視角，解讀近三十年來台灣與中國複雜微妙的政治關係中所浮現的漢人民間信仰議題。在當代台灣，因為「祭祀圈」淡化與「信仰圈」模糊，進而因交通與觀光旅遊產生相互結盟的神明聯誼會，廟際網絡的擴大，以及宗教自由化與政治民主化的過程，讓「台灣祖廟」產生更多元與更鮮明的改變。回顧本文案例可發現：歷史的根源處—歷史權威論，神祇與文物—神物權威論，以及神明靈力顯威之處—儀式權威論，都是台灣祖廟引為「祖廟」的權威論述根據，這些論述促成多元的祖廟表述。

　　在中國，觀察祖廟現象亦必須留意現代中國宗教的政治性與更廣泛的跨區域資本網絡問題。丁荷生在中國東南地方宗教的分析中指出，當代中國地方宗教的集體儀式，本身亦和資本市場產生互動，並且已形成複雜多元的地方和跨區域的儀式傳統、信仰網絡、志願性組織、親屬和擬親屬團體、區域結盟，以及來自亞洲貿易網絡的資本、概念、影響力、和儀式的交流[14]。當代中國祖廟，由於文革破壞了廟宇的實體與信仰習俗，結果改革開放後的重建仰賴台灣祖廟在資金與人力物力的支援。在現代中國，國家對宗教的保守控制是祖廟研究不能忽視的議題。王斯福在觀察宗教的政治中則認為，

14　Kenneth Dean "Local Communal Religion in Contemporary Southeast China." In Daniel L. Overmyer ed. *Religion in China Today*, Cambridge: Cambridge University Press, pp. 32-52. 2003.

當代中國宗教機構無法逃避某種政治化[15]，足羽與志子與Wank[16]以及Chau[17]持有相同的看法，他們都認為研究當代中國宗教政治，不能忽視國家製造宗教的局面。Potter研究中國的宗教控制[18]，探討為什麼中國政府需要管制宗教，從而讓自己擁有統治的正統性。一如足羽與志子與Wank所提，當代中國宗教通過政治過程制度化，經由法律層面、機構設立、政策執行以及行政指導，來規範宗教活動場所的問題[19]。不難發現，許多中國祖廟的正統塑造，或是被賦予與台灣廟宇交流的任務，都表明當代中國政治一統語境下的目的，也顯現觀察中國祖廟必須體認到當代中國宗教的政治性[20]。

---

15 Stephan Feuchtwang, *Popular Religion in China: The Imperial Metaphor*. London and New York: RoutledgeCurzon, 2003.

16 Yoshiko Ashiwa（足羽與志子）& David L. Wank, *Making Religion Making the State: The Politics of Religion in Modern China*. Stanford: Stanford Universit, 2009.

17 Adam Yuet Chau, "Expanding the Space of Popular Religion: Local Temple Activism and the Politics of Legitimation in Contemporary Rural China" in *Making Religion, Making the State: The Politics of Religion in Contemporary China*, edited by Yoshiko Ashiwa and David L.Wank, Stanford University Press, 2009.

18 Potter, Pitman B. "Belief in Control: Regulation of Religion in China" In *Religion in China Today*. Edited by Daniel L. Overmyer. Cambridge : Cambridge University Press, 2003, pp. 11-31.

19 Yoshiko Ashiwa（足羽與志子）& Wank, David L. Making Religion, ''Making the State in Modern China: An Introductory Essay Making'' in *Religion Making the State: The Politics of Religion in Modern China*. Stanford: Stanford Universit, 2009.

20 中國國務院在西元2004年11月30日所頒布的「宗教事務條例」（中華人民共和國國務院令第426號）即針對宗教團體、宗教活動場所有諸多規範。參見帥峰、李建（主編）《宗教事務條例》（北京：宗教文化出版社，2005），頁196。

　　美國人類學家Watson從香港廈村與新田的研究，提出「神祇標準化」的觀念。中華晚期帝國國家「欽准」神祇的創造，例如天后，透過地方菁英的運作，使地方信仰呈現出「欽准」神祇的樣貌，一方面信仰獲得合法化，另一方面地方菁英得以提高自己及其鄉里地位。他並提到，地方神明的提升過程相當順利，到清朝中葉，地方眾多神明已逐漸由少數欽准的神祇取代。Watson與西方漢學家共同關心的問題是，中國幅員遼闊，帝國晚期的統治，如何將國家邊緣的人群，整合到國家的框架內。經由「神祇標準化」，他試圖解釋「是什麼使中國社會聚合在一起」[21]的問題。我們認為，近年來因為全球化、交通便利與資訊的便捷，以及不同的政治脈絡，當代華人宗教現況已與中華晚期帝國的樣貌殊異，也使得「是什麼使中國社會聚合在一起」這樣的問題在當代社會現貌下不合時宜。

　　「祖廟在台灣」或可作為民間宗教與政治互涉的觀察視角。台灣民間信仰神明祖廟的權威來源與正統性，正反映出宗教與政治相互滲透影響的現狀。台灣祖廟以歷史權威、神物權威與儀式權威的交集與定位，表述台灣祖廟身為祖廟的地位，形成台灣民間信仰廟際網絡結群的體系與內涵，中國原鄉祖廟，則持續從歷史權威的正統性，提供中國從國家與文化一統的政治語境，扮演對台宗教交流的政治目的。

　　在今天，祖廟宗教交流頻繁。在中國福建，許多祖廟被賦予「涉

21　此問題為Watson於1988年所提出，What Held Chinese Society Together?參見James L. Watson（華琛）, "The Structure of Chinese Funerary Rites: Elementary Forms, Ritual Sequence, and the Primacy of Performance." In *Death Ritual in Late Imperial and Modern China*. Edited by J.L.Watson and E.S. Rawski, et al. Berkeley: University of California Press,1988, p. 3.

台交流」的任務，祖廟的當代政治性已相當鮮明。另一方面，台灣的祖廟往往熱衷組成神明聯誼會來聯絡不同地域與國境的廟宇，例如國際開漳聖王聯誼會成員包括中國、台灣、新加坡與馬來西亞，每年的聯誼會活動為亦是祖廟年度重要活動。這些現象告訴我們，「祖廟在台灣」的觀察視角亦不能受限於「只從台灣看台灣」。祖廟的跨國研究、跨境比較或許能將華人民間信仰的底蘊，置放在一個更大的框架體系中解釋。全球化與跨國網絡下的祖廟與進香活動，應是未來值得觀察的趨勢。

　　簡瑛欣，國立羅東高商教師，教職之餘從事友善農作。主要研究興趣為台灣民間信仰中的神明祖廟，並關注跨國網絡中的華人民間信仰。發表祖廟研究論文數篇。

宗教與慈善的合與分：
現代宗教慈善實踐的挑戰

齊偉先

一、宗教與慈善：靈與肉的結合

　　道德議題是每個社會都必然生產的論述，在各類道德實踐中，助人的善行是一個鏈結個體與社會秩序的關鍵環節。一方面它關涉內在命令、自我負責這個相當屬於個人內在決斷的私領域，另一方面，它在功能上卻又關乎他者，是維繫社會秩序這個公領域的重要基礎；作為道德實踐的助人善行，它的特殊性在於同時涉及了私與公。助人的善行在哲學的討論中一直被視為是重要的道德實踐，體現出個人道德律則中與他人及外在社會環境緊密相連的屬性。現代語意結構中，與此相關的重要詞彙是「慈善（charity）」，但此詞的語意脈絡卻不源於哲學中有關善的討論，而是在宗教（基督宗教）的信仰脈絡中成形。Charity源於拉丁文中的caritas，意味著對鄰人、袍澤的愛。這個詞彙的語意從中古世紀以降，隨著西方基督宗教世俗化的發展而變動，從原本具高度宗教性的詞彙，發展成現在頗為世俗性的內涵，意味著幫助他人渡過生計困境或提供弱勢者生活條件上的協助。

　　歐洲自文藝復興至啟蒙運動時期，神學逐步退位，哲學先展開

了經驗論與理性論的論戰，繼而有「身／心」二元的概念區分。在哲學的討論中，「身／心」這組概念是在知識論的脈絡下所建構的區分，分別代表經驗論與理性論在討論知識的真實性如何可能時所歸因的基礎範疇。對比於「身／心」這個囿於知識論討論範疇的差異概念，另外一組在古希臘時期就存在的更古老的差異概念「靈／肉」，則承載了更為多元、更豐富的面向，例如它還涉及了道德、美學範疇，以及人與超越性力量及生存環境間的互動能力，可以說它包含的是一個全人概念理解下的存有想像。

　　「靈」與「肉」這兩造的角色在中古基督教的神學脈絡下並沒有被平衡地看待。中古神學中「靈」被高舉；而「肉」只被視為是成就「靈」的附屬角色，例如身軀的健康狀態（如病、痛）被理解為是「靈」的成熟與否的表徵。中古時期西歐的主要宗教論述幾乎都聚焦於「靈」的討論之上，聚焦於「靈」的救贖論述架構中，精神層次上個人與他者的關係只能透過神來保障：人與人之間的愛（*philia, storgē*）其價值只在神對人的大愛（*agapē*）脈絡下才有救贖的意義[1]。一旦擴及至精神以外的其他層面，「慈善」提供了另一個個人救贖與他者之間的關聯：對他者肉體的照護被理解為成就自我「靈」的救贖管道，或成為體現「靈」面向上的大愛（如對他者的關懷、慈愛）的一種媒介。

　　「靈／肉」這個存有想像的實質內涵，隨著不同時代社會結構的變化而不斷處於變動中。當天主教式救贖觀的詮釋權在宗教改革過程中被解放後，「靈」得救的方式開始有不同的詮釋，「肉」的

1　古希臘文明對「愛」的文化理解有非常細膩的區分，這反映在文化詞彙上，分有神愛（*agapē*）、親屬間的愛（*storgē*）、朋友間的愛（*philia*）、性愛（*eros*）。

面向（包括生活條件及生理狀態）不再只被當作是表徵，而是納入救贖過程中可以被賦予更多意義的面向。自我關懷從不均衡地關懷「靈」，開放成也納入關懷「肉」，這個轉向，開啟了宗教慈善世俗化的大門。

由於「靈／肉」這組存有概念具有普遍性，以此作為立基點來省視台灣宗教慈善的發展，可以照見台灣宗教慈善發展的特殊性。另一方面也能對比觀察，宗教慈善對同處於現代社會的不同宗教而言，所代表的意義是否不同。

二、從埃姆登(Emden)管窺歐洲的宗教慈善：國家介入前的慈善發展

在歐洲宗教改革時期，埃姆登（Emden）與維騰堡（Wittenberg）及日內瓦（Genf）並列為三大重要的新教發展重地。此海港城市位於德國西北方埃姆斯河（Ems）出海口，河口對岸即為荷蘭。16世紀中葉，荷蘭與西班牙開始了長達數十年的戰爭，大批難民從荷蘭移居埃姆登，致使埃姆登城食物及房子的短缺問題日益嚴重，這讓當時方濟會修士的濟貧模式不敷應付，大型的救濟組織及以效率為導向的管理模式因而成為應付大量救濟需求的經營趨勢。歷史學家認為這個於歐洲16世紀中開始發生轉變而出現的新的窮人救濟體系，是現代社會福利制度的起源[2]。

中古世紀的初期，天主教所治理的歐洲還零星存在著一些非宗

2　Elsie McKee （1984） *John Calvin on the Diaconate and Liturgical Almsgiving.* Geneva, p. 93; Robert Jütte （1994） *Poverty and Deviance in Early Modern Europe.* Cambridge, p. 2.

教性的民間濟貧活動。但發展至9世紀，歐洲的慈善活動幾乎完全由天主教會所壟斷[3]。一直要到12世紀末隨著西歐社會經濟結構的變化，傳統由教會全權處理的宗教慈善模式無法符合當時的需要，新的宗教慈善模式因應而生[4]，而這個新的宗教慈善發展以13世紀初成立的托缽教團道明會及方濟會所開展的慈善實作模式為代表。這些托缽教團與以往慈善經營模式在兩方面有明顯的區隔：（1）理念上，托缽教團從過去將「濟貧」當作個人救贖的工具思維，轉變成將窮人視為是神意向人類自然展現的一部分，也因此強調應該以「親吻窮人」的精神來體驗、幫助窮人[5]。他們摒棄傳統強調以智性地方式追求德行來體現神意，轉而感性地投入慈善救濟——慈善救濟成為他們體現基督給予人的純淨之愛所展現的行為，並以此證成神的愛。（2）在組織層面上，由於托缽教團的組成成員原本就包括有俗士（在家修士），也因此在濟貧活動的組織力上，相當程度擴大了教會人員與俗士之間的合作[6]。引入俗士參與慈善救濟事業，讓歐洲中古後期的慈善維持了穩定的發展。

但從15世紀開始，由於歐洲發生另一波經濟及社會條件的改變，1350至1500年間窮人的人口數急遽增加[7]，致使托缽教會的慈善實作方式，在照顧的效率上遭受到極大的挑戰。在照顧效率的諸多討論中，相關論述因而出現了「值得救濟的窮人／不值得救濟的窮人」的區分，目的在於檢討救濟方式的可行性，認為窮人在被接濟

---

3 Michel Mollat（1986）*The Poor in the Middle Ages: An Essay in Social History*. Yale University Press, p. 38.

4 Ibid., p. 95-97.

5 Ibid., p. 121.

6 Ibid., p. 135, 148.

7 Ibid., p. 135, 233.

的過程中，應被引導要遠離對救濟金的依賴，以避免因依賴而持續生活於怠惰的狀態，造成過多倚賴救濟的窮人。一直到16世紀中，隨著宗教改革的出現，歐洲的慈善救濟事業開始了一個新的里程（也就是被認為後來西方社會福利先驅的發展模式）。不同的文獻分別從不同的角度說明這一波改變的原因，有些研究將這改變歸因於基督新教的積極介入及參與慈善救濟事業[8]。另外一些研究則強調社會面向條件的改變，如當時戰爭所產生的難民、經濟結構條件的改變等等[9]。雖然社會面向的解釋架構確實可以說明這一波變化，但本文更關心的是進行宗教慈善救濟的宗教人相關理念闡述的變化。

　　基督新教徒所實踐的新型態的宗教慈善救濟，有兩項革新的意義：除了（1）創造了更多與俗世團體合作的機制外，（2）他們強調窮人的救贖，將貧窮視之為一種需要透過努力排除的「罪」。在這意義上，貧窮已不再是修道院救濟的工具性對象、也有別於托缽教團基於同理心展演神愛式的救濟，而是基於向罪宣戰、將慈善道德化為一種社群及團體應該集體努力排除貧窮這個罪的共同使命。也在這個意義上，同時讓濟貧發展出社會性的意涵，賦予了聖與俗之間另一種詮釋連結：貧窮不僅是社會面整體的罪，也同時是（世俗意義下的）社會問題。乞討被重新放在一種不道德的範疇、對社會有害的脈絡下來理解，而此時所施行的乞討禁令，有別於以往乞

8　Ernst Troeltsch（1931）The Social Teaching of the Christian Churches II. Harper, p. 565ff. Otto Winckelmann （1914） "Über die ältesten Armenordnungen der Reformationszeit (1522-1525)." *Historische Vierteljahrschrift*, 17, p. 187-228.

9　參見Timothy G. Fehler （1999） *Poor Relief and Protestantism: The Evolution of Social Welfare in Sixteenth-Century Emden*. Brookfield USA: Ashagte, p. 15.

討禁令純粹基於實際執行及財力短缺的因素,在論述上強調是出於宗教道德層面的理由[10]。基督新教的論述,深化了15世紀末開始出現的「值得救濟／不值得救濟」的窮人這個區分,將濟貧從施者的道德議題,擴大成為受者的道德議題。施者的道德內涵,也從宗教性的自我救贖轉變成要能涉及他者(受者)救贖的道德責任,也就是從對他人的肉體的關懷,擴及至對他人的靈的救贖的關懷。

在埃姆登,宗教慈善的經營模式在基督新教出現後改變緩慢,過去托缽教會的慈善經營並沒有立即被取代,仍維持了三十多年,直至16世紀末,原來天主教的慈善規劃方才式微。基督新教生產的慈善論述,加上難民與貧窮在埃姆登逐漸共生成為亟待解決的社會問題這個事實,讓(1)解決問題的效率議題逐漸發展成為論述貧窮的重點,這也促使了濟貧機構的經營管理方式朝更世俗化的角度來設定,也讓俗士有更多、更自由的參與可能[11];(2)基督新教在論述值得救濟的貧人時,同時擴展了救濟的意涵,將救濟並不局限於窮人維生問題的解決,還包括協助窮人發展脫離貧窮的條件及技能。這兩個新的發展趨勢,都讓濟貧開始朝向更世俗、更制度化、更多元的面向拓展,這也是歷史學家將歐洲16世紀中開始發展出的新的窮人救濟體系,視為是現代社會福利制度起源的一項重要原因。這個時期發展出的新的內涵,奠定了世俗化慈善與宗教慈善後來逐漸走向分化的基礎,世俗化的慈善逐漸走向脫離宗教教義影響的路子,成為後來與國家論述結合的社會福利。而宗教慈善則隨著政經環境的變化而改變,持續與社會福利保持區隔,在世俗環境下推動著基於宗教理由的慈善活動,包括在現代社會中成立慈善類別

10　Ibid., p. 284.
11　Ibid. p. 11.

的基金會等方式。

三、基督宗教在台灣的慈善工作

> 獅頭底下躲藏的是假扮者或人們的無知
> 這是一場假裝砍殺卻沒有人受傷、流血的武打場面12
> 但身為基督徒的菁英，我們卻不能假裝作戰而已……
> 台灣深陷於偶像崇拜之中
> 我們爭戰的是人們的靈魂

　　這是西元1959年台灣八七水災後，當時台灣信義會戴德森宣教醫師與歐亞瑟牧師所拍攝的募款影片（22分鐘）中所出現的一段旁白，影片中見證了民國四十幾年西方傳教士眼中的台灣，也透露著他們對自己醫療宣教的使命。美國信義會戴德森宣教醫師於民國四十七年抵達嘉義，並積極向海外籌資希望在嘉義地區建立醫院，為籌資而著手拍攝了這支片長22分鐘的募款影片 *Healing and Preaching*。影片拍完在美國沖印後，1961年在美國教會放映，向海外傳達台灣嘉義地區急需醫療資源的情況。這項在西方教會系統中進行的籌資活動，也為後來的嘉義基督教醫院的成立奠定了基礎。有別於基督新教相對較為充裕的資金，天主教在台的宣教士往往感受到資金較為缺乏的困境，而這個狀況在清末台灣天主教傳教士的教務報告就時常提及：

12　配合此旁白出現的畫面是廟會活動中，手持雙刀武術師與舞獅共同
　　展演的場景。

台南是最需要我們的地方；基督教完全控制了這地方，由於他
們不虞財源，先後成立了學校、神學院、設備完善的醫院和藥
局，都很成功……趁這個機會向您報告道明會第三修女的傑出
表現，這些熱心奉獻犧牲的修女們，在很差的條件和有限的資
源下，卻將孤兒院照顧得很好，如果不是羅修女的機智，恐怕
孤兒院無法維持到現在。羅修女以前在馬尼拉聖加大利納會
院，由於她隨和的態度及特殊的秉賦，結交了不少朋友。目前，
這些朋友奉獻大量財物，幫助孤兒院，使孩子們得以生活下去。
孤兒院所收容的孩子，都是從前金和羅厝兩地抱來的，大部分
都是女嬰。因為本地有這樣的理論，他們認為女孩子長大對家
庭沒有幫助，所以只留下男嬰，凡是女的就遺棄在路旁，任其
生滅。主教指示：只收養上述兩地的棄兒；因為若接受各地的
孤兒，必定容不下也照顧不完善。幸運的是，近年來遺棄女嬰
的行為漸漸消失了。

高恒德神父（前金） 1905/1/20[13]

儘管財源上困窘，在台的天主教道明會傳教士對推廣慈善活動並沒
有缺席。1928年在巴多瑪傳教士的教務報告中，也曾提到道明會郭
德剛神父於1859年剛來台宣教之初，就曾在1866年於台南成立「聖
幼兒之家」，收養了一批棄嬰，後來照顧工作移轉至高雄，由一位
虔誠的太太收容，這位太太將棄嬰照顧到斷奶，稍大後交由教友家
庭收養。但後來這位太太實在力不從心，教會才想辦法從馬尼拉請
修女們來接管這項工作，正式成立了孤兒院。當時除了高雄本院外，

13　引自 Pablo Fernandez（1991）《天主教在臺開教記──道明會士的
　　百年耕耘》，黃德寬（譯），光啟文化事業，頁160。

在（彰化地區）羅厝也成立有分院[14]。

西方傳教士來台進行計畫性的傳教工作始於清政府與西方國家簽訂天津條約（1858年）及北京條約，安平、淡水、打狗、基隆開港之後。許多傳教士在宣教的同時也漸漸開始進行不同的慈善救濟。許多耳熟能詳的傳教士，如加拿大長老教會馬偕宣教醫師、英國蘇格蘭長老教會宣教醫師馬雅各等，都成功在台灣創建醫院。此外，馬偕還創立了教育單位。直至二次大戰後的初期，**傳教工作與慈善工作仍高度重疊**於宣教士身上，他們所推廣的慈善工作往往結合在台灣所遭遇的社會問題，如棄嬰問題、衛生問題等，並透過各自的管道向所屬教會募款來推動。總體而言，台灣基督教的慈善活動以醫療為主，並且主要依賴的是西方教會體系的慈善捐助。也因為慈善財源大量依賴西方教會體系，因此在慈善項目上多為符合西方教會的慈善政策。

二次世界大戰後，當西方教會體系中的慈善活動，開始以現代化的組織模式運作，例如以基金會或其他類似的方式來推動時，基督教體系中的傳教與慈善工作開始出現有分工運作的趨勢，這個趨勢從1960年代以來越來越明顯。以1964年在台灣成立的「基督教兒童福利基金會（CCF）」分會為例，CCF是一個推動兒童救濟的慈善團體，並沒有直接涉及宣教的任務。這些新型態的慈善推手，在國際層次透過組織分會的延伸發展，將慈善活動透過組織化進行跨國的擴展，雖與各地的傳教士進行合作，但卻有相當明確的組織目標。例如，CCF美國總會在1950年來台時，曾與已在台深耕多年的基督教芥菜種會創辦人孫理蓮及基督教門諾教會宣教師高甘霖洽商，在台中創辦家庭式育幼院，其組織目標高度符合總會整體的目

---

14 Ibid., p. 193.

標及效率設定。類似的案例也包括台灣世界展望會的發展軌跡。這
類跨國的宗教慈善基金會的成立，都標示著一項新的演變：過去傳
教士集宣教與慈善的二合一功能，隨著現代化組織特性的影響，讓
慈善組織目標與教會目標逐漸分化開來，台灣基督教的傳教工作與
慈善工作似乎越來越像兩條平行線，朝向個別自主的路線發展。

　　民國七〇年代中期以後，台灣基督教的慈善工作又更進一步深
化了這個分化的發展趨勢：隨著台灣經濟發展，相關組織逐漸有能
力脫離西方資金的來源，發展出獨立、自給自足的慈善機構。自給
自足一方面意味著（1）台灣原本由基督教團體所成立的國際慈善團
體，越來越倚賴台灣社會內部的財源，也因此發展得越來越在地化；
另一方面這也促使（2）慈善團體逐漸降低基督教色彩，而成為一個
「中性的」、世俗化的慈善團體。在台灣我們看到基督宗教在進行
跨文化地景的傳散時，宗教和慈善分化造就了一定的方便性及可行
性，如基督教醫院及基督教大學的現代經營發展，都充分反映出分
化的現象。這種基於慈善效率所產生的世俗化現象，似乎與前述埃
姆登的案例從中古後期至16世紀後期的貧民救濟的轉化（世俗經營
的制度化）有相似之處。當時基督新教的慈善財源因俗士的大量介
入，因而高度倚賴當地社會，也因此相關的經營乃扣緊在地的人文
環境及條件而產生世俗性的轉化。當世俗慈善事業的財源來自於社
會本身時，慈善組織會朝社會需求的世俗性格擺盪，也讓宗教與世
俗式的慈善之間存在一定的張力。

　　但與前述埃姆登的例子不同的是，在台灣的基督教慈善實踐過
程中並沒有發展出類似基督新教分辨「值得／不值得救濟者」的論
述，所體現的反而更像12世紀時天主教式的慈善觀。這與「教育」
早已成為基督宗教的慈善實踐中不可或缺的一環有關：基督教在世
俗化過程中，早已賦予教育一種給予「不值得救濟者」自力救濟及

救贖的現代功能。因此除了醫療方面的機構創立外，教育往往是另一項宣教活動必然觸及的項目，因為教育一方面與個人的靈魂救贖有關，另一方面也是讓貧困者能脫離貧窮、在世俗生活中找到自立可能性的重要機制。若能提供受救濟者相應的教育與訓練，每個受救濟的人都會是值得救濟。

四、台灣本土化的宗教慈善：從民間慈善走向人間佛教式的慈善

在台灣，不論是宗教性或不具宗教性的慈善實踐，都在西方基督教傳教士來台進行慈善救濟之前就存在，例如喪葬救濟（義葬、義塚等）、急難救濟（義倉）、婦幼救濟（育嬰堂、養濟院）、行旅救濟（義渡），這些都是在清代咸豐之前就出現的救濟活動。但綜觀這些傳統的救濟單位，都是以救急、救難這類性質的活動為主軸，所關懷的是社會問題的解決。以前述天主教傳教士眼中看到台灣社會因文化觀念所造成遺棄女嬰的問題為例，過去遺棄女嬰在台灣是一直存在的社會問題，但對清政府而言，由於台灣地處邊陲，加上道光之後清朝國力急速衰退，政府毫無能力支持及管理相關組織，反而多由地方仕紳、商紳結合地方廟宇來組織及管理。許多文獻在提及組織籌劃救濟單位的仕紳、商紳時，往往對這些人士在廟宇中的角色略而不提。例如，咸豐年間（1854年）捐地捐資並積極勸募的商紳石時榮，文獻對他的描述往往聚焦於他作為富商的身分，而忽略他也同時是當時府城水仙宮副總理的身分[15]。在過去這

15　戴文峰、洪淑芬（2006）〈「殺嬰國度」的救嬰事業〉《台灣慈善四百年》經典雜誌。頁56-57。

三類人彼此之間常緊密合作：一方面因為地方仕紳、商紳在過去常常也是廟宇中的重要管理人員，扮演影響廟務的重要角色；另一方面，在清代政府公權力不彰的年代，地方上還能代表有公共性的平台就是地方廟宇，因此當要建立具公共特質的救濟單位時，在金錢管理上及人力動員上，往往必須仰賴地方廟宇系統。這促使仕紳及商紳常需透過這個公共平台來進行公共事務的推廣。

　　民間廟宇與這類救急、救難組織之間存在組織上的關聯，並不意味著民間廟宇主導生產相關的慈善論述。民間宗教雖是儒釋道三教融合[16]，但沒有無差別性的制度化靈性指導機制。民間信仰場域中雖不乏有許多特殊的靈性指導方式，但卻都是以類似天啟示的方式運作，因而無法引導一般的信徒進行靈性修行[17]，只有小眾的特殊信徒得以「登堂入室」，這群特殊的靈性修行人員憑藉他們在廟宇社群中的特殊地位，也成為影響著廟宇經營與發展的另一股勢力。這種高度差異化、因而無法制度化的靈性指導特質，雖排除了大部分的信徒接受體系性的靈修，但民間信仰的信徒卻能普遍認可一種形式上在（肉體層次）生計層面的接濟，將這類接濟（濟貧）作為理解為一種善事。這種融合了同理心（世俗性的道德）與積功德（超越性的信仰）而成為一種有高度實踐價值的活動，在民間被視為是做功德而被廣泛實踐著。但他人（被救濟者）的救贖或道德的成熟度，並無法被轉化為實踐者自我道德實踐的一部分，也因此，提昇他人靈性成熟度並不是一種民間信仰信徒內在認知的價值。但另一方面，當貧窮或弱勢群體（寡婦、棄嬰）被認知為社會問題，

16　還有認為民間宗教是融合儒釋道法，四源合流的特性。

17　近年來民間信仰場域出現的靈修團體，如會靈山體系，開放了這種天啟式的機制成為一般信眾都能靈修的可能性。

成為可能威脅社群安全的公眾問題時[18]，改變他人生存條件的急難救助就成為亟待解決的公眾議題。靈性的教化，在這世俗理解的脈絡中似乎始終無法結合在救濟實踐中。在民間信仰中，靈與肉並不存在明確的交集，分別屬於不同的事務範疇，由不同的有心人推動。

　　以解決社會問題為中心思維的救濟作為，所規劃出來的救濟模式（如同傳統的育嬰堂或養濟院），只是將待救濟的人集中管理來降低他們對社會產生的安全威脅。這雖保障了社會安全，但用傅科的話來說，這同時進行的是禁閉式的管理。所以儘管在管理上是十分世俗、功能導向，由於沒有發展出類似基督新教「值得／不值得救濟者」的意義論述，因而自然沒有發展出轉化被救濟者靈性指導的論述及培養其生存能力的訓練，藉以創造使之重新融入社會的機會。被救濟者的「靈」或他們重回社會的能力，在民間信仰這類的救濟論述中缺席。如同前述，民間信仰信徒間高度差異性的靈性緣分，使得靈性照顧無法被制度化、論述化，因此所能發展出的慈善救濟，只能以解決公眾問題為中心思維，這個基調一直到近年來民間廟宇的慈善事業都還維持不變。

　　有別於民間廟宇聚焦於解決公眾問題的基調，在靈性照顧上有明確制度化論述的佛教，在救濟及慈善方面則創造出了另一種理解及轉化的可能。自民國七十年代以來持續發展而漸臻成熟的人間佛教團體，各自發展出不同於以往宗教慈善的規劃。儘管有些研究指出這些轉化是受基督宗教的影響或刺激所引發，但真正重要的是，這些人間佛教團體是否成功轉化並發展出一種有別於本土傳統的宗教慈善；換另一個角度來說，是否在信仰論述上相應有機地發展出

18　棄嬰及寡婦的問題不只是當事人個人的貧病問題而已，他們也時常會是傳染病的重要傳染源，對公共衛生來說是一大問題。

支持這些高度組織化、制度化而得以被長時間持續推動的慈善活動。

在台灣宗教慈善發展的歷史中，人間佛教的革命性在於它成功地將信仰與慈善實踐結合在現代化的組織及制度中。這並不是說所有參與人間佛教組織的成員都成熟內化了組織所標舉的信仰內涵，而是人間佛教團體成功地連結了俗民對善惡的文化理解（如果報、積功德等），並由此發展出引導成員從文化俗信轉化進入組織正信的機制。慈善實踐正是在其中扮演這個機制運作中的一個重要環節。也在這點上，人間佛教有別於民間信仰場域的慈善實踐，發展出顧及靈性照顧的慈善論述。

另外，有別於台灣基督教團體在現代的慈善實踐，台灣人間佛教在台灣的慈善實踐仍緊密結合宗教意象來推動。以慈濟為例，在賑災時慈濟人的服飾、以及機構的硬體設置上，都充分體現宗教式的象徵信仰符碼。慈濟是人間佛教團體中將宗教與慈善結合得最緊密的範例：透過將慈善實踐儀式化，來賦予慈善實踐一種信仰轉化的功能。相對於此，一些起源於基督宗教的慈善實踐團體，如台灣兒童暨家庭扶助基金會、世界展望會，都已「去宗教化」到幾乎尋不到它們的宗教起源，也看不到它們與宗教教化間的關聯。在台灣，基督宗教團體與起源於基督宗教的慈善團體已分化運作到沒有太多的意象連結。就組織層次來說，這樣的分化也許更符合現代社會中的理性化管理原則，但就宗教與慈善兩者的意象結合而言，這樣的現代化也許並不完全利於創造信仰轉化的機制。

人間佛教的團體之所以需要宗教與慈善兩者在意象上有所連結，因為人間佛教團體在佛教傳統中，並非具有正統意義上的正當性，因此當「慈善」這概念透過以往基督宗教在台灣長期累積的正面實踐以及現代媒體所建構的正向意象影響下，已相當程度被象徵化成為具正面的價值性符號時，人間佛教在論述上與「慈善」結合，

一方面可擴大信徒基數，創造宣揚佛教、進行信仰轉化的實效，另一方面也可在佛教場域及社會環境中增加自我存在的正當性。簡而言之，慈善在現代社會的論述正當性，可強化人間佛教團體在現代社會中（作為宗教團體）生存的社會正當性。

善款是進行現代宗教慈善實踐非常實際的一環，而現代社會的捐款，倚賴的是社會信任及社會形象。社會形象的建立，除了靠長期實踐累積的成果外，另一項重要的因素就是媒體效應。現代媒體從過去的廣播、電視，發展到網路世界中不同的訊息傳遞管道，媒體影響組織社會形象的廣度及深度都大幅增加，這同時使得組織長期維持社會信任的難度也大幅提高。媒體是集經營利潤、政治利益、公民權利、公眾形象等多元因素於一身的複雜「戰」場，特別是許多訊息的傳達及論述的表達必然受到節目型態及傳遞管道的特性而有一定的限制，因此不論是出於善意的建議或出於惡意的計算及攻訐，言論經媒體「塑形」後都有失真的風險，連帶所產生的輿論效應也往往是不可預期的。越是倚賴社會形象及聲望的事物，在高度媒體化的現代社會中，越是必然面臨高風險：媒體可以讓人輕易獲利，但也很可能短時間內讓人蒙受超乎預期的損失。

人間佛教團體比起傳統佛教團體，算是倚賴媒體程度較高的宗教團體，因此它們發展的過程中，不僅要懂得做宗教、做慈善，還要學著懂得做媒體：「做媒體」不是狹義意味著經營傳播媒體，而是要懂得如何維持媒體中的公眾形象，例如要懂得適時建立許多可能損及形象的防火牆。換句話說，在經營慈善事業的過程，宗教團體已不僅只是要蹲下身來親吻貧窮，或體認窮人的需要，更要有體貼及回應世俗社會期待的敏感度。例如，經營慈善事業必然涉及資金管理及運用，但哪些資金管理的方式合於或不符合社會期待，這都涉及世俗社會運作的知識及相關的社會敏感度（有時甚至是政治

敏感度）。儘管相關的價值判斷，在準則上並沒有超出宗教道德論
述的範圍，但面對世俗界與時俱進的變化，仍需要有相應的知識來
作為進行價值判斷的基礎。若這方面的知識能力不足或有所怠忽，
很容易造成誤判而引發道德上的爭議，危及自我的公眾形象。所以
一個高度倚賴公眾形象的宗教慈善團體，不能只停留在宗教內容的
生產，還需要有掌握現代世俗社會複雜、高密度的多元知識的能力，
以作為判讀慈善工作的價值正當性。慈濟委託的善款理財專員所投
資的標的物所引發的爭議就是一個典型的例子：2015年3月許多媒體
質疑慈濟美國總會的投資有不適當的標的，如軍火或煙草類的公
司，針對這事件慈濟雖已檢討、說明並緊急處理，但對慈濟公眾形
象所產生的傷害卻是不可逆的。

五、現代宗教慈善實踐的挑戰：現代社會的資本化、媒 體化

慈善不僅連結了慈善實踐的施者與受者，更連結了靈與肉，透
過宗教的意義詮釋，他者肉體（生計）需求的滿足，可以是慈善實
踐者通往自我靈的救贖的媒介管道（如托缽教會出現前的天主教慈
善），也可以是慈善實踐者體現神愛的靈性實踐（如托缽教會的慈
善理念）；或者也可以同時是需求者獲得靈性救贖的象徵，以及慈
善實踐者榮耀上帝的靈性滋潤（如基督新教的慈善理念）。不論是
何者，對慈善實踐者而言，慈善實踐都不只是道德實踐；它作為一
種特殊意義下的「修行儀式」，也同時是宗教實踐。

過去台灣地方社群中，許多特殊他者（如棄嬰、寡婦）的生計
需求一直被理解為是社會問題，因此得以讓仕紳、商紳等社會賢達
與地方廟宇人士（這兩類人員在常有高度的交集）都看到亟待共同

解決的公共性，結合了深化在俗民認知中的果報觀與功德觀，民間對**他者**進行慈善救濟的行為，被解讀為同時涉及了創造公共的善，以及增加實踐者的功德。也因此民間信仰的慈善論述中，公共性總是高於個體性，並沒有針對需求者的個別差異進行意義論述。在台灣，顧及個體特殊需求差異的慈善論述，要到戰後隨著社會福利論述的出現才慢慢浮現。人間佛教的慈善論述，在與基督教的慈善論述及世俗性的社會福利論述的對話過程中，逐漸開發出顧及受濟者靈性層面的慈善論述。

有別於基督宗教跨國慈善組織與傳教機構間的分化運作，台灣人間佛教的發展反而持續致力於結合宗教與慈善的連結。一方面人間佛教團體為回應社會對宗教團體在履行正面社會功能的期許，因而透過連結慈善實踐來增加存在的社會正當性；另一方面，人間佛教團體基於發展讓俗眾由俗信轉入組織正信的轉化機制，慈善實踐因而成為這項機制中相當方便且重要的元素。但也正因為如此，人間佛教團體在經營慈善事業時面臨相當大的挑戰。這些挑戰來自於兩個現代社會的世俗環境特質：**資本化**及**媒體化**。慈善事業在俗世社會的經營，勢必面臨資本化的運作，從籌募善款、善款的管理（投資），到慈善組織的經營管理，都涉及現代社會中的資本運作。因此宗教與慈善的結合，在現代社會中意味著宗教理念與慈善資本化經營理念兩者之間的緊張性。即便兩者共存並非不可能，但兩者之間也必然存在許多扞格，需要透過許多內部的溝通及協商才能解消這本質存在的扞格。

除了上述資本化所產生的經營挑戰外，媒體化所產生的挑戰更是不遑多讓。在高度倚賴社會捐款資源的人間佛教團體，社會信任及社會形象是其推廣宗教慈善的重要基礎。但社會信任及社會形象的經營，在媒體化社會中深受媒體運作特性的影響，因而宗教團體

除了生產信仰論述、進行慈善實踐外，不得不學習提高社會敏感度，以防在運用現代媒體來維持社會信任及社會形象的同時，所可能造成的反噬。由此對照基督宗教在現代資本主義的環境中，組織層次上將**傳教與慈善實踐**自然分流運作的狀況，宗教與慈善在組織運作上的分化，確實有其一定的方便性及必要性，可降低宗教團體在經營慈善事業時的風險。反觀台灣人間佛教團體，因發展的歷史脈絡及文化情境，使得宗教與慈善無法以基督宗教的模式分化切割，也因而它們在經營宗教慈善時，必須面臨更高的風險。

齊偉先，中央研究院社會學研究所副研究員。研究專長領域為宗教社會學、文化社會學（身體研究、風險研究、品味研究）、藝術社會學、社區研究、社會學理論。

一個失控的成長團體：
日月明功個案初探

丁仁傑

一、前言

2013年底，台灣彰化縣爆發了震驚社會的日月明功高中生被拘禁致死案。詹姓婦女在日月明功團體內部，以管教與戒毒的名義，和其他信徒一起將自己的小孩詹生毆打和拘禁致死。此案引起媒體廣泛報導並引發社會大眾關注。2014年12月9日彰化地方法院宣判，八名被告，依傷害與私行拘禁致人於死罪，領導人陳巧明被判處13年，詹母判4年6個月，其他六名參與者也被判處6個月到4年等不等的刑罰。2015年8月27日台灣高等法院二審改判，罪名均改為私行拘禁致人於死罪，陳巧明與詹母刑期不變，其他被告則有加重者也有減輕者。

2013年底，當事件發生時，媒體界，甚至是報章上學者意見的表達，採取了一面倒式地報導與討論，一般認為：日月明功是一個神祕性的宗教團體，信徒心智受到教主綁架而喪失判斷能力，教團內則有嚴密檢查與洗腦的措施，讓一些高社經地位者與世隔絕而陷於狂熱性的修行活動中，並將這種控制強施於第二代年輕學員身上。

如同2013年12月21日彭懷真教授在中國時報投書中所出現的話

語：

> 涉嫌虐死高中生詹淳寓的共犯，有三位老師。檢警專案小組訊
> 問她們時，忍不住質問：「身為師長，怎麼會如此殘忍害死學
> 生？」尤其涉案老師具有輔導或護理背景，在校教的是生涯輔
> 導、生命教育及健康與護理等課程。這怎麼解釋？……
>
> 我曾經在監所擔任心理輔導老師，接觸上千個案例，還沒遇到
> 這樣的「加害人」。……
>
> 這三位老師顯然沒有用「對的方法」去關心詹淳寓，她們對神
> 祕力量順服，寧可做幫凶也執迷不悟。……

媒體上的報導和一些學者的想像，固然可能確實捕捉到了部分事
實，但整體上看來，其實多半是一種未經分析與查證的想像，或者
我們可以說，這是一種「言語上的驅魔」（verbal exorcism）[1]，它
是一種當人們的日常生活世界受到了和此不同的另一種世界的直接
挑戰和侵犯時，所引發的刺激人們想要起而捍衛與維護既有生活世
界的舉動。但事實上，台灣社會目前充斥許多如同日月明功這類中
小型的修行或宗教團體，它們一方面有著追求自我成長的目標（或
許我們可以稱其為「成長團體」〔growth group〕），卻又創造出了
領導人獨特的權威，並與周遭地景或居住脈絡處於一種相對隔絕的
狀態，其內部運作邏輯和特殊發展歷程應該被有所正視，而不能僅
被以驅魔的方式來加以想像，這是激發我開始進行日月明功個案研

---

1 Snow, D. A. & R. Machalek, "On the Presumed Fragility of
  Unconventional Beliefs," *Journal of the Scientific Study of Religion* 21
  （1）: 15-26, 1982.

究的原因。

　　不過，因為該團體已經解散，無法進行觀察，相關研究只能是回溯性的。目前的本文是這個回溯性研究的一個相當初步的分析，主要根據的一手資料為一審起訴書，一審和二審的判決書和法院新聞稿，兩位詹生家屬和五位學員的訪談紀錄（男性兩位、女性三位），約兩年間的地方法院和高等法院的旁聽筆記（共約近二十次），和多次我被受訪者拒絕接受訪談但仍在電話中所獲得的珍貴訊息等。

　　由於該案目前仍處在最高法院審理的階段，任何學術討論和訪談資料，都有可能成為法官自由心證上的參考依據。也因為這個原因，本人現階段對於日月明功的研究和論述，的確具有某種程度倫理上的爭議性。在無可避免的爭議性下，底下的討論，除了領導人陳巧明、詹生、詹母外，將不會出現任何其他人名。

二、心靈控制與團體的「高付出需求」

全控機構

　　前述媒體中常見的說法（日月明功信徒受到洗腦與嚴格的心靈控制），同樣也反映在法官判決背後的法律見解中。彰化地院一審判決書中，對於默園有一個鮮明的描述：

> 默園裡面雖然沒有任何工具（例如上鎖）可以限制被害人的行動，但在這樣的團體迷思下，拘束人身自由的方式，並非直接持續施加物理力，而是「心理」的限制。

　　簡言之，雖然判決書中沒有提到這個名詞，但根據判決書中的描述，我們看到了一個心理上的「全控機構」（total institution），

這樣的名詞似乎可以說明日月明功中成員受到無形綑綁與限制的情況。

「全控機構」的概念，在Erving Goffman的著作《精神病院》一書中有很好的說明：有一類機構，將一群人予以科層體系式的管理，而這群人的生活跟一般人的日常活動區隔開來，其控制方式是將睡眠、工作、與休閒活動完全限定在一個機構內[2]。

Goffman在「全控機構」的概念中，分析了被收容人與監督人的生活形式，並強調，出於管理人的意圖，其中會產生不可避免的科層體制的區隔和操弄。他也分析了受收容者在機構中所產生的非正式地下生活文化與對抗性作為。Goffman提出這個概念，一方面在微觀性地觀察這類區隔性的機構中的特殊互動模式，尤其是互動歷程中自我形象的建構與調整；一方面也是在了解先進工業社會中這種社會控制過程的運作機制。描述性地來看：

> 全控機構：這是一個讓處境類似的一大群人居住和工作的地方，他們在那裡與更寬闊的社會隔開好一段時間，共同過著封閉、受到正式管理的生活[3]。
>
> 有些〔機構〕涵蓋的程度比其他機構還要大上許多。這種涵蓋性或全面性起因於它們和外界的阻絕。它們經常具有實體的阻絕物，像是深鎖的大門、高牆、電柵、崖壁、水流、森林甚至是荒野[4]。
>
> 全控機構為被收容者安排了整天的行程，意思就是說，被收容

2　Erving Goffman, *Asylums: Essays on the Social Situation of Mental Patients and Other Inmates*（Garden City, N.Y.: Anchor Books, 1961）.

3　Erving Goffman, *Asylums*, p. 3.

4　Erving Goffman, *Asylums*, p. 10.

者的一切基本需求都必須事先加以規劃[5]。

但是，Goffman「全控機構」的概念，在某些情況中，忽略了一些事實，也就是，有時候，嚴密控制的本身，不全然是外加的強迫性措施，而是參與者也參與在其中的集體群聚，也就是一種出於集體性的共謀所造成；更且，「全控」的出現，往往有一個漫長的發展性過程在其中，一個自發性群聚的組織，有時會發展成為「全控機構」，但這是一連串因素所造成，而非一開始就是以嚴密監控為目的。

高付出需求機構

在Goffman「全控機構」這個概念的基礎上，我們可以去想像另一個社會學的概念：「高付出需求機構」（Greedy Institution）。

德裔美籍社會學家Lewis Coser，或許是出於對Goffman「全控機構」概念不太滿意，在1974年提出了另一個概念「高付出需求機構」，用來指稱那種對成員有極高的要求，而且是完全占有性的，團體要求成員對團體要有不可分割性的忠誠。

在「高付出需求機構」中，組織對成員並不是以強制為手段，而是機構會涵蓋整個人格需求，而得以來獲得成員無條件的順服與參與。他們要求成員對團體有高度的認同，而希望完全占有成員，並削弱成員與其他團體之間的關係。和Goffman所說的「全控機構」相比，「高付出需求機構」並不使用物理性的暴力，而主要是經由心理壓力和社會神聖化的效果來規訓成員。

對「高付出需求機構」背後更大的歷史脈絡，Coser說[6]：

5　Erving Goffman, *Asylums*, p. 16.

在相對未分化的社會，對個人忠誠度的要求比較少，不過即使
如此，對於成員歸屬要求之衝突，仍然是一個常態而不是例外。
Max Gluckman及其他人都曾指出，在原初社會，例如說在地域
性跟親屬團體之間，總是存在有競爭性的要求。在中世紀，分
化程度較高（對於此，就一般所讚揚的所謂「中世紀的整合」
這件事，我們對其存在具有高度的懷疑），存在於聖壇和王權
之間對於人們忠誠度的爭奪是不可忽視的。不過，和早期的社
會結構相比，在高度分化的社會裡，因在歸屬和忠誠度等層面
上的要求而所產生的衝突，可能會愈來愈為明顯。

雖然Coser對社會分化與「高付出需求機構」之間的關係並未深
入討論，我們大致仍可以發現，二者之間，不是一種直線性的關係，
而是在內外環境變化中會產生某種辯證性的發展。

在社會低度分化時，看起來團體對個人的壟斷性較高，也就是
團體對個人的忠誠度的要求較高，但其實不然，因為當組織專門化
的程度較低，對成員刻意的占有性並不高；等到社會分化成多類團
體，譬如說有親屬團體、地域團體、宗教團體等的區別，這時團體
間會彼此競爭有限成員的資源與情感歸屬，「高付出需求機構」的
型態也就出現了，我認為，這時的「高付出需求性」，它更多的可
能是來自對於成員情感歸屬的占有，而不是來自於團體專門化的內
在需要；等到社會高度分化，各類團體愈趨於專門化，個人在其中
的表現被要求達到極致化，個人對團體的參與不能散漫而前後不一

（續）─────────────────────

6　Lewis A. Coser, *Greedy Institutions: Patterns of Undivided Commitment*（New York: Free Press, 1974）, p. 1-2.

致，這在內在邏輯上，對於個人的忠誠度與付出，有了一種更明確的「高付出需求」（greediness）傾向，但弔詭的是，當社會高度分化，除一些初級團體外，更多了各類工作團體、政治團體、志願參與團體等等，多類團體分割了個人的生活空間，社會上反而醞釀出某種要求，或者是有法律依據（如工時的限制）、或者是有不成文規範，不能允許單一團體對個人自主性的生活空間有太大的獨占性，於是當內外不同力量間產生相生相剋般的辯證性的結合，這又會形成一種相當矛盾而時有緊張性發生的情況。

除了現代組織內在一致性的要求以外，對於為什麼在分化社會之公共規範要求團體不能對個人有所獨占性時，社會上還是會出現各種「高付出需求機構」，Coser書中並未詳加說明，而僅在一個段落中指出[7]，這可能是因為某些團體有著烏托邦式的訴求，仍想要對抗外在世俗性的主流價值，而想要刻意維持一種團體內外間的界線，以讓成員不為外在環境所混淆或迷惑，而產生出這種與社會主流規範所相反的「高付出需求機構」。

「高付出需求機構」對成員有一個總體性的要求，要將成員日常生活圈中的人格展現予以完全占有，團體要求著成員完全且不可分割的忠誠，它通常不會以外部性的強制來與外界區隔，相反地，它傾向於經過自願性服從和忠誠，並以成員主動投入的形式來運作。以上這種特徵，我們已由日月明功愈來愈強的教主權威與愈來愈嚴格的管教模式中，看到了「高付出需求機構」的樣貌，而在這種「高付出需求」中，我們看到，雖然多位成員在法院證詞中都表達出了當時參與的壓力與緊張，但他們並不會否認其曾自願且認真投入於內部學習與互動的事實。

7　Lewis A. Coser, *Greedy Institutions*, p. 4.

　　現代高分化社會裡仍然出現各式各樣的「高付出需求機構」，其背後的結構性原因？以及對團體與社會產生緊張性的模式為何？參與者在這類團體中的身心狀態又是如何呢？透過「高付出需求機構」這個概念，相對於「全控機構」這個概念，我們可以發現，許多情況中，一個團體由外在看起來是嚴密的社會控制，但是在團體的結構性成因以及成員參與的過程來看，成員常常是出於自願，並且常是懷抱著特殊的情感狀態或目的而來參與。不過，一旦某個團體在冒犯了法律的界線或是觸犯了外在的集體共識時，在內在外，或者被內部成員重新看待，或者被外界仔細檢視，這個團體往往會被理解為是一種強迫性控制的「全控機構」，而且是出於洗腦與規訓而所形成的團體的藩籬。兩種觀點間的微妙差異，會影響我們對於某個團體內在本質和動態表現形式的理解。

　　以下，我將會以「高付出需求機構」，作為理解日月明功的一個主要核心概念；「全控機構」則作為一個輔助性的概念，以助於描述這個團體的運作型態和發展過程。

三、日月明功概況

組織

　　外界常以宗教團體來定位日月明功，如果說以權威集中的程度來看，這個團體確實具有宗教團體的屬性，但是以其日常活動和聚會形式來講，該團體事實上並不帶有宗教色彩。日月明功四個字，也只是陳巧明在授課時偶然興起，認為以她名字中的「明」去拆解，正可以稱其所傳授為日月明功，但何時出現此名稱（大約在2005年前後）成員們多已不太清楚。

　　一位成員在面對外界以神祕宗教來看待這個團體時，不以為然

地跟筆者反應：

> 其實她教的那個就是很簡單的基本，基本的呼吸吐納，我們上
> 的是那種課，就有點在瑜珈墊上面上課這樣子，就是大部分就
> 是腳是靜態，應該是說不走動但是身體是活動這樣子，韻律的
> 一些包括其實就是有氧，類似一般來講瑜珈比較類似，但是不
> 能講它是瑜珈，因為她認為它不是瑜珈這樣子。……她的課有
> 好多種，但就是完全沒有念經念佛或是祭拜完全沒有神像什麼
> 任何那個跟宗教絕對沒有關係。完全一點關係都沒有，沒有焚
> 香也沒有拜也沒有什麼大師也沒有師父也沒有法師，什麼都沒
> 有，我們就是這樣子在上課。……就照著她的動作，就很簡單。
> 但是簡單裡面有很多的很好的效用的那種原理……看到就是確
> 實有人也很嚴重的狀況也越來越好這樣。……其實在那個環境
> 上課的時候她營造的是很溫馨、和諧、很好的那種放鬆的狀
> 態。……到後來去那邊，基本上當然她有她說話的技巧，因為
> 她在上課的時候她把動作教得很簡單，它簡單裡面但是又很有
> 效果。……我覺得是她經營的氛圍，就會讓人家覺得說我一個
> 禮拜就去那個地方去修復一下自己的身心靈。（訪談記錄B3）

至於默園的活動，一位成員在法庭[8]上是這樣子說的：

8　本文中所引述的法庭筆記，均為證人或被告在法庭上的說明。因為
　　是筆者自行記錄的筆記，因此只能記錄到大意的程度。不過，在本
　　文中的呈現，會盡量將語句書寫完整，並模擬當事人當時在法庭實
　　況中的言說方式，而其字句上的順序和細節，有可能與實況稍有出
　　入，但仍是完全依照當事人所敘述的事實來加以書寫。

　　因為那邊的環境，我是鄉下長大的，我喜歡那邊環境就是孩子
　　第一也很快認識，接近大自然。……因為那時候陳巧明說，本
　　來是週日的時候帶我們去走一走，然後帶我們接觸一些土壤，
　　做一些植物的栽培。……因為我們去還是要徵得主人的同意，
　　一開始的時候去兩天，那後來101年、102年有空就會過去
　　了。……在默園像有一些拔草，栽種植物。看大家在那邊做，
　　可能也會想要動動手，會不好意思，所以久了之後就會看哪裡
　　需要幫忙就去幫忙，我們就會去那裡做。（法庭筆記C5）

　　再配合筆者所收集到的資訊，簡言之，對內部成員來說。日月
明功指的是陳巧明開設舞蹈班所教授的舞蹈與瑜珈動作，該套功夫
有一定的身體上的效果，功法大約有二、三十種基本動作，但僅在
上課時由老師視學習情境隨機教授。幾位學員都告訴我，陳巧明強
調，功法操練有其難度和風險，需有老師指導，必須由老師當面傳
授，且只能在舞蹈班中練習，因此不准在家私自演練，上課也不准
錄音，同時也沒有任何講義可循。

　　而在舞蹈班中，陳巧明的授課會營造出相當放鬆與溫暖的氣
氛，並輔以成員間想法與觀念的交流，陳巧明在旁的評論更是鼓舞
了一種積極向上與正面面對生命的人生態度。而團體的另外一部分
地景默園，則是舞蹈課以外時間，一些學員聚會活動的場所。陳巧
明提供其祖厝莊園為基地，一些成員以整修默園環境為名，而且通
常是帶著小孩的全家庭式參與。在默園長期參與中，一部分學員在
該場所的自然環境和親密互動中，得到特殊的生活寄託。

　　陳巧明的舞蹈班已設立很久，但部分成員到默園聚會，則是相
當晚近才出現的形式。根據彰化縣教育局的資料（筆者與其公文往
返後所得資料），早在1983年四月，陳巧明已成立「私立巧明舞蹈

短期職業補習班」，授課科目為民族舞一班。2005年一月，該舞蹈
班因個人因素，自行註銷了該補習班（原因不明）。註銷登記後，
已是地下的舞藝班，在2006年至2007年間，卻讓彰化縣消保官多次
接到消費者的投訴，多數投訴人表示，繳了昂貴的學費，上了幾堂
課後想要退費，卻無法如願，也有申訴者提到，上課時陳巧明以言
詞侮辱學員，有違正常的學習精神，使其想退班、退費（相關資訊
也是來自彰化縣教育局公文資料）。

　　統合各種資料看來（包括筆者另外的訪談資料），陳巧明的舞
蹈班1980年代初期即已設立，初期僅是舞蹈教授，但陳巧明愈教愈
有心得，口碑也愈來愈好，班級一直擴增。後來，陳巧明整合出一
套功法與動作，舞蹈班授課的內容開始包含了更多的瑜珈與氣功，
這大概已是2000年後的事。大約那時候起，舞蹈班也開始採取高學
費政策，每週上一節課，全年繳費約三萬五千元。2005年起，陳巧
明的舞蹈補習班自行取消了官方註冊，學員來源則多透過口耳相傳
前來，前來的學員反而愈來愈多。2006年以後，陳巧明以整修祖厝
為名，邀請一些她所認可的學員到祖厝默園整理環境，慢慢地，默
園逐漸演變為某些學員間共同交誼和交換人生看法的聚會場所。發
展高峰時期，大約是在2007年以後，舞蹈班（成人小孩都有）有200
名以上學員（週一到週五，每天成人與兒童各一班，每班約20人），
而默園則約有20多個家庭（5、60人）會經常性地前往，多半利用晚
上或週末時間，大人來此泡茶聊天、分享人生經驗，小孩則來此交
朋友、做功課等。

　　陳巧明的舞蹈班位於彰化市區中正路，默園的位置則在彰化縣
和美鎮，距離彰化市區車程約二十分鐘。默園是陳巧明祖父，日治
時期台灣文學大文豪陳虛谷所蓋的莊園式豪宅，豪宅占地約5,000

坪,但陳巧明個人僅分得其中150坪左右的持份權利[9]。

　　會去默園聚會的,多是較為資深的舞蹈班學員,或至少是對陳巧明個人有較高向心力的成員。日月明功在舞蹈練習與默園聚會的雙軌形式中,陳巧明有可能更深地介入於某些成員的日常生活,而一些成員也很樂意去參與默園活動,試圖達成身心提升、增加社會支持、提高兒女學習意願、與創造家庭和諧的多重目的。2006年以後,日月明功參與人數開始快速成長,陳巧明的權威也逐漸有所增長,陳巧明周圍,開始有幾位女性成員(四到五名)成為中介者,代理陳巧明統理組織內的意見與事務,也代理陳巧明在舞蹈班中教授小朋友的功法課程,以圍繞在陳巧明中間代理事務的多寡為標準,這無形中創造出了團體內的階層,還更增加了陳巧明的神秘色彩,但也在某種程度上讓陳巧明在訊息掌握上,一方面是透過多人的、多方來源的,一方面卻也是受限且間接的。

陳巧明其人

　　日月明功學員常稱陳巧明為陳老師,或暱稱為Sunshine。陳巧明出身的陳家,在彰化和美伸港地區是一個顯赫的家族,開台祖成理公康熙年間即已來台,來台後共衍生出六大房,陳巧明屬於第四房派下[10]。

　　陳的曾祖父陳錫奎是彰化伸港和美地區的大地主,也擔任過伸港區長,他主動開墾荒地供人耕種,而又善待佃農,是伸港地區備受稱頌的大善人。其養子陳滿盈(號虛谷,1896-1965)曾留學日本,

---

9　謝明俊,〈爭祖產性情大變陳巧明橫行鄉里〉,《時報周刊》,2013年12月13日。

10　《陳氏族譜》,n.d.。

是台灣漢文學寫作的大文豪，也是參與台灣文化運動的健將[11]。陳虛谷共有四男二女，長男陳逸耕，結過兩次婚，共育有一子三女（另一子夭折），其中的陳巧明1954年生，排行老二，上有一姊。

陳虛谷在世時曾興建大莊園默園，約建於1940年，當地人叫做洋樓，建築物相當雄偉壯麗。1959年八七水災時，附近均遭水淹沒，周遭十五庄居民有兩百多人來此避難，陳家也無條件供應避難者食宿，陳家善行一直為鄉里間所稱頌。

陳巧明曾就讀文化大學舞蹈科一年，後改入台南家專（現改制台南應用科技大學），是當時舞蹈科第一屆畢業生[12]。陳巧明曾有男友，並也生下一女，後來與男友分開。據學員所述，陳巧明對自己家世背景一直頗為自豪。不過，初審的判決書中，引用了根據彰化基督教醫院的心理鑑定報告（該報告不公開）而提出了另一種說法：

> 鑑定報告亦清楚顯示：被告陳巧明的人格特質並沒有強烈的自戀傾向，反而有部分自卑狀況，而被告陳巧明本身對「家庭」的理想化，但又無法成就的心態，讓默園成為大家庭的概念，最後導致默園多半影響到成員自身的家庭。

簡言之，這種說法中暗示，陳巧明因為本身感情生活不圓滿，

---

11 陳虛谷的文學作品雖以舊體詩占大宗，但思想新穎開明。參考顧啟耀編，《陳虛谷‧莊遂性集》，（台南：台灣文學館，2013）。他過世時，陳巧明已11歲，必然深受祖父行誼所影響。

12 林君紡，〈陰沉、謹慎！陳巧明避重就輕與警「鬥智」〉，TVBS新聞，2013年12月13日，http://news.tvbs.com.tw/old-news.html?nid=513904。

而組成了默園這個大家庭，來達成有關於「理想家庭」的投射，但
這卻也干涉到了成員個別的家庭生活。不過，這種說法，當法官在
庭上與陳巧明相驗證時，陳巧明並不接受，而激烈反應道：她其實
一直以家族背景為榮，如果說有自卑感，那絕不是鑑定報告裡所講
的那一種情況，而是來自於她較少和人提起過的，她在練舞受傷後
所產生之難以抹滅的心理印記。

　　陳巧明到底是自戀或自卑？或者說其內心深層的內驅力和領導
慾的發源何在？這也許不是那麼容易查證。不過，不管怎麼說，我
們至少可以知道，陳巧明引以為榮的地方上的顯赫家世，她有女兒
卻仍保持單身離異的狀態，以及練舞受傷而造成了心理的陰影等，
這些都可能是影響她心理狀態的重要原因。

陳巧明的思想與實踐

　　由舞蹈班到較為靜態式的瑜珈與功法修習，到成員間彼此分享
人生心得並由此改善人生，到陳巧明以老師身分將其人生觀強勢性
地引導於學員生活，到整個團體籠罩在感謝陳巧明的集體氣氛之
下，日月明功歷經一連串變化，許多變化或許一開始並非陳巧明所
刻意去營造，然而隨著部分參與者的積極參與、參與者之間的緊密
互動、以及組織縱線式的控制與連結（也就是陳巧明與積極成員間
產生了師徒關係似的情感），陳老師的個人權威變得愈來愈強、團
體內聚力愈來愈大，過程中甚至發展出能容忍暴力的管教方式，這
些議題我們後面還會再回來有所討論。這裡，在以上所述團體性質
中，筆者想要先概述一下陳巧明在團體內所要傳達的主要訊息。

　　雖然資訊的來源相當零碎而不完整，不過筆者還是想要暫時性
地整理出陳巧明的核心思想與實踐模式。然而我們也要注意，所謂
的日月明功，功法的具體內容是什麼？陳巧明從未提供過定義式的

說法。學員們經常在口頭上表達感謝功法之意，但也很少能清楚說出功法的內容是什麼。甚至於，隨著組織發展階段的不同，功法的指涉似乎也會跟著變動。會發生這樣情況的原因，我們到後面會再來討論。但不論如何，我們還是可以根據一些資料，先大致描述出學員所認知的日月明功功法大致上為何？以利於後續的討論。這裡，先引用幾位成員的說法：

她營造的是一個和諧的或是讓你放鬆不要有壓力的，就是那種狀態，所以算是不錯，但是她有一個算是很不錯的一個核心價值，她就是做一個有力量的好人，這個是在這個社會很需要的，有力量的好人，這也是吸引我們這幾個人願意去的原因。第一個我們當然身體不好需要……那怎麼樣才是一個有力量的好人，你必須要懂道理，必須要會有能力講道理，必須要有能力講道理讓別人懂之後保護自己。（訪談紀錄B3）

她除了做動作之外，她最常講的就是說我們要做一個有力量的好人，她就是在教你一些道理，一些做人處事的道理，就是說你要對社會有貢獻。……跟你講說你要懂道理，每個人都要懂道理，然後你要做個有力量的好人，你要不畏強權，你要對這社會有貢獻。……她的做法、她的想法就是人要靠自己，人要為自己的權利而奮鬥，就是去爭取自己的權力，她最討厭的就是佛家的一句話叫做放下。……她會覺得說，女生就是應該要堅強。……她就會叫你練功的人，親近的人去開導你，他們叫整理，我們叫整理你的思緒。（訪談記錄B1）

我其實來練功變得比較外向不像以前。老師說：「練功的定義是讓自己激發潛能然後更成長。練功就是認真，譬如說小孩子就是認真用功讀書，那我們同時也要真的要用功讀書也要好體

力，所以也要用功練一下身體，然後呢她有個基本精神就是要
尊重事實。那自然你有尊重事實，其實也就是在對事實負責任。
有時候我們都會以為認真好像就是一個有負擔的事情，其實不
是，我們認真練身體，其實就可以使身體放鬆。練功的基本精
神就是尊重事實，最重要在做的就是放鬆。」（訪談紀錄E1）
可以說是陳巧明會去激勵生命中的缺憾感。因為人或多或少都
有，哪怕你做得多好，因為我們學經歷都ok啊。……她很會激
勵也會誘發，一個領袖，一個領導者的一些特質她都有。就
是影響力，然後還有就是那個她的思考,那叫邏輯能力嗎？……
她很會藉由，嗯，變容易知道別人的想法。……她常用的有幾
個經典的名詞，「舉證歷歷」，一定要拿你發生確實的事情跟
對方反駁，這招很有效耶，在人際互動，尤其在跟人家吵架實
在很好用。……然後她又講要「尊重事實」，你照我的話做你
就一定得好，你所得到的好都是我給你的，請你尊重事實，這
個叫事實。……不要說我給你的好，你卻去抱別人的經典，對
啊！就是「尊重和珍惜」，她就是這幾個教條，然後一直一直
說。（訪談紀錄B4）

這些段落中，有一些重點似乎常被提到，如：「做一個有力量的好
人」，講邏輯、懂道理；認真；放鬆；舉證歷歷；對事實負責任；
尊重事實等等。

　　除了這些說詞以外，網路上可以找到一些成員寫過的所謂「分
享」（媒體中所稱的「自白書」）中的片段，也多是感謝功法、感
謝老師關心之類的表達。「分享」中常常會提到在團體中很快樂、
自己很有進步、身體奇蹟式地變好、家庭關係改變之類。而有一些
具有「悔過書形式」的自白書，經常表達到：老師如此主動關心照

顧，自己卻不知感恩，還對外中傷日月明功，如今想起來十分後悔之類。

　　另外，筆者曾閱讀到一份日月明功周邊組織「陽光心語管理顧問有限公司」的內部文件，也就是加入該公司進行訓練的合約書，文件中的內容提到，當事人（某公司）將委任「陽光心語管理顧問有限公司」對公司內員工進行「觀念的提升、身體語言潛能激發」，並對員工進行「激發員工之工作熱忱、生涯規劃及業務相關課程。」13

　　根據以上這些零星的資料，以及筆者對學員訪談中所得到的印象，雖然筆者目前能收集到的資料還相當有限，但大致可以初步歸納出，陳巧明的核心思想和實踐，由內部成員的角度來看，大致圍繞著以下內容：

13　如果對諮商理論的流派稍有了解，會發現陳巧明的思想特徵，其實和Albert Ellis 所創立的「理性情緒行為療法」（簡稱REBT, Rational Emotive Behavior Therapy）有很高的類似性。REBT 屬於「認知治療」（認為改變認知即能產生情緒與行為上的療效）中的一種極為通行的版本。REBT在理論上假設，人可能以理性或非理性的態度去行動。理性的行為被視為是有效力且具有生產力的，而非理性行為則不具生產性並導致不快樂。而很多類型的情緒問題是導因於非理性。非理性可能成形於人生早期，且為文化環境所增強。在治療上，治療師可以挑戰、誘發和探掘個案的非理性信念，甚至於可以採取激烈對質的方法來進行輔導，而輔導的目的，在於消除其情緒和行為的問題，並達到一種能無條件接納自己的狀況（以上主要參考自黃月霞，《諮商導論》，〔台北：五南，1995〕，頁 61-63）。進一步討論可參考參考Albert Ellis著、盧靜芳譯，《理性情緒行為治療》(台北：心理，2005)。及 Samuel T. Gladding, *Counseling Theories for Human Services Practitioners: Essential Concepts and Applications* （Boston: Pearson Education, 2015）, p. 100-109.

（一）由舞蹈與瑜珈功法出發，引發出身心靈的進步與身體自主的
　　　基本精神。

（二）不分性別，每個人都應認真面對自身問題，尊重事實與邏
　　　輯，將個人生活武裝起來，這也就是陳巧明所常講的：「做
　　　一個有力量的好人」。至於評估自己是否有進步的方式，也
　　　就是反省自己是否能對自己的家庭、生活、事業、健康各方
　　　面都更能有效地進行自我掌控。

（三）團體成員間營造出一種形式上看起來是沒有心理負擔的相
　　　處方式，彼此間似乎有一種不成文的默契，大家願意共同分
　　　享生活經驗與想法，有問題時也願意共同來想出解決之道；
　　　而在這種氛圍裡，「分享」的寫作與共同閱讀，既是一種自
　　　我釐清與自我批判的思維訓練，也是一種集體承擔的歷程；
　　　而成員間的分享，實際運作有幾種方式：1、陳巧明指示團
　　　體內原和你較親近的人（通常是原來介紹你進入團體的人）
　　　去開導你，這叫「整理」；2、書寫「分享」給陳巧明閱讀，
　　　有時也由當事人公開誦唸給其他學員聽，而「分享」中的書
　　　寫若有不夠坦白或想法上的矛盾，陳巧明還會要求學員繼續
　　　寫下一個「分享」；3、集合式的公開管教，通常是對於學
　　　員小孩的管教，若某小孩出現較大偏差行為，陳巧明會在默
　　　園集合大家，而將開導、分享等交互運用在公開管教中，有
　　　時陳巧明會動手對該小孩打巴掌，資深成員偶爾也會跟著動
　　　手。

（四）陳巧明鮮明表現的自我風格、豐富的情緒表現、對大家的熱
　　　情關愛和所提供的屢屢被驗證為有效的改善身心的方法
　　　等，是成員持續參與團體的重要支撐力量。至於陳巧明常會
　　　出現的打巴掌與教訓學員，以及陳巧明同意下資深成員對年

輕小孩的管教,是溫暖與相互信任的團體氣氛之中的例外情況,目的在急切地幫助成員在已經顯露出問題的思維方式下,不要再陷入於下一步的危險,而這種處理,是以關愛、成員間的共識(不管是真實的或虛假的)以及成員間的相互承擔為基礎。

關於第三點中所提,分享書的寫作;以及相互整理思想,甚至包含了暴力處罰在其中的管教模式,在彰化地院初審,檢察官的起訴書中是這樣寫的:

陳巧明在日月明功學員對其之高度信任與服從之基礎上,主導一種被學員稱作「處理」之管教模式。當懷疑某學員或其子女思想、言語、行為不當時,會集合在場默園成員,即時共同查明管教。其進行方式,係由陳巧明開始積極盤問受懷疑者所有行止細節,……再要求該成員書寫自我檢討之自白書,交由陳巧明收執及修改,以印證陳巧明之懷疑確有所本,並樹立陳巧明在默園內之權威。

而據起訴書中所說,默園此類管教方式由2008年至2013年間已達五十次以上。這裡還要有所說明的是,這段文字中所謂的「處理」、管教或自白書,都不是真正的內部用語。內部應該是稱「處理」為「整理」,稱自白書為「分享」,至於管教,內部並無此稱呼。檢察官的起訴,進一步被引用在初審的判決書中:

在默園裡面,其成員間有幾個非常重要的行為特徵:(1)相信陳巧明可以為其身體、健康帶來正面效益。(2)書寫自白書,

且經陳巧明修改，直到陳巧明認可為止。（3）公開的責問與管
教：由陳巧明開啟，部分管教方式會由陳巧明公然動手甩被管
教之人的巴掌及用腳踹，其他默園成員則在旁附和，若被管教
之人為孩子，其家長在某些情形下，需下手毆打被害人，而只
有幾次的管教，由其他家長毆打別人管教中的一個孩子，書寫
自白書。

1.此一程序由陳巧明決定何時終止；被管教人需寫自白書，且
由陳巧明修改，直到陳巧明認可為止；陳巧明會透過其他人傳
達如何進行管教之訊息。

2.以上特徵，並非單一、偶發的個案，而是在默園存在已久，
慢慢演變而成，形成一種團體默契（習慣），而本案被害人遭
管教的方式，正符合以上行為模式特徵，這樣的團體默契，對
於本案犯罪事實的認定，具有高度的關連性。

如同起訴書和判決書中所顯示，日月明功存在有外人所難以想
像的嚴厲管教形式。不過，在內部學員看來，可能卻不完全是如此。
當然，在詹生案發生以後，成員的看法也已發生了很大的轉變，他
們原來的想法是什麼已不容易確認。不過，陳巧明自己在法庭上所
說的幾段話相當具有代表性，雖然說法背後也許有她脫罪的用意，
但筆者覺得這也確實是她原始想法中所具有的一些元素。她說（法
庭筆記C1-1）：

我當時聽到管教這兩個字，比較沒有概念。一個人犯了什麼事
情的時候，有時候我們會大家一起來詢問他，那當我們在詢問
的時候，我們不希望自己維持單一的方向，我們不希望說我們
自己的觀念來限制這件事情。因為畢竟我們大人跟小孩子並不

一樣，所以有時候我們就會叫小孩的同儕一起過來。那我們才會知道，從他同儕口中知道，什麼才是這些小孩們所觀察到的。大家一起來，很簡單地一起來詢問。我對管教這兩個字是不能理解的。

有時候大人會來跟我講他們的小孩怎樣怎樣，那有時候是小孩子會來打小報告。譬如說某個小孩子燈關掉以後還會偷看漫畫之類的，所以這時候我們就會集合大家來問。我們大人不知道事實，就會先問小孩你真的有嗎？也會問你看到別人有嗎？我們也會問：你是今天才這樣嗎？我們也會想知道那個嚴重度。我們以勸告為原則，對小孩子應該要有耐心，只是有些情形我們可能會打。我們有時候會很氣，因為你跟他講說是為他好，可是他滿臉不以為然。他想說我就是沒有燈光看書又有什麼關係呢。我沒有認為這種處罰有什麼大不好。

我想要強調的是，在默園裡頭的家長都是很有愛心的。當我們知道小孩犯錯的時候，因為那個愛心，所以不會任由小孩繼續犯錯。我們在勸告小孩的時候，真的會比較著急。

在默園裡面大家都知道，裡面有感情那種默契和共識。而且當事情發生的時候，其實家長會很清楚他自己是受益者。通常自己媽媽管教自己的小孩，小孩子是比較不聽的，只有當別的叔叔阿姨來幫忙的時候，小孩子還比較會有反應。……即便是這樣，還是要讓小孩子知道，叔叔阿姨是愛你的。是相信你會改，才會對小孩子這樣管教。小孩心裡頭還是有榮譽感的，有的家長長期看到這些情況，就自己來出手管自己的小孩。……在默園發生的事是，隨著時間很自然地就這樣發生了，每個當下，大家都知道別人的善意，所以他們對默園的信賴度才會更高。

陳巧明的個人說法，事實上在學員的證詞中也常看得到類似的想法，在二審判決書中，列出了一位男性學員（高中老師）的證詞：

> 我自己也有因為接送小孩聯繫上的問題，被陳巧明關心過，她認為我不應該用這種態度處理，她說我以後如果還是按照這樣的方式與態度思考的話，以後遇到事情還是會用相同的模式，所以她很著急，我在聽時陳巧明就打我耳光，這樣的情形總共有二次，而這二次旁邊也是有很多人圍觀，那時候我認為陳巧明是在關心我，我也真得有處理不好的地方，之後我糾正這些觀念後，在我的教學與人生上有很大的幫助，所以那時認為是在幫助、關心我。在本案我會打淳寓，不是因為陳巧明的指示，而是當時的情緒與氛圍，淳寓的說法讓我很著急與傷心，我事後非常後悔，因為我在學校沒有打過學生。

簡言之，陳巧明法庭上的說法暗示，默園的管教方式，即使有陳巧明的引導，但在當時的團體氣氛（熱烈地追求成長與進步），以及成員共同接受和主動參與投入的情況下，背後有其長期自發性的性質，甚至於已是學員相互信賴與承擔下而所接受的一種管教方式。而這種說法，事實上也得到一些學員的呼應。而這類具有暴力性質的管教方式，根據該案起訴書中所述，這種管教方式出現了至少有五十次以上，而且其中經常帶有嚴厲責罵和毆打的情況。它背後的集體心理狀態確實讓人難以理解，也值得做進一步的探索，但這恐怕絕不是單純的「權威順服」幾個字所能夠解釋。

四、日月明功的歷史發展

　　我曾有機會得到一份內部的名單，其中透露出不少重要的訊息：

表1　月明功近年來的學員人數（不含其小孩）

年度	男性（由名字推估）	女性（由名字推估）	總計
2008	89（38%）	145（62%）	234
2009	84（43%）	112（57%）	196
2011	46（34%）	88（66%）	134
2012	46（36%）	82（64%）	128

　　這一份名單是四個年度的參與學員名錄，但不含其小孩在內。由名字屬性，我也可以大約推估每個學員的性別，數據如上述。這裡面較為突出的訊息是：在不計算子女人數[14]的情況下，（一）、整個組織的男女性別比大約是四比六，但後期男性更少一些；（二）、大約在2011年前後，參與人數開始劇烈的下降；（三）、在2011年前後，離開的人數中，男性大致上多於女性。我詢問過長期參與的

14　小孩與大人的人數比，我沒有實際的數據，但可以大致做一推測。根據本案起訴書中證人的證詞顯示，2013年5月18日當晚默園對詹生啟動「整理」程序時，除陳巧明與詹母外，共有約28人在場，在其中又有9位為學員子女（青少年）。這個比例顯示，常去默園的家庭，成人與小孩的人數比約是2：1。因為默園已成為會員家庭聚會似的場所，前述這個成人小孩人數比，會比不去默園會員中的成人與小孩比高一些。廣泛來看，做較保守的估計，由以上的比值（去默園的學員小孩與大人間的比值為二分之一）再折半去推估，若以日月明功中成人會員人數的四分之一來推估小孩和青少年學員的人數，則由2008年到2012年間，日月明功參與的青少年學員（成人學員的子女）約在32到59之間。

學員，也覺得這個數據應是大致上可以相信的。一位學員這樣子回
應我的詢問：

> 這個數據應該是沒有錯。因為她，她有，第一個收費增加，從
> 兩萬多變成六、七萬；第二個是在課堂上打罵，這兩個造成她
> 人數遽減的因素，所以那時候感覺得到人跑了很多，幾乎跑一
> 半啊。……那時候跟人家有啊，巔峰時期〔陳巧明〕就開始目
> 中無人了啦，然後呢那時候就開始，不退人家錢啦，〔外界〕
> 很多人來亂啦，很多人來告她、來亂她。……那時候就開始很
> 多人看在眼裡就不來了，而且那時候〔陳巧明〕就一直叫人家
> 要做某一種改變了啦。影響人家的家庭生活情況啊，所以那時
> 候很亂，我知道那時候很亂，因為那時候我也最忙，我那時候
> 也不是很在意，可是我覺得，我那時候覺得怪怪的這樣。……
> 本來一個晚上兩個班，變成一個班，本來一個禮拜六天變成四
> 天。……她巔峰時期是在默園沒錯，進去了，前一、兩年進去
> 的，後來就整個大扭轉。（電話訪談紀錄 G4）
> 因為幾乎都是女的先進去啦。然後女的進去之後就回去嘛，回
> 去就跟她老公講。〔陳巧明〕就灌輸那個老婆觀念，要叫妳老
> 公來啊，妳老公沒有來你們怎麼改變家庭呢。老公比較為了家
> 庭屈服的就來了啦。……這邊留著的都是有這種家庭關係的牽
> 絆，互相拉著或親戚朋友拉得太緊了，就不願意離開，就互相
> 都覺得留下來這樣子。現在留下來的，幾乎都是啦，幾乎啦，
> 我跟你講百分之，我認為，我不要說百分之九十、七、八十多
> 少，我認為應該七成以上都是啦。（電話訪談紀錄G4）

附錄中列出了日月明功的大事紀，再配合前述數字，我們大致

上可以這樣推測：

（一）陳巧明以創立民族舞蹈班起家。舞蹈班1983年即已成立。由學員口中得知，早年她是個熱情而有教學方法的舞蹈老師。目前日月明功很多重要的女性幹部，都是早期即跟隨陳巧明練舞至今。

（二）大約2000年之後，舞蹈班的教學內容慢慢開始改變，加進了愈來愈多有關筋絡、氣功、身體施展與健康療程等方面的教程。根據法庭上陳巧明自己的說法，她是因為練舞蹈身體受到傷害，無法再做高難度的舞蹈動作，才慢慢轉型為以比較簡易的身體施展的功法為主。

（三）教學內容的改變，竟然帶來了舞蹈班學員的增加。學員開始由四面八方前來，或者為了醫治身體、或者為了紓壓、或者是來自家長為兒童的技藝學習預做準備。總之，舞蹈班學員不再以年輕女性為主，男性、老人、青少年和孩童都紛紛加入。

（四）2005年起，舞蹈班乾脆撤銷登記，也不再公開對外招生，僅以私人網絡為招募管道。就在這時，陳巧明也創出了「日月明功」這個名稱。這個名稱的出現，反映出舞蹈班已由純營利的補習班，轉型為一個「擬宗教團體」（quasi-religion）。大約在2006年前後，學費開始暴漲，由個人年費一萬多漲到三萬多，之後更逐年漲到2010年以後的六萬多。高學費政策過濾了參與人員的社經背景，但也同時引發了許多消費爭議的投訴。

（五）學員人數擴張大約在2008年前後達到高峰。大約就是在2008年年初，陳巧明又開放了祖厝默園，讓她所認可的學員可以

前往活動和參與聚會，這個世外桃源般的大莊園，也創造出學員之間更為緊密的家庭連帶感。

（六）也就是在學員人數達到巔峰期的同時。功法修習之外，組織出現了一些附加性的互動模式，包括：以默園為基地而產生的整個組織家庭化的發展，讓成員之間的日常生活更親密地聚合在一起；陳巧明個人人身權威的擴大，她幾乎成為了大家的媽媽，積極與熱情地介入於學員個人和家庭生活中的全部面向；成員之間相互督促與檢討，共同促進成長，但也成為介入性的監視關係。這裡，我們也看到所謂的功法，歷經了幾個階段的改變，由舞蹈（前功法時期）、到身體舒展、到擬家庭關係的相互促進，到在陳巧明個人權威督導下所產生的身心變化與成長。

（七）陳巧明權威的擴大與介入個人生活，甚至是領導者有施行暴力管教的正當性，這可以被稱之為是「組織的克里斯瑪化」，這個結果再加上功法學習背後缺少穩定明確的宗教理念或意識形態，成員間緊密的相互期待與互相監視，和高學費政策的門檻，總總因素相加，也就出現了2011年之後學員人數開始大量流失的結果。簡言之，日月明功的巔峰期持續了大約四、五年左右，組織的擴張創造了領導權威的高張，也產生了嚴密自我管控的門檻，但是在缺少中心理念和教義基礎的情況下，以及組織運作上的沒有方法，讓組織產生了各式各樣的內在緊張性，學員也開始大量流失。

（八）愈來愈高張且乖戾的領導權威之展演、暴力的管教方式、成員間密不通風的相互情感連帶，終於在一次不當管教中埋下了導火線。然而，2013年6月詹生死亡之後，在內部將訊息刻意淡化與扭曲之下，整個組織卻幾乎還是以舊有模式在運

作著（自白性的相互檢討和暴力管教）。直到12月媒體爆發該案件，甚至於還是要等到陳巧明在法庭上出現各種掩蓋性的證詞而讓學員失望以後，日月明功才真的開始進入了潰散與分解的狀態。

為了理解上的方便，以上的說明也被歸納在表2當中：

表2　月明功的發展階段

第一階段	1983 - 2000	民族舞蹈班時期
第二階段	2000 -2006	舞蹈功法化時期
第三階段	2006 - 2009	功法擴張與家庭化時期
第四階段	2009 - 2013	組織克里斯瑪化與緊張調整期
第五階段	2013.12-	潰散與分解

五、討論與結論

在後期現代化或是新自由主義的時代裡，部分既有社會組織層面沒落或經過重組，我們或許可以預期，確實有部分原屬於制度性宗教的形式會趨於式微，相對而言，個人或許有更大的能動性來創造出屬於自己的宗教或靈性內涵[15]。筆者並不否認前述現象的出現，尤其是地域性宗教團體和傳統宗教組織對信徒框限力量相對性

---

15 黃應貴，《「文明」之路，第三卷：新自由主義秩序下的地方社會（1999迄今）》（台北；中央研究院民族學研究所，2012），頁7-8。黃應貴，〈宗教的個人化與關係性存有〉，收錄於黃應貴主編，《日常生活中的當代宗教：宗教的個人化與關係性存有》，（新北市：群學，2015），頁10-16。

地減弱。但是筆者仍要指出,在各類新形式的宗教組合或互動中,以「高付出需求」(greediness)為考察焦點,我們不可忽略各類新興宗教團體獨占性與壟斷性的性質,甚至於相較於傳統宗教團體,它可能還會有更為加強的情況。即使說有時由表面上看起來,一些宗教組織之結構已變得相對鬆散,它仍可能以各種直接或間接的方式,要求信徒絕對的忠誠與完全的付出,並能控制信徒日常生活的方方面面,使其出現如 Goffman所說的「全控機構」的嚴密管制。不過,「全控機構」的概念,會讓我們忽略了成員涉入到組織的微觀互動過程和自發性的動機基礎,而洗腦說或心靈控制的概念,或許有助於解釋此類團體運作機制中的某些部分,但完全不能說明讓此類團體得以發生、延續和持續擴張的情感需求和社會網絡面向。

本文中所處理的日月明功案例,組織結構並不嚴謹,既無明確皈依與認同的標識,甚至於還幾乎沒有明確的教義與教規,但它對參與成員的生活卻產生了一種獨占性的控制(至少對想要認真投入的參與者來說),整個團體在運作過程上,非常接近於Coser所提出的「高付出需求機構」的表述:對內部成員要求著一種不可分割性的忠誠,而且,它的達成不是基於強制性的手段。

回到日月明功的例子,我們以理想類型式的「高付出需求機構」概念來加以對照,如前所述,「高付出需求機構」對成員有一個總體性的要求,要將成員日常生活圈中的人格展現予以完全占有,團體要求著成員完全且不可分割的忠誠,它通常也不是以外部性的強制來加以標識,相反地,它傾向於經過自願性服從和忠誠與主動投入的手段來形成。這由日月明功愈來愈強的教主權威與愈來愈為嚴格的管教模式中,看到高付出需求團體的樣貌,而在這種高付出需求性中,雖然多位成員在法院證詞中表達出當時參與的壓力與緊張,但仍無可否認其曾自願且認真投入於內部學習與互動的事實。

　　而由本文的討論中，透露出微觀互動情境裡，逐步促成日月明功團體愈來愈接近於「高付出需求機構」的種種轉變的歷程，包括：

（一）日月明功由舞蹈學習轉換為功法修習，技術性層面轉換為身心靈一體性的效益追求與個人成長，隱含了全人格性的影響範圍。

（二）在優秀舞蹈老師的基礎與信譽之上，隨著前述由舞蹈到功法的轉變，學員數不但沒有減少反而忽然驟增，而且吸納社會層面更廣泛，這一點創造了功法與領導人的權威。

（三）在權力光環之下，領導人個人人格特質，展現為女性自主性的表現，也呈現為以理性之名而獲得個人成長和進步的功法核心要旨。

（四）集體氛圍中的相互分享與相互督促，制度化成為以領導者和群體意見作為反饋性學習的「分享」與「整理」程序。然而當組織面臨外在壓力（消費糾紛、成員家人的反對等），對組織的忠誠，被移轉成為正向學習的指標，「分享」與「整理」的內涵，跟著在重心上發生了轉移。

（五）在營利（由補習班轉變而來）且學費驟然提高的前提下，當團體放棄經由公開程序來吸收學員（補習班不再立案），招募而來的成員間必然有高度的網絡連結性，學員既有社會網絡在組織網絡中的重疊性，強化了以理性成長之名而所產生的相互監督，或至少是產生了某種網絡惰性而牽制了成員自由流動的意向。

（六）默園雖具有高度的文化象徵價值，但在家族資產形式中，卻只是一個隔絕性的空間場域，反而成為了能醞釀「高付出需求機構」操作的天然疆界。

（七）最後，雖最不明顯，也是本文目前資料檢證中所最欠缺的，
　　　但可能卻是最重要的因素：深藏於學員，尤其是女性學員，
　　　可能是來自於父權家長制中所產生的結構性的心理遺憾，以
　　　及進而發生了對個人自主性的強烈內在性渴望，在一種修復
　　　與彌補式的心理作用中，這會轉化為對於領導者的功能性
　　　（由領導者的人格表現中想像自己的獨立性）和情感性依
　　　附，而這種修復式的依附，更有可能轉變為領導者與成員間
　　　的獨占性關係，也間接讓成員組織外的社會關係有所惡化，
　　　最後，即使當組織出現愈來愈強烈的「高付出需求性」
　　　（greediness），個人已難捨棄由團體內網絡中所建立起來的
　　　相互依附感與自主性的社會支持。

　　前文所述這些在日月明功不同發展階段中，經由微觀互動過程
慢慢累積而形成的團體特徵，可以被放在一個更宏觀性的視角裡來
加以概括。首先，可能是傳統父權家長制形態下所產生的個人成長，
尤其是女性成長過程中所產生的依附缺憾感（得不到父母或社會對
個人的肯定和真誠關愛），以及慣習性的互動相處模式有關（與領
導者的依附關係中仍然會遵循父權家長制式的互動關係）；其次，
現代理性化的影響則包括它形成了個人對自主性的積極追求，個人
或集體對於開放性成長產生了無限的想像，以及醞釀出精密算計性
的學習與溝通歷程（包括「分享」與「處理」模式的操作）。最後，
傳統父權家長制與現代理性化之間的互動與加乘效果，醞釀在彰化
縣和美鎮默園這個巴洛克式建築的五千坪面積之大莊園中，也就是
鄉間人際信任感相對較強、親朋網絡關係緊密，以及默園之隔絕性
而富有人文氣息的環境裡，最後卻是創造出來了台灣特定時空脈絡
裡的一個表現極為極端卻又是具有極高台灣中產階級屬性（成員社

會屬性皆為中產階級、組織目標在追求個人成長與進步、團體儀式
與巫術色彩較淡薄、雖過程中充滿威權性但內部仍極為重視溝通與
互動）的「高付出需求機構」。

　　概括本研究的發現，我們可以說：日月明功的案例，呈現出傳
統父權體制與現代理性化之間的交互作用，產生出來了台灣特定時
空裡的一個「高付出需求機構」。而這樣的發現，和某些人的研究
結果，形成了既是補充卻也是具有批判性的對話空間。

　　例如說，英國社會學家Luhrmann的實證研究曾顯示，即使在當
代英國社會裡的中產階級，也會使用各種巫術來達成實用性的目
的，而這恰恰是近代「理性化過程」的一個非預期的結果，因為「理
性化」中，有可能連巫術也會走向專業化與系統化，而強化了巫術
在現代社會裡的吸引力與韌性[16]。又如李丁讚、吳介民對台灣當代
民間信仰的研究也指出，現代性與民間信仰構成一種弔詭，台灣在
1970年代當代社會邁向現代化時，包括民間寺廟在內的各種宗教組
織就開始以一種現代企業經營的方式在經營宗教，積極創造民眾對
宗教的需求，進而創造了民間宗教各種興旺的景象。由宗教的供給
面著手，李丁讚、吳介民分析了當代民間廟宇現代企業式的經營模
式，該文中稱這種經營模式為「宗教治理」，而這個「治理」也產
生了在理論意義上頗具弔詭的「巫術社群」的出現（該文認為巫術
的本質本不會導向社群性的連結，但在當代卻發生了）[17]。

16　T. Luhrmann, *Persuasions of the Witch's Craft: Ritual Magic in Contemporary England* （Cambridge. MA: Harvard University Press, 1989）.

17　李丁讚、吳介民，〈現代性、宗教、與巫術：一個地方公廟的治理技術〉，《台灣社會研究季刊》第59期，2005，頁143-184。

　　本文在此，一方面同意前述兩篇研究中所指出的，當代理性化所帶動的巫術的專業化與系統化，確實有助於造成巫術追求者的聚集，和強化巫術在現代社會裡的韌性或甚至是吸引力，但前述研究僅只考察了宗教的經營層面，並無法說明信徒實際的心理歷程？以及是否在這些經營管理下確實真的也曾讓不少人高度投入了這些團體？而且，前述研究中所提出的巫術與理性的結合，理性化內容的討論也僅被限定在相當技術性層面的工具理性操作上。

　　相較於前述研究，本文目前的案例，由經驗材料中，則彰顯出理性化影響中較為深層的一些面向，也就是由理性所帶動的：個人對自主性的渴望、開放性成長空間的建構和擬似溝通歷程中所產生的非預期性的相互監督等，這些都凸顯出理性實質內涵（而非只是技術性操作）之對現代宗教團體運作所產生的較為深刻的影響。而本研究中所發現的：傳統父權家長制所造成的依附缺憾感和慣習性的互動模式，之與現代理性的實質性的扣連，顯示出了傳統社會結構與現代理性之間更複雜的相互鑲嵌與加乘的作用，和這些作用所進而導引出來的特定時空裡的「高付出需求機構」。日月明功的案例，相當沉重地告訴了我們，在當代新興宗教新形式的背後，或許個人宗教選擇性或游離性是提高了，但仍有相當可能會醞釀出「高付出需求機構」的出現，進而產生出種種非預期性和極端性的後果，而嚴重地侵害了人身自由與個人自主性的保持。

附錄　日月明功大事記

1983.4	陳巧明成立「私立巧明舞蹈短期職業補習班」，進行民族舞教學。
2000前後	舞蹈班漸由純舞蹈學習演變為身體伸展與與功法學

	習。
2000後	舞蹈班口碑卓著、學員眾多。
2005	該舞蹈班因老師個人因素，自行註銷登記。
2005前後	陳巧明告知學員，舞蹈的內涵可以被稱之為日月明功。
2006	陳巧明以修祖厝為名、邀請學員至默園不定期聚會。
2006	學費開始急遽上漲，年費約35,000元起跳。
2006/4/14	彰化縣消保官收到消費爭議投訴，學員退課程要求退學費不果。
2007/5/09	彰化縣消保官再度收到消費爭議投訴，學員退課程要求退學費不果。
2007/5/09	彰化縣消保官繼續收到消費爭議投訴，學員認為課程辱罵長輩、有違善良風俗、退課程要求退學費不果。
2007/5/11	彰化縣消保官繼續收到消費爭議投訴，理由同上，但申訴人不同。
2008	默園發展約至其巔峰時期，參與學員有200人以上，部分學員（50名左右）經常性至默園聚會。
2008	國立清水高中發生教師之間因入會及退費引發紛爭，後來校方發表聲明，禁止教師在校園內傳教，事件方平息。
2011/4/6	日月明功家庭事件見報，一名男子控訴日月明功搶走他老婆，揹著海報「老婆快回家，把愛找回來！」到「日月明功」處找人。
2011	學員人數呈顯著下降狀態，由200名降至130名左右。
2013/5/18	詹生在默園聚會中，因行蹤交代不清而開始被「處

理」。

2013/5/19	詹生被囚禁在默園內，並被進行戒毒。
2013/6/5	詹生送醫，到院前已死亡。
2013/12/6	蘋果日報以顯目位置揭露日月明功對詹生囚禁致死事件。
2013/12/10	檢察官以傷害致死罪拘提日月明功中相關人員。
2013/12/11	由該日起，日月明功案約十天占據全國各大媒體顯目位置。
2013/12/14	陳巧明遭拘提到案。
2013/12	日月明功該團體已成解散狀態。
2014/1/10	檢察官以傷害致死罪起訴八名被告。
2014/3/18	彰化地方法院第一次審理庭開庭。
2014/12/9	彰化地方法院一審宣判，起訴書中以傷害致死罪起訴被告，宣判時改為以傷害及拘禁致死罪量刑，主嫌陳巧明被判十四年徒刑。
2014/3	進入高等法院二審程序。
2015/8/27	高等法院台中分院二審宣判，主嫌維持十四年刑期。
2015/10	最高法院開始受理上訴並進行審理中。

丁仁傑，中央研究院民族學研究所研究員，主要出版著作有《社會分化與宗教制度變遷》（2004）、《當代漢人民眾宗教研究》（2009）、《重訪保安村》（2013）等。譯有David Jordan的《神‧鬼‧祖先》和Steven Sangren的《漢人的社會邏輯》。研究領域以宗教社會學為主。

反思1949史觀

楊儒賓的《1949禮讚》力圖在當前流傳的幾種台灣史觀之外，開拓出另一種歷史觀點，出版之後備受矚目。這套以「中華民國」為核心的歷史敘述，認為1949年的「南渡」既不是外來者的殖民，也非失敗者的逃難；1949把中華文化帶來台灣，一則為台灣提供了建設文化主體性的豐富內容，再則為中華文化找到了存續發展的安居之所，三則證明了中華文化（特別是儒家傳統）發展現代價值（包括民主）的潛力，四則可望回饋大陸，讓台灣成為兼顧傳承與開創的「中國夢」希望所繫。

　　這樣的一套歷史敘述，顯然與目前各種文化政治的立場——獨派、自由派、國民黨、共產黨——都有所扞格衝突，但也因此它顯得特別清新、開闊。為了探索其潛力與限制，我們邀請了多位作者寫下他們的回應，供楊儒賓教授參考之外，也盼望與讀者互動，激發更多的思考。

　　　　　　　　　　　　　　　　　　　　　　　　　　編者

等待中的禮讚

陳威瑨

一

　　翻閱楊儒賓教授的最新著作《1949禮讚》，筆者不能不對楊教授的苦心孤詣致上敬意。除了最後一篇〈清華門的番茉莉〉撰作時間較早，主題也與全書相距較遠之外，其餘諸篇皆係2009年以來陸續在各場合發表。以楊教授平素對1949相關問題的留心，以及適逢這段民國百年、甲午乙未再臨的期間，這些工作的總集結是值得我們加以深思、對話的。書籍出版後，引發了學術界的新話題。楊教授北中南跑透透，四處出席以此書為主題的座談，這股精力同樣讓人不能不佩服。筆者非常樂見中文系內部出現像楊教授這樣的宏觀作品，勇敢地參與公共論述，在跨學科的同時又具有高度在地現實意義，對1949這個高度敏感的符號作出新的解讀。走一條新的路，總會受到挑戰。但不受到挑戰的公共論述，不能成其為公共。因此筆者期待的，不只是這樣一本書的誕生，更包括後續所引起的正反方之對話、討論的螺旋。

　　大大小小的座談會當然成果豐碩，不過不可否認的，目前為止的座談活動，絕大多數都處於學院內。學界有學界的討論專業，也

有隨之而來的參與局限。因此筆者也同樣關心：能否從網路上看到
更多來自學界以外，展現不同的切入角度與論述風格，更重要的是，
來自與筆者年紀相近的年輕一輩看法？在這個年代，用Google搜尋
資訊，藉以明瞭相關話題在社會上的流傳幅度，幾乎是習於網路社
群生態者的反射動作。若以Google查詢有關《1949禮讚》的評論（扣
除單純介紹性質者），有一篇來自台灣教授協會主編《極光電子報》
的文章，為嚴象冑的〈禮讚1949，如何可能？〉[1]。該文的立場係站
在獨派的立場，反對楊教授的「中華民國—台灣一體論」，也就是
視中華民國體制為完全的外來者，不可能去「禮讚」1949這個符號。
作者認為楊教授在宣揚中華民國體制所帶來的文化價值時，並未面
對黨國體制如何重挫台灣本土人文的發展。楊教授對這樣的觀點想
必不會陌生，在書中也可見到，楊教授並不否認這種立場有其脈絡
[2]。筆者相信這樣的回應聲音早在楊教授預料之中，甚至早已在該書
撰作時的預設讀者之列。如果說楊教授的論述，是主張將視角擴大
到政治以外的人文視野來說明1949的承先啟後作用，那麼嚴文的回
應則在於要求我們將視角重新固定於政治上，對於楊教授開闢出來
的空間反而幾乎避而不談。雖然我們確實不能否認這樣的立場自有
其歷史脈絡，但另一方面也可以說，就《1949禮讚》的相關討論工
作來說，這樣的回應並沒有生產出新的東西，無法真正面對「從創
傷到創造」的問題，僅能代表台灣教授協會一貫的政治光譜而已，
獨白的比重大過對話。

　　與此同時，另外一篇無法直接利用Google查詢內文的書評，在

1　嚴象冑，〈禮讚1949，如何可能？〉，http://blog.roodo.com/aurorahope/
archives/48322404.html，2015年9月22日。
2　楊儒賓，《1949禮讚》（台北：聯經出版公司，2015），頁97。

筆者看來意義更為重大。這篇書評出自網路上的電子刊物《秘密讀者》，題目為〈仍然寂寞的新儒家——讀《1949禮讚》有感〉。[3]從該刊物的編輯成員、營運方式等等方面來看，我們有理由認為，該刊物即便不能代表全體，至少也是了解年輕一輩面對文壇、知識界意見時的重要指標之一。以下，筆者先從該書評（以下簡稱〈仍〉）的內容大要開始談起。

〈仍〉的第一個切入點是楊教授的「漢華文化」一詞。作者認為，此詞彙的完整結構有三：其一為「中華民國—台灣一體化」，其二是以儒家思想為主體的漢文化，其三是「儒漢文化」與資本主義和民主政治的融合。而「漢華文化」的「漢」字彰顯了以漢人為最大族群的台灣社會作為東亞儒家文化圈一員的主要特色，「華」字指的則是以中華民國體制為載體的中華民族文化。因此，「漢華文化」一詞的作用，在於從文化層面給予中華民國體制立足於台灣的合理性與正當性。〈仍〉接著強調，楊教授的論述中所並未留意的中華民國體制壞處，不只是對本土文化的壓抑，還包括對儒家現代化的阻礙。中華民國政府帶來的戒嚴體制，對人文學科的控制程度幾乎等同於日本殖民政府體制的作法，雙方同樣為了統治者的利益而壓抑學術自由。作者舉徐復觀與張深切的例子，指出徐復觀的《學術與政治之間》在面對蔣氏政權時，終究只能給自己的批判擺出一副婉曲的姿態，該書也差點遭到查禁。而張深切含有馬克思思想的《孔子哲學評論》則馬上遭到查禁，徐復觀對此亦不能多言。作者因此無法同意楊教授所說的「直至今日，台灣的文化領土已擴

3　匿名，〈仍然寂寞的新儒家——讀《1949禮讚》有感〉，《秘密讀者》2015年10月號，頁70-79。《秘密讀者》自2013年9月創刊，係無紙本的商業電子月刊，所有文章均為匿名發表，以文學評論為主題。

展到事先任何人都難以想像的境地，台灣的人文力量也遠遠穿透五
○年代國府所設限的白色圈子。」[4]

最後，〈仍〉將重點放在新儒家角色的探討上。作者認為，戒
嚴時期在台灣壟斷儒家詮釋權的，並非新儒家，而是黨國體制透過
政治與教育的力量所建立的黨國儒學，這對台灣發揮的影響遠遠超
過新儒家。其次，新儒家和黨國儒學一樣，具有「大中國格局」，
忽視台灣在地脈絡。作者這麼說：

> 戒嚴時期的傳統文化論述，無論是港台新儒家或黨國儒學，基
> 本上都是「大中國格局」的，而在這個「大中國格局」之下，
> 港台新儒家試圖從中國學術思想的鑽研中，發展出儒家思想與
> 民主政治的互通處；黨國儒學則以忠黨愛國、反共反獨為唯一
> 指標。他們的取徑與目標雖然大不相同，卻同樣在時代或政治
> 的限制下，有意無意地忽視了一件事：當中華民國納入台灣、
> 當我們在楊教授所謂「中華民國─台灣」一體化的脈絡下談傳
> 統儒漢文化的現代化時，無論從理想或現實上來說，都應該要
> 從台灣社會的實際變遷中，為傳統儒漢文化摸索一條真正結合
> 在地脈絡的現代化道路。但是歷史的限制使港台新儒家的現代
> 化論述嚴重脫離社會現實，光是談「良知的自我坎陷」或是「社
> 群主義與儒家思想」之類的哲學議題，實在不足以回應現實政
> 治上，台灣意識與中國意識已因為戒嚴體制而嚴重分裂的背
> 景；而黨國儒學的幽靈，也沒有因為解嚴而隨白色迷霧散去，
> 年來轟轟烈烈的課綱微調問題，始作俑者不就是試圖復辟中華

4　楊儒賓，《1949禮讚》，頁111。

民國戒嚴史觀與文化觀點的一群有心人嗎？[5]

　　因此作者不能同意對1949的「禮讚」，他認為儒漢文化論述，並未對台灣在地脈絡——五四批判精神、左翼思潮、反帝反殖主義、台灣自主意識具有足夠重視，中華民國體制仍然持續為特定價值體系服務，儒漢文化的現代化仍然無法真正發展出來。新儒家在今日，仍然只能是「寂寞」的[6]。

二

　　〈仍〉的基調不會讓人感覺太陌生，其重要基礎仍然在於中華民國作為一種外來的黨國體制，與台灣本土之間具有斷裂性。黨國體制帶來的戒嚴壓抑了台灣本土人文的發展，其影響力在今日仍隨時反撲，1949的災難性需要長時間的清理。但除此之外，作者進一步操戈入室，針對新儒家進行雙重的批判：首先，新儒家面對戒嚴體制是無能為力的，這蘊涵了台灣社會從戒嚴到解嚴的一連串民主化進程中，新儒家，包括儒家思想幾無貢獻；再者，無論是黨國儒學還是新儒家，其立場都是與台灣相斷裂的「大中國格局」，缺乏與台灣現實社會相關的在地脈絡論述。順著這樣的看法，當然只能說1949所帶來的，仍然是壞處大過好處。楊教授自認為可避免糾葛、跳出中國／台灣二元對立的「漢華文化」一詞，似乎沒有達到預期的效果。
　　如果站在《1949禮讚》書中的立場，對這樣的評論能否回答呢？

5　〈仍然寂寞的新儒家——讀《1949禮讚》有感〉，頁77。
6　同前註，頁77-78。

楊教授已表明「涉世漸深，我對長期處於『被承認焦慮症候群』的『中華民國』好像有些較深的同情共感」[7]。綜觀全書立場可以得知，這當然不會是對黨國體制的擁護之言，但無疑是「中華民國—台灣一體化」論述的情感來源。關鍵在於，如何建立這種論述的正當性？如何示範「中華文化」與本土的連結？

這種示範不難找到，全書之眼，在鹿港焉。鹿耕講堂在2013年10月19日所舉辦，賴錫三教授主持，楊儒賓、何乏筆兩位教授與當今總統當選人，時任民進黨主席蔡英文的「在台灣談中華文化」對談，本身即帶有除了政治中國外，理性思考文化中國的意圖[8]。楊教授花了相當的篇幅說明，鹿港是一個傳統漢文化與現代社會實踐動能兩者並行不悖的地方。我們也不妨將這樣一個傳統與現代兩相無礙的小鎮社群，視作楊教授宏觀論述的一個具象。楊教授更提醒我們注意，鹿耕講堂使用容易引起黨國政治聯想的「中華文化」一詞，已象徵了「中華文化」的在地化[9]。如果我們仔細檢視文化中國的要素在台灣生活的位置，當可發現這種密切的在地關係不只出現在鹿港。我們也需要體認到：「中華文化」在台灣的傳播過程有不少黨國機器操作的痕跡，但這不代表它毫無在地基礎，而是在歷史縱深上從1949以前即在台灣生根，而一路延續至今。這不是一個新奇的宣稱，但有必要在此重述，因為這代表我們在使用「中華文化」一詞時，可以不被黨國體制綁架，它沒有本質上要求我們服從黨國體制的內在必然性，可以進行一番去意識形態化。接納此詞彙，才能真誠面對許多台灣在地的成分。

7　楊儒賓，《1949禮讚》，頁23。

8　可參考林俊臣，〈在鹿港談中華文化〉，思想編委會編著，《思想25：在台灣談中華文化》（台北：聯經出版公司，2014），頁205-214。

9　楊儒賓，《1949禮讚》，頁145-151。

　　如果我們體認到中華文化的在地性，那麼其實也就不用因為「港台新儒家試圖從『中國學術思想』的鑽研中，發展出儒家思想與民主政治的互通處」，就指責他們「大中國格局」而忽視台灣。楊教授在書中對新儒家的肯定之處，圍繞著他們在理論上完成儒家與自由民主之間的統合，這樣的肯定當然是有意義的。只要中華文化的元素還保留在台灣土地上，那麼從中國學術思想出發（這不等於全盤肯定中國學術的所有成分，也不等於忽略儒家本身的視野限制），進行與自由民主之間的統合工作，就不能說不具備在地脈絡。而這樣的作法，也才能真正有助於我們立基本土，保留將西方相對化的空間。這不是單純為了民族主義的激情來擺出與西方對抗的姿態，而是使自身有能力從他者的角度審視西方之弊，發揮額外的貢獻，也使台灣擁有「在東亞地域中」具備多元獨特文化價值，進而影響他國的可能。台灣的在地脈絡，只能包含五四批判精神、左翼思潮、反帝反殖主義、台灣自主意識嗎？不存在中華文化的成分嗎？或是說，中華文化跟〈仍〉作者所舉出的這些成分，有邏輯上必然的互斥關係嗎？以及，這些作者高舉的成分本身不需要成為有待他者前來對話的對象嗎？新儒家即便由於深深關切中國文化的現代性問題，而對來自中國的學術有較多鑽研，但他們曾明確表態反對台灣其他思潮的存在合理性嗎？或是說，站在黨國體制的一側，拒絕民主政治嗎？這些都是面對〈仍〉的論述時，必須追問的問題[10]。這

10　更何況新儒家絕非對台灣未來發展方向毫不關心，也不絕對性地否定台獨，只是要避免雖然獨立，卻在文化上無根源可溯的狀況。此外，在共產中國政權仍然存在的情況下，新儒家對兩岸統一會採取抗拒的態度。可參考彭國翔，〈牟宗三論兩岸關係與台灣認同〉，思想編委會編著：《思想13：一九四九：交替與再生》（台北：聯經出版公司，2009），頁173-189。再者，〈仍〉認為黨國儒學的

些問題也無關乎未來這塊土地上的國名要叫做「中華民國」還是「台灣」；會導致這些問題需要被追問，正是因為〈仍〉過度擴充了台灣與中華文化之間的斷裂，因此也很難說是否充分回應了楊教授的全盤論述。

三

　　不過〈仍〉所顯現的重要意義，並不在於單一讀者的反應。這必須從《秘密讀者》該期的主題內容來觀察。該期的主題是「中文系的神話」，在編輯委員所撰的〈那是一定要痛一次的〉文中，點出了這樣一個真實存在的社會氛圍：2013年以降，台灣社會在政治與文化的論述上逐漸傾向本土，「中國」相關的聲音逐漸衰退。中文系內部「認同台灣的中文系人」面臨一種倫理張力，不得不回應這樣的氛圍。相對於1970年代林文月〈讀中文系的人〉對中國文化傳統的擁抱，這些「認同台灣的中文系人」於2015年所發出的一系列文章，基於自身的文化認同與社會政治氛圍有所出入，而反思中文系如何對應台灣現實。因此，該期《秘密讀者》刊登了四篇專題文章，對中文系內部的知識生產進行檢討[11]。對於〈仍〉的內容，編輯委員也作出如下定位：

（續）─────────────
　　　影響效應遠遠非新儒家所能及，但事實上，以陳立夫《四書道貫》
　　　為本的「中國文化基本教材」，在1963年實施後，不僅造成學生反
　　　彈，也隨即引發來自教育界與新儒家的大規模批判，最終導致陳立
　　　夫本人亦促成教材重編。詳見陳怡樺，《高中〈中國文化基本教材〉
　　　編纂沿革研究》（台北：國立台灣師範大學國文學系碩士論文，
　　　2011）。這表示：究竟是新儒家不關心台灣？還是只是他們的聲音
　　　被刻意忽略？
11 〈那是一定要痛一次的〉，《秘密讀者》2015年10月號，頁4-5。

> 有趣的是，《秘密讀者》的專題和當期的投稿，常常出現某
> 種神秘的巧合，這期更不例外。……我們也收到〈仍然寂寞
> 的新儒家——讀《1949禮讚》有感〉這篇投稿，談論的是中
> 文系所「主場」範圍的中國思想研究，而且也牽涉到了「儒
> 學」如何在戰後台灣在地化的問題，幾乎就像是同一個專題
> 延伸出去的文章。[12]

　　編輯有意將〈仍〉的內容放在這波對中文系進行反思的風潮下，
頗能呼應社會氛圍。中文系知識生產在對應現實問題上的挫折、與
其他學科之間的對話程度不足等等批判，在此不僅指向中文系的文
學教育，也指向思想教育。背後共同的基礎，乃是台灣意識的發揚，
以及黨國體制的存在和中共政權威脅的情況下，所導致的與中國之
間的斷裂感。這種斷裂使得中文系成為粗陋而不合時宜的國族論述
製造者，被置於保守、落後的一端，與其他學科彼此疏離。面對社
會現實議題時，中文系、中華文化不被視作足以提供資源的主體，
存在的正當性搖搖欲墜，儘管楊教授所言的漢字—漢語—漢文化仍
然是台灣社會的最大公約數。

　　這樣的氛圍是在一次次的議題中加強的。國民黨政府在經濟政
策上的失效，以及兩岸議題上給予人民的不信任感，讓黨國體制帶
來的集體負面記憶有機會一再地被召喚出來，對國民黨—中華民國
體制與中共政權的雙重排斥使得文教政策被認為是黨國宰制的復
辟。2011年教育部修正發布「普通高級中學國文課程綱要」，並含
「中華文化基本教材」之課程綱要，於101學年度（2012年9月）高

12　同前註，頁5。

中一年級開始實施,引起廣泛爭議,乃有台灣哲學學會於當年十月
舉辦相關論壇一事[13]。自此以後,有關教材制訂與黨國體制復辟的
聯想不絕如縷,這是我們如何理解〈仍〉所謂「年來轟轟烈烈的課
綱微調問題,始作俑者不就是試圖復辟中華民國戒嚴史觀與文化觀
點的一群有心人嗎?」時可依循的脈絡[14]。

　　歷經「野草莓運動」、「反媒體壟斷運動」、「太陽花運動」
等等大規模學運之後[15],國民黨與在地疏離、傾中、罔顧世代正義
的形象已在年輕一輩心中確立。中華文化的相關議題由於並未經過
真正去意識形態化的過程,因此仍然容易和黨國體制、中國民族主
義想像相連結,這種想法更進一步擴大為對以中華文化探討為主體
的中文系之批判。2015年5月,「搶救國文聯盟」再一次地呼籲提高
高中文言文教學比例時,因強調道德培養與文言文教學之間的聯繫
而引發爭議,也由於觸發年輕人的國文課負面學習經驗而在網路上
產生批評。最具代表性的幾篇文章,包括朱宥勳〈除了歷史和公民,
你知道國文課綱也被調了嗎?〉直指國文課綱反映的黨國宰制與落
後思維[16],顏訥〈當中文系成為一句髒話:從國文課綱微調談起〉

13　該論壇的書面意見與會議紀錄,均刊於思想編輯委員會:《思想21:
　　必須讀《四書》?》(台北:聯經出版公司,2012年),頁235-330。
14　另可參考《自由時報》曾刊載的一則報導:〈捍衛台灣文史青年組
　　合:課綱十人小組 復辟黨國史觀〉,《自由時報》2014年2月10日,
　　http://news.ltn.com.tw/news/focus/paper/752990。
15　近幾年來有大量學生參與的社會運動絕不僅只有如此,而筆者在此
　　列舉的是「中國因素」較強,最容易涉及國族論述者。
16　朱宥勳,〈除了歷史和公民,你知道國文課綱也被調了嗎?〉,《聯
　　合報》「鳴人堂」,2015年5月4日,http://opinion.udn.com/opinion/
　　story/7344/879856。

指出中文系體制下的古典文化學習在當今台灣的意義危機等等[17]。另外，許暉林〈讀中文系的人〉試圖回答中文系介入社會議題的能力何在，該文的撰作背景正反映了社會對中文系、對傳統中華文化在當代意義的質疑[18]。在這些一次次的議題所累積的氛圍下，會出現〈仍〉這樣表現於年輕一輩，對《1949禮讚》這樣的讀法也就不難理解了。

早在楊教授開始撰文重探1949意義時，何乏筆即曾作出以下反思：

> 歷史或許可以拿來證明各種事相，只是通常不會證明某些熱誠知識分子對它的期待。或者說，提倡中華文化的學者在解嚴後從未充分反省過，威權政治與文化教育的共謀關係，從未充分思考過為什麼反而造成許多學生對中華文化深表反感，不僅視之為陳腔濫調，甚至記憶中將之等同於規訓與懲罰。在反省歷史的意願與能力嚴重不足的情況下，將回顧化為創造泉源的條件從何而來？[19]

時隔六年後再回頭看這段文字，筆者不得不認為這仍然是當今社會氛圍給予楊教授的挑戰。

17　顏訥，〈當中文系成為一句髒話：從國文課綱微調談起〉，《聯合報》「鳴人堂」，2015年6月8日，http://opinion.udn.com/opinion/ story/ 6086/953166。

18　許暉林，〈讀中文系的人〉，2015年6月18日，http://opinion.cw.com.tw/ blog/ profile/324/article/2970。

19　何乏筆，〈1949年與台灣的跨文化潛力〉，《思想13：一九四九：交替與再生》，頁90。

四

　　基於自身研究領域所帶來的觀察經驗，在此必須承認，筆者對楊教授的構想是較有共感的。楊教授所做的工作正在於將中華文化去意識形態化，正在於推翻中華文化與黨國體制的連結，進而勾勒其作為台灣可用資源的一面。所謂的可用資源，最終的指向是楊教授說的：

> 我們更有理由堅持一種有機的、非複製性的模式才可能在此塊土地上成長茁壯，而世界需要我們的也是一種內容更豐富的東亞「現代性」內涵的因子，而不是對西方現代性的一種無意義的拷貝。新儒家的宣言所以貌似保守，而實含激進，其故在此。[20]

　　讀完楊教授全盤論述的人應該不會否認，這些重估1949價值的言論，絕不是中華帝國民族主義的複製。當然，即便1949之於台灣具有楊教授所言的歷史理性，這種理性也不得不說是以極為曲折的方式，透過層層苦難的顯現而展開。但1949帶給台灣的中華文化資源，既然沒有必要和黨國體制綁在一起，那麼就能引領人們思考，如何在未來善加利用。從世界的角度看台灣，需要的不是對於其他文化的複述，而是在混雜多元的現代化進程以及文化累積上的獨特經驗，如此才能真正建立自身的主體性，進而生產屬於自身的文化財，對他國產生影響而能提升地位。包括中華文化在內的所有混雜

20　楊儒賓，《1949禮讚》，頁186。

多元成分，都是可利用資源的一部分，那麼就沒有必要刻意排斥其中一者。因此需要做的，並不是僅僅指出中華文化的論述與黨國體制的合謀之處，而是真正讓兩者脫鉤，進行中華文化的去意識形態化。

由於對楊教授構想的共感，筆者希望得見，也希望推闡的，是以一種「加法式」的台灣文化觀來取代「減法式」的台灣文化觀。也就是說，我們與其執著於區分哪些屬於本土、哪些不屬於本土，不如專心思考台灣現在擁有什麼、如何組合以發揮獨特價值。所有的文化體系都不是鐵板一塊，其中的元素永遠在變動中，永遠可以讓我們去重組、去選擇在當代的利用範圍。如果說多元混雜就是當代台灣文化的最大特徵與價值所在，那麼這種價值就需要用「加法式」的態度去維持。

然而另一方面，無法否認的是，如果要探問台灣民主化進程的動力何在，幾乎沒有人會歸功於新儒家論述，而是一次又一次的運動衝撞，才敲開了戒嚴的大門[21]。對台灣年輕一輩而言，新儒家的

---

21 這或許與牟宗三在台灣自覺地選擇的工作方向有關。在《五十自述》中可以看到，他的青年時期使得他對於年輕人投入國民黨或共產黨製造的運動保持戒心。後來在《人文講習錄》中，他說：「我現在和諸位談這問題，是要諸位先在文化意識上先求一開發，然後才可與真正義理之學，甚至西方哲學連接起來。……要對這個時代有所擔當，但也不是拍拍胸膛參加政治舞台的活動，而是要對中西文化兩大主流，加以疏導。……這幾十年來青年們表現理想，都是從浪漫的否定來表現，都是反動，我們以後要轉成正面。……我們現在聚會講習，唯一與現實有牽連的，即是針對共黨的魔道，與自由世界之灰色。這是時代精神的墮落。我們只是對這墮落的末世的時風而講話，除此之外，其他瑣碎的現實，我們概不必問。因為價值標準倒塌之時，瑣碎的現實是無法討論的。亦不值得討論。我們若從瑣碎的現實去講理，則秀才遇到兵，有理說不清。……先從理上立

角色是什麼？恐怕很難取得普遍而正面的答案，自然也就難以接受
楊教授的衡定。雖然在筆者看來，不只是渡海來台的新儒家，若說
當今唐、牟、徐三先生之諸弟子輩的當代新儒家不關心現實社會，
也實在是過於嚴厲的指控，他們依然在努力透過辦刊物、辦營隊、
辦講座，與各地書院合作的方式，來推闡自身「覺民行道」的內聖
外王理想。然而在社會上激起的漣漪實在有限，大多數年輕人並不會
感覺到，當今台灣社會的公共論述活力與新儒家或中華文化有關[22]。
筆者認為，楊教授有意將1949的討論抬高到公共論述的地位，而公
共論述的進行，一方面需要理論的建構，另一方面更需要環境的營
造，才能真正使論述發揮效力，否則楊教授期待的價值重估、期待
的歷史證明、期待的「中國文化引發的台灣夢」與「台灣文化引發
的中國夢」，都難有進一步的現實化。因此在這些楊教授的各種期
待之前，筆者首先期待的，是更大規模、更頻繁的對話。不僅僅是
楊教授在《1949禮讚》推出後，南來北往舉辦座談，也不僅僅是各

（續）─────

　　　腳，不從事上立腳。凡是具體的事實都很複雜。從各個角度去看，
　　　都可說出一套。」見牟宗三主講，蔡仁厚輯錄，《人文講習錄》（台
　　　北：臺灣學生書局，1996），頁9-10。

22　同時，筆者認同賴錫三所言：「就民間的文化層面來看，雖然李明
　　　輝提及台灣民間仍保有高度儒家文化的生命風土，但這未必能過度
　　　樂觀與高估，尤其近年台灣政黨對台灣認同的有效操作，明顯造成
　　　台灣文化與中國文化的裂隙（刻意高視兩者的「差異與斷裂」，低
　　　視兩者的「同一與連續」），許多原本屬於台灣／中國連續性的儒
　　　家文化積澱，被簡化操作成台灣本土文化。其結果造就了台灣在地
　　　文化認同的自覺提升，卻未必能認同台灣本土和儒家文化可能有著
　　　一定程度的連續性。這在在顯示台灣民間保存的儒家文化生命力，
　　　仍需要儒者（而非僅是學者）進行自覺化與顯題化的文教工作。」
　　　見賴錫三：〈「港台新儒家」與「大陸新儒家」的「兩行」反思〉，
　　　思想編輯委員會：《思想29：動物與社會》（台北：聯經出版公司，
　　　2015），頁286。

方論者在文字媒體上隔空筆仗這樣的程度而已，而是像台灣哲學學會為了《中華文化基本教材》爭議而舉行的論壇一樣，讓正反雙方面對面，進行更即時、更深切的對話，解開各種關於中華文化或過於正面或過於負面的形象，向真正的去意識形態化邁進。衝突和火花不可避免，但這才有助於促成更多理解與被理解的可能，同時也是民主生活方式的實踐。因此，禮讚能否開始，仍在未定之天。當然，楊教授此書的推出，已然是一切的第一步，筆者這樣的想法，也是基於這股能量能持續發酵下去的盼望。

　　陳威瑨，中央研究院中國文哲研究所博士後研究員，研究領域為《易》學、日本儒學。著有《日本江戶時代儒家《易》學研究》，以及〈太宰春臺《產語》及相關問題再探〉等論文。

「南移」和「南來」：

《1949禮讚》的延伸思考

魏月萍

　　2015年12月中旬，有幸在台北何創時基金會會所，聆聽有關《1949禮讚》一書的討論會。其中杭之的發言提及「牟唐」（牟宗三、唐君毅）當代新儒家時，語氣激昂，聽出甚不認同牟唐的一些想法。擁有留台經驗的我不覺得訝異，當代新儒家在台灣社會本來就有不少的爭議，一如閱讀薛仁明的著作，可感受字裡行間對當代新儒家的批評，指其萎縮了台灣儒學的生命力；而台灣當代新儒家尊崇宋明儒的思想，更是窄化孔孟思想，把本來活潑大氣的孔子的生命格局變小。

　　「當代新儒家」在台灣，不僅是作為學術派別的稱謂，或以西方哲學理論詮釋中國思想，具有鮮明理論特色的學術群體，最為爭議的是其「政治難民」和「流亡學者」的「政治身分」。這樣的身分置於1949年以後的兩岸關係政治與文化結構，更顯得格格不入，甚至有些扞格。這是1949年國共內戰所造成的歷史斷裂以及文化分斷，誠如《1949禮讚》作者楊儒賓在書中提及「1949」如何形成多重指涉的政治或文化符號。不同的符號意義，固然產生諸多矛盾、衝突和張力，但彼此觀點的排斥、折衷或融攝等，卻可以避免歷史被單一的視角和詮說所壟斷。這是在討論一個重大歷史的政治分斷需要有的視野和胸襟。當天討論人之一的何乏筆，在回應杭之的觀

點時,便建議把「政治難民」轉化為「移民」的跨文化角度,對「當代新儒家」為「流亡學者」、「民國」為「流亡政府」的定位提出質疑及再定位的看法。

有別於杭之的「文化體質論」[1],強調當代新儒家的文化文明關懷乃根植於中國土壤而非台灣,何乏筆儼然看見台灣的跨文化潛力,若能解構政治意識型態的裝飾性,實可開拓豐富的詮釋面向。何乏筆比較當代新儒家和歐洲知識界,有別於一般學界的論述,甚至認為慣常被視為「文化保守主義者」的當代新儒家,其實比歐洲許多知識份子都更有批判現代性的眼光,往往為中文學界所忽略。何乏筆的洞見,讓我聯想到旅台馬華知識人曾慶豹,在1980年代留學台灣期間,開始在馬來西亞華社的報刊與雜誌討論儒家與現代化的關係,開啟了馬華讀者理解當代新儒家代表人物如牟宗三、徐復觀等的知識視野。另外,在1990年代有關「儒家與現代性」的系列文章,他主張傳統儒家可作為現代化條件的倫理基礎,華社建立自身文化基礎的思想資源。他建議跨越儒學作為「傳統思想」的視野,進一步思考如何在現代社會與思想情境底下,找到儒學與現代社會接榫的地方。文化思想的傳播,固然也帶著先天的體質,但它在「旅行」過程中,如何適合在新的土壤上培植,則需要犁地再播種。

《1949禮讚》書中不少文章,對於如何看待1949的「文化南渡」提出論說,也旨在重新檢視「文化南移說」的論述架構。不難理解作者大費周章提醒不要以政治來切割文化的深意,冀重新建構可與台灣接榫的文化傳統,以有別於以政治發展思潮來規定文化自主發

---

1 杭之先生曾提及牟唐等人文化的根是在中國。牟唐關注的是中國傳統面對的問題,尤其是一個傳統面對現代如何轉身的問題,這是屬於中國那一代知識分子的時代問題。

展延續性的說法。把楊儒賓、杭之和何乏筆三人的思考和立論相互
參照,其實可勾勒出兩條支線,一是有關文化內在的認同,自我思
想主體性的建構;二是長時段中的文化遷移、滲透與轉化,如何開
展出多元文化價值論的可能。有意思的是,若把上述論說放到馬來
西亞和新加坡的語境,縱然歷史政治結構和文化脈絡不同,但文化
歷史遷移的發展卻有許多可互相映照的地方。

馬來西亞和新加坡皆是後移民社會,知識與文化的傳播和移民
的形態及階層構成有著緊密的關係。早在1920年代,不少文人南來
南洋,成為華文報的文學文化推動者,遂有了「南來作家」的稱謂[2]。
1930年代前後,一批中國南來學人如劉士木 (1889-1952) 、張禮
千(1900-1955)、許雲樵(1905-1981)與姚楠(1912-1996)等,
在「南洋」這個具有借來的空間與時間概念的地方,開拓出一個名
為「南洋研究」的學術場域,奠定了南洋研究的學術範式,漸循形
塑出豐富的南洋文化。所謂的南洋研究,其實並不限於歷史和地理
的研究,廣義說是涉及今日東南亞不同地域的歷史文化及風土人情
等。許雲樵在〈50年來的南洋研究〉中就清楚表明:「所謂『南洋
研究』,包括一切學術研究在內,不論哲學、宗教、社會、經濟、
教育、語文、自然科學、應用技術、文學、藝術、歷史、地理都可
以作專門的研究。不過有許多學問是有共同性的,譬如自然科學內
的火山研究,雖然在南洋有作專門研究,但在世界其它地方,也作
同樣的研究,地方色彩的意味降低,使人不覺得它是南洋的專門研

2　由新加坡國家圖書館編輯的《南來作家研究資料》如此定義「南來
　　作家」:「南來作家包括的是從中國來新馬工作、生活、後回到中
　　國或留在新馬成為居民、國民的作家。」參王寶慶主編,《南來作
　　家研究資料》(新加坡:國家圖書館管理局及新加坡文藝協會聯合
　　出版,2003),頁2。

究。地方色彩最濃的是史地研究，因此一般人常把史地研究作為南
洋研究的代表。」[3]

　　當時南洋研究學人背負著「反殖」、「興文化」與「興教育」
等的多重目的[4]，而多位南洋研究學人在南洋長居後，也經歷「北望」
和「此時此地」的心理掙扎。縱然在1930-50年代之間，中國和南洋
一帶不能倖免於戰爭，南來的學人在「中國—南洋」之間，相較於
「中國—台灣」，在跨境和移動中擁有更大的靈活空間。二戰以後，
不少中國南來作家或學人，面對安身立命的抉擇，在北歸或留在南
洋／馬來亞，踟躕二者之間[5]。1950年代新加坡南洋大學創辦後，南
洋研究轉入以大學為基地，當時主要推手許雲樵在1960年代初在大
學開設「馬來亞研究」講座系列，投入精力建設馬來亞古代史，希
望能建立一個系統化的馬來亞的歷史體系。值得留意的是，許雲樵
在「馬來亞古代史研究」演講中提及了「馬來亞化」一詞，將它解
釋為「文化的地方性」，也就是馬來亞的「本位文化」。可見當馬
來亞成為地方認同，早期的南洋文化也融攝其中，不一樣的是馬來
亞視角顯示其如何觀看自己的身分位置。

　　許雲樵說：「『馬來亞化』就是要強調馬來亞的本位文化，馬
來亞的本位文化，是由馬來亞各主要民族，以能適應馬來亞環境本
身文化，貢獻給馬來亞而建設起來的。馬來亞化便是要強調這一種

3　許雲樵，〈50年來的南洋研究〉，取自華社研究中心論文數據庫
　　http://myedu.hibiscusrealm.net。

4　具體討論請參拙作，〈中國與在地：新馬兩地對南洋研究傳統的知
　　識認同〉，收錄於《東南亞與中國：連接、疏遠、定位論文集》（新
　　加坡：新加坡亞洲研究學會，2009）。

5　可參崔貴強，《新馬華人國家認同的轉向1945-1959》（修訂卷）
　　（新加坡：青年書局，2007）。

文化的地方性，而不是要使這種文化單純化，更不是某些文化成分消滅。因此當充分善為利用我們這本位文化中的優秀成分。」許雲樵所理解的「地方性」或「本位文化」並非是一種狹隘抑或封閉的地方主義或本位主義觀念，反之他認為地方承傳的文化皆可被貫通於馬來亞的文化體系，是個具包容與開放性的地方意識，非由單一民族的文化系統所主導。由此可知，早期南洋研究從地理歷史角度把握文化的能動性，從跨地理疆界保持文化的融通和能動性，反而可見文化交融的多元形式，在不同的時間階段融通與接榫。也因為較不受個人政治信念與文化道統的干擾，可滋生出貼近在地的文化形態。

　　提出南洋研究與南洋文化為例，不僅說明1950年代的馬來亞化，亦可說明南來學人的在地轉向。這樣的轉向不是二元化的從「彼」轉向「此」，當時學人思考究竟需要怎樣一種「文化體系」，尤其是在一個多元族群文化以及不同文明如印度文明、伊斯蘭文明以及中華文明激盪與衝撞的社會。文化的揀選一般都經歷價值與傳統的競爭，其中的包含和淘汰都是有意識的作為。若再介入政治意識形態，便難免形成有意識的文化編制，非能以一種較自然互動漸循形成的多元文化內涵。馬來亞獨立以後，經歷了新馬分家以及「馬來西亞」的成立，其後馬來西亞「有國籍」的文化論述轉而以國家文化和少數族群文化，以及主流和支流的詮釋框架來把握不同族群文化的分層，從此文化的多元內涵成為有層級的國家文化體系；以馬來文化為主體的國家文化，和其他文化形成巨大的張力。1980年代國家文化原則頒布以後，馬來西亞華社即展開有關「華人主體性」以及「華社價值觀」的熾烈討論[6]。

6　當時在一份重要文化雜誌《文道》，不少知識分子集中討論了五倫

　　至於今日的新加坡，叩問其究竟是以什麼作為新加坡文化傳統的內涵，也非寥寥數語可道盡，其中更受到強大的國家文化意志的覆蓋。自1965年建國以來，新加坡的文化認同便與國家認同密不可分。近日有兩個例子可充分說明這個情況：一、新加坡華族文化中心在2015年底成立，即把所謂的「華族文化」定調為中華文化、移民文化和國家文化；二、一名部長在述及新加坡文化政策時，特別強調以下三點：（1）進一步鞏固國家身分認同感；（2）協助新移民融入我國社會；（3）繼續發展並傳承各社群回饋社會及國家的優良傳統[7]。這兩個例子雖避免不了背後的現實與務實策略考量，卻也實在說明了在論及文化或文化傳統問題時，文化功能乃優先於文化價值的討論。新加坡的文化（傳統）建構，得面對華語與英語社群之間的張力，而此「語言」不僅指傳播文化的媒介而已，而是語言背後的文化系統和思想價值來源的差異，無法僅以「族裔」身分來涵括文化傳統與文化價值的問題，二者之間更非處於中西二元對立狀態，反之，也可能各職其責，在不同的範疇領域發揮不同的作用。

　　若再聯結到《1949禮讚》，書中揭示的尖銳問題乃是如何處理文化傳統和政權的關係，中華文化和台灣文化的關係，以及當代新儒家的道統觀等。這一些不僅是文化結構和文化系統的問題，其中糾葛的「政治性」如何獲得妥善的解釋才是要義。新馬的「南來」不能直接比擬台灣的「南移」，尤其是南移文化傳統和政權緊密絪

（續）

　　　　等傳統觀念，主要問題是：（一）儒家思想具有怎樣一種「世界性
　　　　的價值」；（二）以儒家為主要的價值基礎，到底會形成一個「剛
　　　　性社會」抑或「柔性社會」？詳論請參拙作〈《文道》月刊與八0
　　　　年代知識狀況〉，刊載於《中文‧人》，吉隆坡新紀元學院出版，
　　　　2009年12月，頁20-24。

7　　《聯合早報》〈社論〉「文化政策的終極目標」，2016年2月12日。

綁的事實。但新馬的「南來」的文化傳播途徑，亦是提供新馬文化傳統與建構文化系統的重要脈絡。它的傳播與形塑時間漫長，很難確立起始和終結，同時也涉及各不同社會和知識階層。例如19世紀末至20世紀初的儒家文化傳播，1920到50年代南來文人、報人、學人所開展的報刊、文藝以及歷史地理的南洋文學文化，皆已構成馬來亞文化的主體內容。其後如何轉入和進一步影響馬來西亞和新加坡文化，則得面對兩地族群結構與國家意識的挑戰，胥視民間社會是否具有強大的自主文化論述意識，在不同族群文化競爭底下，建構多元與容忍差異的文化傳統價值與文化形態。我們或許可叩問，文化傳統能否跨越國家的界線和制約，無論那是一個實質或想像的國家形態，回到文化本身與之相關的問題關懷，讓文化從某種政治意識形態或國家意志中解脫出來，發揮其自主的生命力？

魏月萍，任教於新加坡南洋理工大學中文系，專業領域為古代思想史，也關注新馬歷史與文學文化生產問題。近期著作：〈崩解的認同：「馬華」與中國性、中華帝國的知識論述〉、〈「誰」在乎「文學公民權」？馬華文學政治身分的論述策略〉及〈族群政治與宗教暴力：馬來西亞宗教多元論的實踐困境〉等。

雙向內在化的台灣文化與中華文化

許紀霖

　　當我撰寫這篇文章的時候，因周子瑜道歉事件海峽兩岸網友在臉書上隔空論戰正成為網路的熱點。自蔡英文當選之後，台灣問題成為了大陸民眾前所未有的關注所在，台灣的未來，究竟是獨還是統？獨統問題已經成為一個無法解開的死結。對大陸大多數民眾來說，獨不願意，統不可能；而對台灣大部分民眾而言，統不願意，獨不可能。其實，比獨統更重要的是「通」：兩岸經貿、人員往來的「通」已經實現，但兩岸民眾、特別是年輕人之間的心靈距離似乎越來越「隔」，相互的理解、心靈的溝通是未來兩岸事務的當務所急。

　　獨統都是政治的選項，當政治陷入死局的時候，認同問題就分外突出。周子瑜道歉事件表明，台灣人的認同是比獨統還要麻煩一百倍的問題。九二共識確立了「一個中國」的原則，但「中國」究竟意味著什麼？政治上的「中國」在兩岸是有明顯分歧的。但文化上的「中國」可以「一中同表」嗎？當兩岸在政治認同上陷入分歧的時候，尋找文化的共識與「同表」就顯得更為重要。只有將何為「中國」這個問題釐清了，九二共識才能獲得堅實的歷史與文化基礎，台灣的主體意識、台灣人的認同才不致走上「去中國化」、與中華文化對抗的歧路。

　　當我讀到楊儒賓教授的《1949禮讚》一書，雖然在政治認同上差異甚大，但在文化認同上卻有知音之感。楊教授提出的「中華文化在台灣」，超越了獨統立場，將本已陷入對抗、互為「他者」的台灣文化與中華文化，還其本來的互相交融、內在鑲嵌的本貌，是為難得的識見也。

　　海峽兩岸的存在、分斷體制的形成，是冷戰時代的產物；雖然冷戰結束了二十多年，但兩岸的分治，卻依然存在，而且將繼續存在下去。大陸在國際社會擁有無可置疑的國家主權，代表中國；台灣缺乏國際社會承認的主權，卻享有完整的治權。近代以來形成的威斯特伐利亞體系，幾乎所有的政治共同體都是以主權國家為核心，即使是冷戰時期的東德與西德、至今依然處於分斷狀態的朝鮮半島，雙方都在聯合國擁有獨立的席位。至於治權，通常由處於其上位的主權國家所導出，但台灣自從1972年退出聯合國之後，治權與主權剝離，成為主權缺位、治權完整的政權，這樣的共同體在世界上幾乎沒有第二個。楊儒賓教授指出：「台灣政治癥結的『主權』概念原本即是西方現代性的產物。兩岸局勢的特殊性既然那麼特別，也許我們可以繞道思求另解」。（頁162-163）這個「繞道思求另解」，不在已經抽為死結的主權之爭，而在中國的歷史文化脈絡當中。

　　「一個中國、多個政權」在當代政治之中乃是殊例，但在二千年的中國歷史當中卻為常態。古代中國雖然是一個國家，卻不是近代那種以主權為標誌的民族國家，而是王朝國家。歷史上的王朝經常更替，但有一個超越了具體王朝而始終存在的文明共同體，其不僅具有制度典章的政治連續性，更具有宗教語言禮樂風俗的文化一貫性，這一以中原為中心的文明共同體，就叫做「中國」。從時間的延續性而言，中國是以中原為中心的、連續的文明共同體，但從

地域空間的角度說，「中國」又是多個政權並存的空間複合體。

現有中國版圖之內的古代歷史，在大部分時期不是只有一個王朝，而是有多個王朝政權。不說分裂時期的戰國七雄、魏蜀吳三國、魏晉南北朝。即使在大一統的中原王朝時期，漢朝的北方有匈奴、鮮卑政權，唐代有突厥、吐蕃、南詔、回鶻，與兩宋王朝並存的，有遼夏金元。我們所熟悉的二十四史，是單線的、一元的正統王朝故事。但在今日的中國疆域之內，歷史上各個時期除了正統王朝，還有眾多並存的王朝，他們同樣是中國歷史的一部分，只是常常被忽略、被遮蔽的一部分。歷史上的「中國」並非一個威斯特伐利亞體系意義上的主權國家共同體，而是由多個王朝、多個政權共同組成的文明國家共同體。

從中國自身的歷史脈絡中獲得智慧的九二共識其妙在於：雖然兩岸分治，各有治權，但在「何為中國」問題上，超越了主權歸屬的難題，海峽兩岸，共用「一個中國」的文明大屋頂，形成一個由共同的歷史、文化、語言所構成的命運共同體。

如今與「一個中國」對立的，不是一般的台灣意識，而是「去中國化」的極端台灣意識。似乎承認了「一個中國」，承認了中華文化的大屋頂，台灣文化就失去了主體性。那麼，台灣意識究竟從何來，其內涵究竟意味著什麼？

楊儒賓在書中指出：「台灣意識是共同體意識，台灣居民會形成全台範圍的共同體意識是相當晚的，台灣意識就像現代民族主義的萌芽一樣，恐怕都是要在現代國家系統下，經由共同的教育、發達的印刷術、興盛的媒體諸種作用的加持，才容易茁壯」（頁102）。他判斷，台灣意識大約在1860年代前後產生；在此之前，原住民各族群之間，閩南人與客家人，閩南人中的漳州幫、泉州幫不斷上演械鬥的戲碼。1860年代之後，這類械鬥顯著減少，隨著民族主義意

識的出現,台灣意識隱然成型。(頁102-103)。不過,此刻的台灣
共同體意識,就像同時出現的廣東意識、湖南意識一樣,只是一種
省籍意識。中國的省籍意識,是與近代的民族國家意識同時誕生的,
可以說是國家意識的伴生物。所謂的民族主義,在當時有國家民族
主義與省籍民族主義之分。1895年台灣被割讓給日本之前,如果真
的已經有台灣意識的話,那只是與湖南意識、廣東意識一樣,只是
省籍民族主義而已。

　　任何共同體意識的誕生,都要有「他者」。1860年代之前,沒
有台灣意識,只有各種各樣四分五裂、互相衝突的部落意識、鄉曲
意識,1860年代,在台灣出現了省籍意識,之所以如此,乃是缺乏
一個作為台灣整體的「他者」。中國當時是台灣的上位,不是台灣
的「他者」。在清代台灣,無論是通過科舉而實現的士紳階級文化,
還是社會底層的閩南、客家文化,都來自中國大陸,是中華文化的
支流。台灣意識的最早「他者」,乃是1895年之後新的統治者日本。
台灣民主國雖然曇花一現,但可以視為台灣意識的第一次自覺。

　　在日據時代,台灣意識越來越明晰,但其內涵和形式卻是漢語
言文化,林獻堂、蔣渭水的台灣文化協會以中原的精英文化對抗以
「文明」面貌出現的日本文化,社會底層的老人們繼續穿唐裝、年
輕女性流行穿旗袍,以日常生活的姿態頑強地堅守自己的文化認
同。這一文化認同,既是台灣的,又是中國的,台灣意識與漢文化
意識糾纏交融在一起,形成台灣的「我者」,以此反抗外來的日本
「他者」。楊儒賓指出:「就像台灣意識因為日本的統治而強化,
漢文化意識也因為日本的統治而強化,但在統治者軍隊與經濟雙管
的壓迫下,一種自外於日本的我族意識很難光明正大地發展,此時,
漢文化意識很快也很容易取代它的位置,從語言、漢字、詩社、祖
先崇拜,這些都是被視為是漢文化的展現,但同時也是台灣意識的

表徵。」而1945年台灣回歸祖國,「光復後的台灣人民因加入同族的國家,成了中國的國民,所以它同時解決三、四百年來歷史發展的矛盾,台灣居民的文化認同與國家認同的糾葛在光復的剎那一併解消」。(頁103-104)

　　然而,二二八悲劇的發生,使得台灣與中國之間產生了一道長久無法彌補的裂痕。楊書中引用的一個歷史細節非常令人震撼:彭明敏的父親是省議員,在二二八期間代表台方與中央派來的代表談判,受盡官方凌辱,回到家裡傷心地說:「我為身上的華人血統感到可恥,希望子孫與外國人通婚,直到後代再也不能宣稱自己是華人!」(頁105-106)。從二二八這一刻開始,台灣意識的「他者」轉向了,從日本轉向了它的母體中國,從此也受到了兩蔣父子的國民黨威權體制近半個世紀的打壓。越是被打壓的本土意識,越是容易蛻變為一個對抗性極強的、賴「他者」而自我存在的封閉意識。等到陳水扁時代全面推行「去中國化」之後,台灣意識成為與中國意識對抗的意識形態,台灣文化也因此被形塑為與中華文化徹底脫鉤的原發性文化。

　　這些年台灣史的書寫,有關台灣的本土文化認同,基本建立在太平洋島嶼的原住民文化和鄭成功之後的閩南庶民文化兩條脈絡之上。一種歷史記憶的發掘,意味著另一種歷史的遺忘,這個遺忘,就是排斥來自中原文化大傳統,這是另一種對抗。兩蔣時期的國民黨用大中華民族主義壓抑台灣本土文化,而如今的「去中國化」,同樣用本土小文化傳統抗拒歷史和現實之中所真實存在的中華大文化。當對抗性的思維主導台灣主體意識的時候,其歷史與文化的真實內涵被掏空了,剩下的只是抵抗的堅定與勇敢。主體意識的曖昧,需要一個敵對的「他者」。台灣主體這個「自我」無法自圓其說,嚴重依賴於「敵人」的存在。沒有了「敵人」,便沒有了「自我」,

這是殖民歷史帶給台灣的文化困境，至今無法擺脫。

　　任何一種本土化意識，都需要以文化認同為實在的內涵。那麼，台灣文化究竟是什麼呢？我在台灣的時候，請教了多位各個年齡層的學者和學生，他們的回答大多曖昧不清，語焉不詳，只是說台灣文化是包容性很強的文化，吸收了東洋、西洋、大陸、南島的各種異質文化，形成了今天獨特的台灣文化。直到有一天，我在宜蘭的國立傳統藝術中心園區，看了一場由藝術學校學生的打擊樂表演，我才恍然領悟，什麼叫台灣文化。打擊樂的樂器有來自大陸中原的大鼓，也有原住民的腰鼓，還有其他東南亞的樂器，演員所用的語言，一會是國語，一會是閩南話、一會兒又夾雜幾句原住民語言，混合交雜在一起。這就是台灣文化！在他們看來，台灣文化就是多元的、混雜的、離散的，有來自中原的漢語言大文化傳統、閩南的民俗文化小傳統，也有南島民族的原住民文化，還有東洋的日本文化、來自西洋的全球化文化。

　　如此觀之，台灣文化似乎是一種無限開放的、尚未形成傳統的年輕文化，至少到目前為止，它無以自我定位、正在形塑之中。從文化建構主義的思路來說，這似乎無可非議，任何一種文化的未來，都是創造的、變動的，不拘泥於已有的傳統。文化建構主義開放則開放矣，但很容易陷入文化虛無主義的泥沼，因為任何一種文化創造，並非平地起樓，從無到有；創造總是要有所憑藉，要借助已有的傳統。因此，文化建構主義依然需要文化認同作為補充。從文化認同主義的立場來說，被借助的文化傳統並非工具性的，因為任何一種文化創造，都要由人來創造，而人總是生活在一定具體的文化、語言與宗教之中。這些傳統是內在地、先定地鑲嵌在人的生命之中。傳統不是一件可以自由選擇的衣服，想穿就穿，想脫就脫；它具體內在的規定性，通過思維、習俗、語言和宗教，制約了後人創造的

方式、路徑和邏輯。

　　台灣文化脫胎於來自大陸的中華文化,從鄭成功入台開始,中華文化就內在於台灣文化的生命之中,這不是一代人「去中國化」就可以消解的。**「去中國化」本身就帶有深刻的中國印記,帶有中國式文化虛無主義的特徵。**大陸當下的民族主義因為缺乏明確的文明內涵,而成為一個巨大而空洞的符號,而台灣「去中國化」式的民族主義也因為匱乏自身的歷史文化內涵,同樣蛻變為一個貧乏而曖昧的姿態。海峽兩岸的民族主義,表面看起來是對抗的,勢不兩立,實際上都離不開對方,視對方作為敵對的「他者」,賴對方的存在而自我存在。非常弔詭的是,兩岸的極端民族主義居然分享了中國式文化虛無主義的共同精神特徵。

　　那麼,台灣文化與中華文化究竟是什麼樣的關係?是互嵌性的內在關係,還是工具性的外在關係?楊儒賓教授的《1949禮讚》一書,引人矚目地提出了「中華文化在台灣」。在他看來,1949年無論對中華文化,還是台灣文化,都是劃時代的重要年份。1949年不啻為繼永嘉、靖康之後中國文化的「第三次南渡」:隨著國民政府的渡海大遷移,大陸重要的文化財產、學術機構和文化人才進入台灣,這些中原的精英文化使得台灣具有了中華文化的主體性,台灣融入了中華文化,中華文化也融入了台灣,台灣與祖國互相擁抱,中華文化與台灣文化互相鑲嵌,實現了一體化。1949年不僅誕生了一個新中國,也誕生了一個新台灣。

　　楊儒賓提到,胡適、錢穆、徐復觀這些原來流落在國外的文化遺民,幾經顛簸,最後都葉落歸根,回到台灣,終老此地。雖然台灣不是他們地理意義上的故鄉,但對這些文化遺民來說,台灣卻是文化意義上的故鄉。而在上個世紀的50-70年代,中華文化在大陸正被連根拔起、備受摧殘,正是台灣保留了中國文化的種子,文化之

根在台灣。在胡適、錢穆、徐復觀他們看來，文化在哪裡，故鄉就在哪裡。

楊儒賓說：「『中華文化』和『台灣文化』已是互紐互滲的關係，即使不論四百年來台灣漢文化與中華文化的實質關係，單單從光復後，尤其是一九四九的渡海大遷移以來，『中華民國』此政治實體所滲透的『中華文化』已是台灣文化的實質因素」。（頁149）中華文化內在於台灣，這一文化現實不管你喜歡還是討厭，畢竟已經成為事實。不管如何「去中國化」，中華文化已經內在於台灣的歷史與現實的生命之中，鑲嵌為台灣文化的內在價值。無論是中原的儒家大傳統，還是閩南的民俗小傳統，都已經在台灣人這裡刻骨銘心，深入骨髓，無法剝離。

誠然，台灣文化的內部元素是複雜的，並非純粹的中華文化分支。作為緊鄰歐亞大陸的太平洋海島，台灣開埠以來的四百多年，承受了兩種不同的文化季風，一種是來自大陸的中華文化，另一種是來自海洋的東洋、西洋文化。台灣文化就像台灣的地理位置一樣，處於大陸板塊與太平洋板塊之間。兩大板塊在此交匯，並非天然無縫，而是存在著深刻的裂痕，常常兩大板塊相互衝撞，發生自然的或文化的大小地震。大陸的中華文化與東西洋的海洋文化都在爭奪台灣這塊寶島。台灣人逐步化解了各種外來文化的衝突，經過一個世紀的演化，將各種外來文化融合為有鮮明特色的台灣文化。但無論是中華文化，還是海洋文化，都在台灣的歷史與現實當中內化了，成為台灣文化不可分離的一部分。假如剝離掉這些外來文化，不管是「去中國化」，還是「去西洋化」或「去東洋化」，就不成為今日引以為傲的台灣文化，台灣文化將什麼也不是。

正如楊儒賓教授所分析的那樣，中華文化對於台灣來說，已經是自身的一部分，而且是非常核心的一部分，無論是作為大傳統的

漢語言精英文化，還是作為小傳統的閩南庶民文化。已經滲透入台灣人的血肉與靈魂之中。究竟是莊周夢蝶，還是蝶變莊周？中華文化與本土文化，在台灣早已是水乳相融，你中有我，我中有你。

　　在這裡，我想補充一個事實：不僅中華文化內在於台灣，而且台灣文化也同樣內在於中國——這是一般台灣人所不曾意識到的。在上個世紀90年代，當大陸向全球開放，經濟進入高速軌道的時候，台灣的資本、人才、技術和文化蜂擁進入大陸，對大陸的發展起了不可代替的引領作用。因為同文同宗，沒有語言與文化的隔閡，台灣成為大陸的最佳示範，是「內在的他者」。在許多大陸人看來，台灣的今天，就是大陸的明天。台灣人假如到大陸，特別是上海、杭州、蘇州這些江南之地走走，到處都會驚喜地發現「另一個台北」。從學術、儒家、佛教，到語言、設計、餐飲，那些城市的當代文化都深刻地打上了台灣風格的烙印。台灣的學者給大陸學術界帶來了曾在大陸中斷了的傳統文化，也傳授了西洋的現代學術方法；證嚴法師的慈濟會主辦的慈善公益活動風行於大陸的中產階級，星雲法師在家鄉宜興建立的大覺寺為大陸的寺廟文化提供了全新的台灣風格；各種台式餐飲、咖啡館風靡大陸各大中城市，台灣在上海就像上海在台灣一樣，是商家們爭相借光的金字品牌；大陸建築、裝幀的設計也受到台式「小清新」風格影響，台灣的「小確幸」為眾多大陸白領階層引為生活的價值觀。特別值得一提的，以吳儂軟語為基礎的台灣國語，如今代替了以北方話為基礎的普通話，成為大陸媒體主持人、青年白領和大學生的說話風格，以至於我好幾次見到北方和廣東來的年輕人說一口台式國語，還誤以為他（她）是台灣人！

　　台灣的年輕人有時候太自卑，總以為小台灣影響不了大中國，事實上，文化上的「反攻大陸」早已成為現實。登陸大陸的台灣文

化，既有中華文化的古風，也有東西洋的異國情調，更有台灣本土的草根性，這些異質的元素融合在一起，形成大陸民眾喜聞樂見的台式風格。台式風格經過二十多年的傳播，早已在大陸生根開花，內化為當代大陸文化的一部分。中華文化內在於台灣，台灣文化也同樣內在於大陸！

大陸文化與台灣文化，相互之間都是「內在的他者」，彼此互為形塑，「去中國化」了的台灣文化難以想像，「去台灣化」了的大陸文化也殘缺不全。大陸與台灣攜手，正在創造中華文化的未來。海峽兩岸，同居中華文化的大屋頂之下，共用歷史遺留下來的語言、文化、宗教，形塑中華文化的多元前景。

超越主權，海闊天空。政治上兩岸分治，但文化上有「一中同表」的可能性空間。個人可以移民，鄰居卻無法搬家。不管你喜歡還是不喜歡，海峽兩岸的人民總是要在一起。台灣與大陸，屬於同一個命運共同體，從對抗走向和解，符合兩岸的雙方利益，也是中華歷史的內在邏輯所在。

許紀霖，華東師範大學歷史系教授。

1949年符號學

艾皓德

就台灣人而言，1949年是一個充滿象徵意義的年份；就中國大陸的人而言，也是如此。當一個簡單的數字變成一個具有象徵意義的符號時，事實的某一部分就被特別凸顯出來，同時另一部分自然被隱蔽或遺忘 。這種符號有聚焦的作用，凡是聚焦範圍以內的東西，人們看得特別清楚，而聚焦範圍以外的東西，人們卻視若無睹。然而，我們經常忘記符號不是事實本身，而是一個從特定角度來看事實某一側面的鏡頭，除了凸顯與隱蔽事實的某些真相以外，還很有可能會將事實真相的許多面相歪曲掉。

失敗與勝利

對不同的群體而言，1949年這個符號的象徵意義完全不同。對國民政府來說，它代表「大陸淪陷」、「政府遷台」的大悲劇，時間久了「反攻大陸」的希望也愈來愈渺茫，總統府前面「反共必勝，建國必成」的標語也顯得跟連外蒙古都包括在內的中華民國版圖一樣不實際，既可笑又可悲，以致今日關於「一個中國」的「共識」，對許多台灣土地上的人而言早已不代表恢復1949年以前政局的希望，而是代表中共統治下的中國崛起後越來越明顯對台灣的威脅。

對中國共產黨來說，1949年這個符號代表的是一種「勝利」、一種「解放」，它的隱含意義是，「中國人民站起來了」、「新中國成立了」。雖然現在很少有人完全看不見大躍進、文革以及其它毛澤東統治下政治運動的大悲劇，但時至今日仍有許多人，甚至可能是大陸上的多數人，仍然因1949年的變局而感到十分慶幸、萬分感激：「要不是共產黨，哪兒來的新中國！」對毛澤東的尊敬或神像似的崇拜也仍然普遍存在。正在「崛起」中的中國，不也是1949年的遺產嗎？對於這六十幾年來的殘酷歷史，許多中國人不是視而不見便是刻意遺忘。1949年的象徵意義可以壓過和隱蔽一切的事實真相。

新的符號意義

楊儒賓要推翻這種「勝利」謊言的象徵意義並不難。無論是從經濟或文化的角度來看，1949年的共產革命給中國大陸的人民帶來了空前的災難。毛澤東的中國是個暴力性的中國，是壓制異己的中國，殺害人性的中國，當然文化層面也不例外，革命後的中國成為政治化的文學和藝術沙漠。

楊儒賓可能沒有試著推翻國民政府對1949年這個符號的解讀，但他的視角還是不一樣，他看到了這個符號所掩蓋的另外一個事實。大陸淪陷、政府遷台或許真的對於整個大中國是個災難，但對小小的台灣倒是提供了許多歷史上從來沒有過的新機會。塞翁失馬，焉知非福！他的例子多半是從他自己十分熟悉的學術界和文化界來的：博物館、學校、宗教團體、音樂、舞蹈、戲曲、文學、藝術等等，無一不是因為從大陸遷移過來的人和物、機關和傳統才能成長在這塊土地上。除了學術和文化領域以外，政治、經濟、社會

也都一樣受到十分顯著的正面影響。

　　這個事實顯而易見，擺在我們的眼前。我們卻視而不見，需要楊儒賓的幫助才能看到事實真相。這可能是因為1949年的另外一種符號化現象而使其然：台灣獨立運動興起以後，自然也會把1949年當作一個象徵意義濃厚的符號，代表「外來政權」的遷入、「白色恐怖」的暴力，以及對台灣獨有文化和語言的強烈鎮壓，並以「二二八事件」的屠殺為前奏。它不謀而合地與國民政府一樣將1949年視為悲劇和災難，只是它認為這個悲劇和災難的罪魁禍首不是別人，而是國民政府，而且地理位置限於台灣。這種說法曾經有它的重要意義，打破了幾十年來國民政府對資訊的控制，翻開了事實的另外一個殘酷的面相。這是符號化的正面意義，而且這樣的事實早已被社會大眾接受了（儘管對死亡人數等等仍然存在爭議）。然而，雖然這樣的符號曾經讓人們看見原來被隱藏在盲角中的事實，它本身卻也有它的盲點。它忘了除了負面的影響以外，1949年的所謂外來政權對台灣社會與文化也有巨大的貢獻。楊儒賓重新把1949年這個符號拿出來轉一圈，是十分必要的。

1949、1959、1989

　　任何駐中國的外交人員都知道在與當地人談事情時有所謂的三個「T」不要碰觸：Taiwan（台灣）、Tibet（西藏）、Tiananmen（天安門）。碰巧，這三個「T」可以用三個符號化的年份來代表，而且都以9結尾：第一、台灣在1949年獲得它世界舞台上的重要而可悲的地位。第二、1959年的西藏發生大規模的抗議活動，引起一樣大規模的鎮壓，使得達賴喇嘛等上層宗教與政治領袖逃到印度。第三、天安門廣場上的學運以及接下來的血腥鎮壓是在1989年發生

的。跟1949年一樣，另外兩個符號也都比我們平時想像的更複雜和多面。

就西藏社會和文化而言，1959年當然是個負面的符號。更早中共進攻西藏可以說是它的前奏，等達賴喇嘛以及將近十萬個西藏難民離開西藏，走路或騎馬到印度時，悲劇和災難正式來臨。接著，大規模的迫害與破壞使得西藏境內的宗教文化在很長時間幾乎沒有呼吸的空間。毛澤東時代尤其是如此，而改革開放後風氣仍然很困難、很不穩定。結果，西藏文化的重心逐漸轉移到別的國家，而原來被視為聖地的西藏領土只能在中共控制之下勉強維持部分的宗教與文化活動而已。

但正是因為這樣的殘酷發展，西藏宗教與文化才有機會走向世界化及國際化，成為世界佛教的重要成份。也正是因為如此，所以達賴喇嘛才可能獲得諾貝爾和平獎，走上世界舞台。可能也是因為這樣，所以現在會有許多西藏的喇嘛到台灣來傳道或傳教。或許西藏的政治局面太殘酷，以致用「焉知非福」的道理來將1959年這個符號轉向正面的意義似乎太過分，但雖然這個符號對西藏本土的負面意義很明顯，可是對西藏以外的西藏文化來說，1959年或可代表一個嶄新的開始，甚至或可說一個不小的勝利。

1989年天安門事件的例子更複雜。因為血腥的鎮壓而喪失生命的學生究竟有多少，我們無從確知，只知道確實不少。但如果嘗試做一點連貫性的與事實相反的歷史推測，我們仍然可以問：如果沒有1989年的學運與鎮壓，還會有1992年鄧小平的南巡嗎？如果沒有1992年的南巡，還會有千禧年後的中國崛起嗎？當然，中國崛起將會對誰好，對誰不好，我們還不知道。

將三個「T」放在一起談，並將三個以9結尾的年份並列起來，或許有點做作，像字母和數字的遊戲一樣。然而，這麼做至少可以

讓我們從別的例子來看得更清楚符號化的凸顯和隱蔽的雙重作用。

歷史之終結

　　就中國大陸而言，1989年這個符號代表民主運動的失敗；而在歐洲，1989年正好相反，代表民主運動的勝利。最有名的是柏林圍牆的倒塌、東德與西德統一的象徵性的開始，其實那時波蘭和匈牙利早已開始自由化；接著整個東歐逐漸民主化，東歐與西歐之間的「鐵幕」消失了，兩年後連蘇聯都解體了，而且也開始民主化。在東亞，台灣的解嚴和南韓的民主化也差不多是這個時候，或更早。

　　從黑格爾開始，西方史學往往將歷史發展視為是有其最終目的的，1989年後許多西方學者跟早期的牟宗三一樣認為，歷史發展的最終目的是全面民主化，而且這個目的很快就可以實現了。美國日裔學者法蘭西斯‧福山寫了一本書，認為世界已經接近「歷史之終結」的階段，最終目的已經快達到了。

　　諷刺的是，福山寫完那本書後，進一步研究的不是民主理想國的實現，而是民主體系下的「政治腐蝕」。他的著重點並不在於民主過程早已倒退的俄羅斯、泰國或南非，而在於他自己所在的美國，也就是民主國家的標準例子。福山認為這個民主理想國不但沒有實現它所標榜的民主價值，反而失去了原有的價值，進入民主衰退的時期。有人問他前後的思想有沒有改變時，他肯定地回答說：「寫《歷史之終結》時，『政治腐蝕』還不是我詞彙的一部分。」換言之，當時他被1989年這個美好的符號蒙蔽了眼睛，只看到未來的光榮，沒有看出四面埋伏的各種對民主制度的威脅。與其說1989年是美好夢境的開始，不如說它是「樂極生悲」的轉捩點；民主氣氛的高點也是民主內在問題的起點。當時已經有人提過這樣的事實，試

著潑大家的冷水，但大部分的人當時寧願把1989年民主夢想當真，不願直視眼前已經在萌芽的各種問題。

　　福山可以逐漸放下對自己所崇尚的符號的理想化和偏執，進而揭露盲角中令人不舒服的事實真相，加上「政治腐蝕」的重要詞彙，這代表一種十分成熟而有彈性的思維模式。20世紀相反的例子太多了，最嚴重的包括納粹黨的種族淨化、共產黨的民主專政、日本帝國的大東亞共榮圈等等。我們都傾向於將自己的符號系統絕對化和單面化，拒絕看到事實的多面性與複雜性、拒絕承認理想國的缺陷和美中不足。我們不容易像福山那樣調整自己的符號系統，而寧願像毛澤東那樣強迫性地、甚至於暴力性地改變不符合理想和夢想的周圍環境。

反政治腐蝕

　　楊儒賓對1949年這個符號的重新解讀代表一種與福山一樣成熟的思維模式。以我看來，他主要不是否定自己曾經歸屬的台灣獨立運動對這個符號的解讀，而是否定這樣的解讀的壟斷地位。1949年這個符號，無論是對大陸還是台灣，都充滿了多元性和複調多音部意義，假如把它單面化，就等於為了自己的解讀而遮蓋事實的某些面相，使自己的視力退步，為了一個狹窄的目的而失去視力的寬度和廣度。

　　1996年台灣人在中共飛彈的威脅之下首次自由選擇自己的總統，這種民主的勝利非常值得慶祝。但台灣民主的政治腐蝕或許也是同時開始的。我一些大陸的朋友十幾年前來台後說台獨運動的某些極端的表現，如攻擊所有不會說台灣話的「外省人」等，讓他們感覺回到了文化大革命的氣氛。他們原先以為台灣是個自由開放的

地方，比自己居住的中國大陸開明，而這時他們的印象正好相反。

如果將1949年這個符號單一地視為是代表「二二八事件」的屠殺、「外來政權」的遷入、「白色恐怖」的暴力，以及對台灣獨有文化和語言的強烈鎮壓，這可能是這種政治腐蝕的極其危險的表現。如果能夠像楊儒賓那樣擴大、調整和推翻1949年的象徵意義，對於健全民主的發展有重要的貢獻。只要有人類在此，歷史就不會終結，如1949年這樣的符號的象徵意義也一直都會繼續存在爭議。最值得害怕的不是這樣的爭議，而是這樣的爭議的停止。

艾皓德（原名 Halvor Eifring），挪威奧斯陸大學文化研究與東方語文系教授，國際雅肯靜坐學會秘書長，研究中國語言、文學及靜坐傳統的歷史發展。

「1949」意味著什麼？

蔡岳璋

歷史無法棄保，但有時為了活下去，卻不得不「必須遺忘」（誰記得誰痛苦），甚至改寫。1949不是「要不要」的問題，而是有了之後怎麼辦。在《1949禮讚》[1]中，作者試圖將1949從政治視野解放出來轉向文化發展，從表層的災難性事件挖掘底層的結構性意義（頁56）。

伴隨國際局勢的詭譎變遷，與身處「帝國周邊」不可逃的飽受牽連，台灣在每個治理階段[2]對於各文化、政治強權的認同與轉向，強弱有別。但始終一致的歷史邏輯則是物極必反。壓抑與反抗相反相成（台灣諺語所謂「嚴官府出厚賊」），隱藏在深不見底的牽制背後，是反作用力蠢蠢欲動開始集結[3]。坡峰與坡谷總是緊密相連。關於文化、政治的認同與不認同，即便有過（未曾消失）程度不等

1　楊儒賓，《1949禮讚》（台北：聯經出版公司，2015）。以下引自本書，隨文標注頁數。

2　包括1624荷蘭東印度公司落腳台灣、1661鄭成功入台、1683施琅攻台、1895日治伊始、1945台灣光復等。

3　借用毛澤東對立統一的唯物辯證法的話來說就是：「和平時期不醞釀戰爭，為什麼突然來一個戰爭？戰爭中間不醞釀和平，為什麼突然來一個和平？」（《毛語錄》）。

的激烈鬥爭，但千差萬別的文化分類與認同，在歸屬感的象徵意義上，無可諱言具有同等價值內涵[4]。正視 1949 的歷史創傷，把對歷史的價值判斷訴諸皮膚感覺，一定程度可以避免無可救藥的意識型態的浪漫化投射。這一點作者自然明白，但《1949禮讚》志不在此。創傷與救贖在本書處於非中心的位置。

　　作者有意為既存的歷史解釋重新定錨，進行充滿方向感的、有立場的把握。本書指出，1949大遷徙對於台灣史、中國史、台灣學術乃至整體華人文化意義別具。對台灣而言，尤其如此。一方面它是近代中國苦難的終點，同時也是新台灣的起點（文化意義上的）。1905年，維持一千三百年的科舉制度廢除，新學成立；1911年的辛亥革命（以一種它自己的方式[5]）終結了兩千一百多年的中國帝制，君臣倫常取消，預設人人平等；到了1919年，爆發了以青年知識分子為主體的五四運動。這三個年份的內在精神與運動要求，共同打造了民國學術的基本格局與主要內涵——文化傳統價值與自由主義理念，從而具有新舊學術（古今）與中西學術（東西）的銜接特色（頁289）。1949之後，對於民國學術的繼承，讓台灣的人文學術注入了不容忽視的血氣資源。同時也促成「整個漢文明甚或東亞文明板塊的轉移」（頁56），台灣開始進入東亞文明的構成視野，取得重要的對話地位，「四百年來首次得以實質性的參與漢文化大傳統的論述」（頁77）。正是這個千載難逢的機會，「台灣才真正有較

4　儘管大家對它的經驗與想像各異其趣。所謂的「經驗」富涵個別色彩，也意味著「不一樣就是不一樣」的不可化約性。尤其當人們在描述自己的經驗時，特別深具信心。

5　作為「現代革命」的辛亥革命，在武昌起義後耐人尋味地以「各省紛紛響應宣布獨立」（而非直搗皇城）的方式架空清王朝、脫離清政府。

完整、清晰的文化主體性格，這是個比傳統還傳統、比現代還現代
的新漢華文化。」（頁80）作者甚至研判，1949在台灣，「可能是
漢文化南移在地理上的終點，而一九四九則是漢人南遷在歷史上最
後的一波。」（〈序〉，頁21）沒有中華民國─台灣一體化的主體
建立、沒有文化財與人才的不可避免的遷徙，以及種種歷史機運的
交錯編織（頁81），現在的台灣或許將無從想像。換言之，在那之
後，台灣再也不能沒有1949，而1949也不能沒有台灣。「1949的潛
能並未完全被耗盡」成為貫串全書的潛台詞。

　　關於「民族」，前陣子過世的安德森有一個膾炙人口的說法：
民族之所以為民族，它是想像的政治共同體（並且被想像為在本質
上有限，同時享有主權的共同體）。而「區別不同的共同體的基礎，
並非他們的虛假／真實性，而是他們被想像的方式。」[6]如果民族自
我的形成，並非本質性的存在，而是建立在故事與象徵層面的構成
上。那麼在2015談1949則意味著：喘息甫定的委身於一個驚魂難平、
永不穩固的歷史介面上，再一次的啟動想像。讀者需要的，不是拒
絕任何的想像共同體，恰恰相反，是更多的「被想像的方式」[7]（甚
至是「無法想像的想像」）。並且不斷的發現更多的、某種遠為龐
大乃至可能無法負載的、遺忘已久的現實，歷史解釋話語及思想的
運動方式。

6　（美）安德森（B. Anderson）著，吳叡人譯，《想像的共同體：民
　　族主義的起源與散布》（*Imagined Communities*）（上海：上海人民
　　出版社，2005），頁6。

7　龍應台，《大江大海 一九四九》（台北：天下雜誌公司，2009）；
　　齊邦媛，《巨流河》（台北：天下遠見出版公司，2009）；李敖：
　　《大江大海騙了你：李敖祕密談話錄》（台北：李敖出版社，2011）
　　等。

　　另一方面，雖然早期港台新儒家，試圖通過儒家傳統資源，盡其所能地調和、「發現」（如果不說是「發明」）自由民主與儒家傳統的內在關係[8]。但這並不意味著社會主義與儒家傳統自此絕緣。恰恰相反，這幾年大陸的儒學研究者，透過從康有為到熊十力等傳統資源[9]，極力要讓儒家傳統「向左轉」。（當然這麼做究竟是將社會主義給儒家化，還是將儒家社會主義化？後續效應還很難說。）《1949禮讚》的集結（各章寫就年代橫跨2003-2015年）意義之一，正相對化了近年甚囂塵上關於「新三統」[10]的主權論述位置。重新貞定1949，指認一個相對於自身過往歷史記憶的現代意義，同時也是重新思考「邊緣」。這個邊緣不只是帝國周邊的生存處境，也是經由中國方興未艾的新三統與隨之而起的台灣國族主義，所共同夾殺的話語邊緣。1949作為一種「態度」，它當下直面中國和台灣，在雙方都無法逃避、難以撇清的曖昧關係性（傳統）中，質疑、追索台灣與中國的存在方式，有意無意地騷擾著亟欲結合儒家傳統與

8　牟宗三的「開出說」（良知之自我坎陷以開出民主科學），認為要從內在需求直接開出很難，必須透過斷層的再生（從西方引進）接上儒家內在需求；西方在此提供了形式，而民主的價值原本就內含在儒家思想中。

9　劉小楓，《共和與經綸：熊十力〈論六經〉、〈正韓〉辨正》（北京：三聯，2012）。

10　中國大陸近年流行所謂的「新三統」包含：一、以孔子為代表的中華文化傳統；二、以毛澤東為代表的共產社會主義傳統；三、以鄧小平為代表的市場經濟自由化的傳統。見甘陽：《通三統》（北京：三聯，2007）新三統說少提甚至不用牟宗三所謂「開出說」，而即使有所謂「開出」，主體也將與新儒家不一樣。通三統要將文化傳統當成大主體，從中國自身尋找有效解釋現代革命與共和政體誕生的理論資源。

國族一體的大敘事（如中國）[11]，以及急迫切割兩者連帶關係的反敘事（如去中國化）。藉由1949的重構與再編成工程，探求台灣—東亞文明一體化的認識方式與台灣近代的內在涵義，繼而複雜化長久以來對於「中華文化在台灣」的既定認知與拮抗現象。從這個意義上講，《1949禮讚》又可以說「比本土還本土」。

視差轉換並不等於對象差異。作為態度的1949，作者更從歷史理念的高度，思考兩者（台灣與中華文化）互動、推移的在地想像。毛澤東曾說：「逃到台灣去的國民黨不過十分之一，留在大陸上的有十分之九。」（《毛語錄》）如果民國的人力、物力只有十分之一到台灣[12]，可見本書作者談民國學術不是數量的問題，而是理念、

11　柯小剛指出推動三統說的背後，其歷史焦慮與政治、文化上的戰略考量：「如果這一代中國人還不能把新中國的政治理念與傳統政治文明的話語銜接起來，如果在時隔百年之後的今天，我們還不能從中國傳統的史觀和敘事話語出發，對現代革命與共和政體的建立作出有效的解釋，那麼，現代革命的成果真的就會付諸東流了。」見氏著，《古典文教的現代新命》（上海：上海人民出版社，2012），〈古今通變劄記〉，頁68。孫歌則指出，在對於辛亥革命的特定瞬間的關注中，「溝口有一個耐人尋味的觀察：在被視為對傳統進行了徹底破壞的文化大革命時期，中國社會恰恰把禮教社會的倫理規範發揮到了極致。所謂集體勝於個人、紅勝於專、人治勝於法制、公勝於私等等價值判斷，正是儒教倫理規範的極端表現，只不過這些倫理規範的內容被換成了現代革命話語而已，價值判斷本身卻沒有改變；按照溝口的這個思路繼續推論，那麼當改革開放遭遇了種種困境之時，儒學邏輯的復興就並不是件突兀之事，而當代中國對於和諧社會、相互扶助機制、家庭倫理等等的強調，難道不是鄉里空間曾經賴以維繫的意識形態的現代版本嗎？」孫歌：〈鄉里空間與鄉治運動〉，「重新認識中國2國際學術研討會」論文（桃園：中央大學亞際文化研究國際碩士學位學程，2015年10月31日），頁6。

12　在中央研究院選出的第一屆（1948）81位院士中，9位到了台灣，

價值的賡續問題。在《1949禮讚》一書中，隱約可以發現潛藏幕後，始終起著支配作用的終極範疇：歷史理性。黑格爾認為，關於歷史哲學的研究，必須抱持一個信念：以「理性」作為世界的主宰，世界歷史的發展因此成為某種合理的過程。換言之，歷史不是偶然的發生，而是世界精神走上了一條合理的、必然的路徑。「理性」在黑格爾，不只是人類腦中的抽象理念，它具有自我實現的能力。它實現自己，而且不只在自然界中展現，也在世界歷史中展現。這在黑格爾是歷史研究的前提，而在本書作者似乎也成為「1949論」的定海神針。歷史理性風靡之處，使得台灣學術成為民國學術的繼承者（而且這樣的繼承被視為是**本質性的**，而非後來添加的）；甚至五四以來的自由主義，也逐步成為指導台灣政經發展的主要價值；作為文化生活形式的「禮」與成熟的「鄉里空間」[13]，也對台灣社會產生莫大影響力。一路走來，社會氛圍改變，從1905-1911-1919以來逐漸成形的文化傳統主義與自由主義，在台灣不僅僅是學術問題，同時也被視為理念而規定著現實的發展。這樣的改變，與其說是「推力」造成，不如說是「拉力」。推與拉作為不同的兩種力量，後者具有一方向性；而主導這個拉力的，對本書作者而言，歷史理性隱約作用其中。歷史的發展是精神的自由發展，歷史透過1949在台灣，一步步展現自身的價值。[14]

（續）

> 12位去了美國，60位留在大陸。到台灣的恰好占全體的十分之一（11%），數據細微，也成時代縮影。

13　某種非一般空間與現代市民社會概念，而是以鄉紳、庶民、地方官吏等為主體（特別是鄉紳），強調組織功能與機能性的治理範圍與營運生活。

14　一段潛台詞似乎是在說：「五四運動」催生了中國共產黨，五四精神卻成為「被背叛的遺囑」（1949以前的學生運動都是愛國的，新中國成立之後，學生運動則被視為是反動的）。

　　歷史從來不是玫瑰色的。有立場反而好，因為我們只能在選擇立場之後開始思考。作者在這個時代、在台灣，明目張膽的再次提起「1949」，乃至倡言「新漢華文化」，一方面不與既成現實妥協，且不以雙邊國族主義興奮劑治癒自身，從而保持著某種激切的文化之情，似乎決意要讓過往的症狀在自己身上一步步的走完。[15]因為抵抗時代的浪潮，作者守住了自己的主體位置，乃至同時也為別人守住了。《1949禮讚》可視為再一次對於常見的政治情感綁架所進行的有組織的「破壞」與「暴力」的練習。當然，裡頭也預藏著作者本人的哲學賭注，個人文化品味及有意或無意間的價值判斷系統，種種假說或更遠為深沉的信仰結構。而所有關於事實的集結與陳述，都不可避免的被捲入原先設定的範疇之中[16]。

　　然而，漢文化本身就是一個多元複雜的集合概念，從來就不（能）是單一指涉，作者不會毫無所悉。就像再怎麼強調近代台灣與中國，無論在政治、經濟產業、人口遷徙、生活文化、宗教民俗……等方面一體連帶，但這樣的一體連帶也是由複雜的連續性與即刻差異的斷裂性彼此張馳交織的過程。「新漢華文化」是主詞，但恐怕也是永未完成、在歷史過程不斷經由排除與吸納邏輯矛盾互動的異質綜

---

15 見蔣年豐，《台灣人與新中國：給民進黨的一個行動哲學》（台中：作者自印本，1988）

16 例如《1949禮讚》書腰上寫道：「台灣海峽兩岸人民各有它們的1949，1949年之於新中國，主要是政治的意義；1949之於新台灣，則是文化的意義。」文化或學術遷徙、價值的保留、延續與改造，在在都與發動遷徙、保存／改造價值的政治載體相結合。1949之於新台灣，政治意義是否已經全然滑落？1949新中國成立，新台灣的誕生，同時也是「民國」的落日？1949論的解釋模式如何為政治批判提供想像空間，而得以避免重複陷入將文化與政治相互排斥、對立或切割的泥沼？文化表徵與政治動力的內在關係仍有待解釋。

合。這種關於文化的「多元複雜的一體化」身分，大概也是1949論的前提之一。職是之故，民國學術在台灣落地生根的合理性才有可能被思考。另一方面，概念的產生往往必須仰賴靜止不動，同時也教思想止於凝定。與其將1949視為是一個「概念」，毋寧將其視為具有可操作性的「主題」。雖然「文化中心南移運動」（頁77）、「南渡」的歷史現象在中國的歷史變遷中不時出現，但經由現代歷史連續性與不連續性、同一性與非同一性相互推移所建立起來的「1949」，是否在歷史化的同時，也應該關注它的現代轉身，對1949大遷徙進行批判性的重建？

作為一種話語與另外一種話語之間的差異化的平台，「1949」將是一種情感與另一種情感託付記憶的盤旋之地，其間的價值判斷飽含著歷史的可變性。作為「事件」或「主題」，其間並無永恆既定的屬性。更進一步說，這樣一個充滿時間感，同時集結著近代歷史苦難的「事件」，也許更像是關於海納百川的空間隱喻——它以時間的姿態隱喻著關於「永未完成的獨一性」的暴露與展開。在那裡，「1949」幾乎將被賦予一種「原初的可能」，一種沒有指向特定具體可能性，卻是所有可能性賴以為生的*場所*———一個足以容納再歷史化、再本土化、再民國化的新破口，某種非均質的、去中心的、關於時間（事件）本身的差異之地。「1949」將不斷地被閱讀它的政黨、社會、個人所「改寫」，不同族群、個人、政體都將藉由它說出那「永遠拒絕被說出」的潛在性。當然，「1949」絕非人們興之所至而稱為1949之物。但它也不應該是規範性、本體性（ontological）的語彙，而是描述性的、功能性的（functional）。它更像漫遊者眼前不斷退後的地平線。歷代漫遊者在平原上找著自己的路，但接踵而來的，只是一個又一個平原不斷地在他眼前展開。在這裡，重要的並非追本溯源（或者要把歷史走完，如南渡終點），

而是某種關於缺席對在場的優先性，一種也許可以稱為易經式的史觀。易經的歷史性不在神意的顯現、永恆的回歸或階級鬥爭；易經的歷史性正來自它的「不具歷史性」。「1949」的本體論（如果有的話）不在它的本質主義，而更像是像蛇一般的蛻皮、變動。在這個充滿契機與熱情的否定性面前，原本組成的有機物將隨著歷史的生長週期性蛻掉，不斷更新卻沒有終點（未濟），沒有終極目標與救贖，其意義就在於每次的創造之中，以及隨之而來無可丈量的潛勢。

蔡岳璋，台灣交通大學社會與文化究所博士候選人。近來關注莊子思想的文學性，曾發表〈試論莊子文學空間——來自「嘗試言之」的考慮〉、〈學問家的革命與傳統的發明——以章太炎《齊物論釋》為例〉等。

「民國南渡」的多樣面向：
回應楊儒賓教授《1949禮讚》

鄭鴻生

在楊儒賓教授《1949禮讚》一書的諸多論述中，我想回應其中兩個重要的論點。這兩個論點可以大致歸納如下：一是1949年隨著國民政府退守台灣的一批大陸新儒家，在台灣維繫了中華文化精髓的傳承，而在東亞復興與重新尋路的今天，得以承擔儒家文化作為文明標竿的重任；二是國府撤退來台有如中國歷史上的永嘉南遷與宋室南渡對中國南方的意義，將中華文化（或說漢文化）的精華帶到原屬邊緣地帶的台灣，提升了台灣的文化水平，甚至讓台灣成為文化中心。

關於1949渡台的各種思潮

首先來談渡台的意義。楊教授的《1949禮讚》一書也提到中國自由主義者的渡台，但並非該書主旨。雖說就社會影響力而言，中國自由主義者如胡適、雷震、殷海光等人，所起的作用遠大於新儒家，不過在1960年代自由主義在台灣大力嗆聲之前，還有另外一個現代思潮就已經在對戰後台灣新生代起重大作用了，那就是國民黨的中華民族精神教育，用術語來說就是民族主義。

台灣戰後出身的幾代人，除了受到現代化衝擊下劫後餘生的台

灣民間漢文化傳統與習俗的薰陶外，基本上歷經了三種西方的現代思潮的衝擊：民族主義、自由主義與社會主義。雖然這三種思想都統括在國民黨的三民主義之中，但在五、六十年代的教育裡，對學生起最大作用的卻是民族主義。

民族主義對當時台灣的青少年能起大作用，是有其道理的。在日本殖民政府的歧視政策統治下，台灣人是較缺乏現代國家觀念的。日本帝國在其統治台灣末期，曾企圖以皇民化運動來灌輸國家觀念，但已是強弩之末，除了遺禍至今外，為時太遲而沒能收編台民。因此光復之初，大部分的台灣人雖不乏族群意識，卻較缺乏「國家觀念」，尤其相較於中國大陸歷經辛亥革命、五四運動、北伐統一到抗日戰爭，所形構成的「新中國」國家觀念及其相應的民族主義意識。

因此從1950年代開始，在普及的國民教育下的中華民族精神教育，是台灣人首次大規模的接受「國家觀念」的啟蒙。我說「啟蒙」，是因為這套中華民族話語確實是台灣戰後新生代，生命成長時突破童稚蒙昧的第一個啟蒙力量，是第一次精神初戀，是超越小我，追求大我的一個很給力的教育。台灣戰後新生代之必須從學校教育學得這種意識，乃因為這種東西不能從一般台灣家庭中獲得。在那個年代我經常聽到父執輩對社會一般「老百姓」的評語就是「無國家觀念」，國家那時是個進步的東西。而且這個啟蒙不只是觀念上的，還有諸多具體的政策措施在共同形塑，例如所有成年男子必須服兵役的這個「國民義務」，雖然其「軍中管教」問題一直被用來攻擊國府，但也對一般國民起了潛移默化的作用。

這個超越小我的國家意識是台灣青年學生在1963年發動「中國青年自覺運動」與1971年發動「保衛釣魚台運動」的動力基礎。可以說，在我青少年時期的六十年代，「恢復漢唐雄風」的想像是不

少同學的內在激勵，而這一點也不荒唐。然而弔詭地是，接受這個中華民族國家觀念的啟蒙初戀的我們這一代人，其中不少後來卻成為台獨建國的倡導者。他們顯然保留了內在的那份國家意識，而改頭換面擁抱「去中國化」的「台灣」，這足以顯示國民黨的這套不接地氣的民族精神與國家觀念是有嚴重缺陷的。

　　緊接著民族精神與國家觀念的啟蒙教育而來的，是渡台中國自由主義者如胡適、雷震、殷海光等人的自由民主思想，以及與此相呼應的美國現代化理論與相關思潮，總的說是自由主義的思潮。對於台灣戰後新生代而言，這是在國民黨的中華民族教育之後的第二次重大生命啟蒙，追求的不再是國族這種大集體，而是個體的解放與自我的發展。其中起重大作用的是殷海光、柏楊、李敖等人，與此相配合的是六十年代的出版榮景。此外美國新聞處也發行了大量印刷精美的中文圖書，用來宣揚美式民主自由、現代化理論、現代文學與前衛藝術。

　　殷海光的自由主義與個人主義、柏楊的反傳統（批判「醬缸文化」）以及李敖的個性解放與青年崇拜，十分契合台灣戰後新生代進入青少年反叛期的生命成長需求，以及他們在制式的學校管教與苦悶的聯考教育體制下尋找出路的渴望。這套可以籠統稱之為自由主義的思想體系隨著台灣的經濟發展，成為往後台灣政治與社會運動的重大推力與批判工具。1971年台灣大學保釣運動爆發之後，接著就是爭取學生言論自由、校園民主、學生會直選等學生運動[1]。經過那個氛圍洗禮的師生就接著投入黨外民主運動與社會運動，直到今天未曾稍歇。

　　當時隨著思想界對美國的開放，歐美六十年代青年運動的各種

---

[1]　請參閱拙作《青春之歌》，第五章（台北：聯經，2001）。

思潮，也透過各種管道滲入台灣，這些東西在少數的進步知識青年圈子起了不小作用。與此相關的也有一批渡台的國民黨左翼（指三十年代之後的），如胡秋原、鄭學稼、任卓宣等人，雖然勢力很小，發聲極微，但他們的著作也為台灣戰後新生代接觸社會主義左翼思想做了一些鋪路工作。此外就只有在光復之後，兩岸尚未完全隔絕之前的那幾年，也是「渡台」而來的一些大陸左翼圖書，後來就只能藏在一些舊書店與書攤裡，供有心讀者去挖掘。

　　然而對於社會主義左翼思想而言，在經過1950年代國民黨對中共地下黨的全面肅清之後，台灣基本上是個「缺了左眼」的社會，既沒有了渡海而來的左翼思想，日據時期的老台共也完全被斬斷傳承。因此在完全沒有工農運動的親美反共的環境中，戰後新生代知識青年要想接觸左翼思想，必須重新來過，這也要等到七十年代，在保釣運動與美國總統尼克森訪問北京這兩個重大事件的衝擊下，才有了可能。雖說這是戰後台灣知識青年的第三次啟蒙，但是這視野在當時戒嚴的環境下卻必須以十分隱諱與拐彎抹角的方式來表現，不像美式自由主義那樣可以公然宣揚，只能局限在少數進步分子圈內，因此就一直沒能在台灣社會形成一個強大的政治或社會運動。

　　這三大思潮——民族主義、自由主義與社會主義——正是西方現代啟蒙運動幾百年來的三大思想支柱，在戰後台灣藉由各種政治或社會載體，影響著台灣戰後的幾代知識分子。今天台灣的紛紛擾擾，不管統獨藍綠，也無論政治或社會運動，基本上脫離不了這三種西方啟蒙思想的籠罩、糾結與局限。在這些紛擾與困局中，楊教授的《1949禮讚》一書鄭重提出了渡台的新儒家能夠重新承擔的歷史使命，當然他的格局超越台灣一島，放眼整個中華文化圈，何況大陸的種種紛擾也脫離不了前述那三大西方現代啟蒙思想的糾纏。

但是如今新儒家能承擔起這個撥雲見日的任務嗎？

關於宋室南渡的比喻

再來談到南渡的意義。楊儒賓教授《1949禮讚》一書的另一個論點是將國民政府的退守台灣與宋室南渡做類比，即是將兩岸的分斷放在整個中國的大歷史來看，這點對於台獨運動將國府視為外來政權的說法是一絕對的挑戰。筆者十分心儀這麼一個歷史視野，也曾在2001年5月的一場文化研究學會與台社合辦的「為什麼大和解不／可能——省籍問題中的災難與希望」研討會中發表的回應文[2]中，提出過類似的視野，針對的雖非楊教授所談的文化層面，也是相關的族群問題：

> 關於本省外省和解是否可能的問題，我想先把場景拉寬拉深來看。陳光興把場景拉寬，從韓國談起，我就把場景拉深，從一千七百年前談起。南北朝時期，中原士族第一次大規模南移，他們先來到東吳，就是今天江南一帶，在那裡產生了所謂吳姓僑姓之別，吳姓指的是原來的東吳族群，僑姓就是新移入者，有如今天的本省外省。我們不清楚當時具體的問題為何，但一二百年後到了唐代這個問題也就不再存在了。那時移民到東吳一帶的中原士族，其中有一部分繼續南下，經過浙江來到福建，雖然我沒看到歷史上的記載，但相信也一樣有過閩姓僑姓之別。這種情況在歷史上多次發生，而且在同一地區，譬如江南

2　〈大和解如何可能〉，刊登於《台灣社會研究季刊》第43期（2001年9月），頁139-148。

與福建。隨著時間之流，他們不僅和解，而且連和解的痕跡現
在都看不到了。

　　這裡提到的是以永嘉南遷的意義來看1949事件其中族群的一
面，在這個歷史大視野下，我也想對楊教授的論點做些文化層面的
補充。

　　宋室南渡，或是類似的永嘉南遷，其文化意義主要在於隨著政
權的遷移到邊緣地區，屬於菁英的、中心的文化也被帶到邊緣地區，
而促成該邊緣地區文化的提升，甚至取代了已被破壞的中心而成為
新的文化中心。1949這一事件在歷史上有多大的文化遷移的成分，
是應該被審慎估量的，何況這又牽涉到「現代化」這一更巨大、更
長久的歷史事件的糾纏，以及政治立場的問題。不過無論如何，1949
事件還是具有宋室南渡的文化意義的。

　　首先要釐清的是1945年發生的事與1949事件的不同。沒有1945
年二戰結束後台灣回歸中國這一事件，當然也就談不上1949的意義
了。在1945事件之後，如果沒有1949國府遷台這件事，即假設國民
政府繼續在大陸執政（中共當時渡台統一的這另一假設，不在本文
討論範圍），台灣還會發生有如宋室南渡的文化意義嗎？應該不會。
被日本殖民五十年的台灣，雖然充斥著日本殖民式現代化的遺產，
但應該還會繼續處於中華文化的邊緣地帶，正如前清時期那樣。在
沒有東亞冷戰的那種條件下，台獨運動應該不成氣候。台灣人在現
代化的程度會高於大陸大部分地區，但以中華文化而言，應該繼續
處於邊緣。

　　因此，只有因為1949的國府南渡，才會有楊教授《1949禮讚》
一書所說的儒家文化的精髓隨著新儒家的渡台，而將中華文化的中
心移到了台灣，讓台灣不再是中華文化的邊緣，甚至還成為儒家復

興的基地。我想補充的是，1949事件若從讓台灣不再是中國的邊緣這個視野來看，其實有著比新儒家渡台更豐富的內容。例如前述所提的國府強調的民族主義國家觀念、渡台自由主義者帶來的民主自由理念等。此外我還想舉兩個例子，一是中國五四新文化運動在台灣的重演與複習，二是台灣人重新掌握了中文的論述與書寫能力。

「五四」在台灣的重演與複習

首先來談五四新文化運動在台灣的重演與複習。如今統獨難題的關鍵之一乃是，當中國大陸在甲午戰爭後歷經戊戌變法、辛亥革命、五四運動、北伐統一，乃至八年抗戰，這麼一條艱苦而自主的現代化之路，並塑造現代中國意識之時，台灣卻因乙未割讓而淪為日本的殖民地，基本上是不參與其中的，甚至最後還被迫站在對立面。而且台灣不僅不曾參與其中，還被日本殖民政府由上而下灌輸殖民式現代化觀念。

因此當戰後國府人員來接收台灣時，大部分台人對大陸來台人員及其經歷是陌生的，這也是二二八事件的背景因素之一。當然在台民五十年抗日歷史中，不乏心懷故國，對大陸發生的歷史亦步亦趨，甚至遠赴對岸投身參與者，而這部分基本上多屬左翼人士，卻在1949之後的白色恐怖中被撲滅或消音了，以致於未能在台灣社會為兩岸間的長期疏離起到彌合作用。然而1949年隨著國府來台的除了政府與部隊人員眷屬外，還有包括新儒家在內的不少文化界人士。其中的自由派與開明派人士，就在六十年代在讓台民重新認識中國上發揮了不小的作用。

我曾在〈台灣的文藝復興年代〉[3]一文裡如此描述：

1966年我上高中，一位初中時的國文老師給了我一本書，讓我
幾乎廢寢忘食地啃讀，那是前北大校長蔣夢麟的《西潮》。這
個五四時代人物的自傳，以親身的經歷重新鋪陳中西文化碰撞
的早期歷史。這是第一次讓我能超越教科書裡對五四的教條式
敘述，而從一個親身參與者的筆下，來認識五四年代前前後後
的社會巨變。

其實在1966年前後，台灣戰後新生代曾多方面地重新排演了
四、五十年前發生在海峽對岸的五四運動，等於是對五四運動
作了一次演練與必要的補課，而我那年讀到《西潮》這本書，
不過是其中一個情節。當時台灣在度過嚴酷的五十年代後，六
十年代出現了出版的榮景。不僅冒出很多新出版社像文星、水
牛、志文等，大量出版新書，包括在地的創作與外文的編譯；
更有很多大陸遷台的老出版社，如商務、世界、中華等，也將
大陸時期的舊書大批翻印出版。其中尤其是商務的「人人文
庫」，涵蓋了大陸時期二、三十年間的各種思潮與論戰。這套
人人文庫雖然印刷粗糙，字體模糊，但上課時小小一本正可隱
藏在課本後面，在枯燥的中學課堂裡，躲過講台上老師的眼光。
這些新舊出版物不僅讓青年學子大開眼界，還是一個非常重要
的對中國近現代史的補充教材。

對五四時期的補課，不只限於閱讀新舊書籍，甚至還以思想論
戰的方式實際發生了一次，即李敖以《文星》雜誌為基地所點

---

3 〈台灣的文藝復興年代──試論台灣六十年代的思想狀況〉，《思
   想》第4期，2007年1月。

燃的「中西文化論戰」。李敖當時以「全盤西化派」的姿態及
潑辣的文筆挑戰對手，他們的觀點與視野並沒超過大陸時期，
而且其中也充滿各自隱含的政治意圖，但卻無損於這是一次中
國現代化議題的實際論辯，無損於這是一次在台灣遲來的五四
的重演，即使這些補課與排演都必須限制在當時的親美反共的
思想框架之內，只能涵蓋到「五四」豐富意涵中的有限面向。
於是這些翻版的大陸舊書、這些與此論戰相關的各種論述與翻
譯，包括李敖與殷海光的一系列著作，構成了六十年代台灣知
識青年從中學到大學的思想成長背景。

以文藝復興來稱呼那個年代確實誇張，然而對在六十年代成長
的戰後台灣新生代而言，那時候的出版盛況以及衍生的各種論辯與
思想激盪，確實遠超乎我父執輩在日據時期所曾經歷的。從將兩岸
歷史的裂痕重新彌縫的意義上來看，這是與新儒家渡台而讓台灣成
為中華文化的新基地一事同等重大，而新儒家在台灣的發展，也必
須放在中國近代史在台灣的重溫這個條件下才有意義。當然，這件
事的缺憾還是我們在前面提到的，它只能在國府親美反共的框架下
發生。

台灣人重新掌握論述書寫能力

接下我們來談台灣戰後新生代重新掌握中文的論述書寫能力的
重大意義。今天台灣年輕一輩的人使用作為國語的現代白話中文來
論述書寫，都毫無問題，並無本省外省之分，也不輸大陸年輕人。
然而這在台灣並非自然形成，而且在百多年來的歷史中還曾經發生
過兩次論述書寫語言的大轉變，並曾造成兩代的失語人，即是我祖

父的與我父親的這兩個世代。

我祖父母屬於沒有受過日本殖民現代化教育的「前清遺老」，在他們這代人之中上過傳統學堂讀過書的，會以典雅閩南話或客家話等漢語方言來論述書寫，而不識字或識字不多的大部分勞動階層與婦女，則只能說一般的生活閩南語或客家話。我父親則屬於接受全套日本教育的乙未新生代，不曾上過漢文學堂，既不會寫文言文，也失去使用典雅閩南語來言說論辯的能力，然而他們卻因為從小開始的日本教育而學會了日語的論述書寫能力。當日語在那時成為唯一上層強勢語言時，我祖父輩面對他們操著日語的兒女時頓然就失語了，這是台灣失語的第一代人。

然而我父親這一代人雖然掌握了日語的論述書寫優勢，但是當1945年日本戰敗台灣回歸中國之後，他們的日語優勢也頓然失其憑依，尤其是後來面對學會了國語的台灣戰後新生代——即他們的子女——之時。他們是台灣失語的第二代人。我在多篇文章中論說過這個接連兩代人的失語處境[4]。

戰後新生代在沒能從他們的父母親學到可以用來論述書寫的典雅閩南語的情況下，只能從學校學習國語來發展自己的論述書寫能力。如今大家都怪國民政府剝奪了台灣人的母語能力，其實那有限的學校環境並不一定會影響一般人的生活母語能力，大部分台灣人回到家還是如常使用母語交談的。只是這種母語缺了論述書寫的那大一塊，因為使用日語的父母親在日據時期就已失去那個能力了。從語言現代化的觀點來說，台灣閩南語並沒能像我曾做過比較的香

4　〈台灣的認同問題與世代差異〉，《文化縱橫》2013年10月號；〈台灣人的國語經驗——尋回失去的論述能力〉，《思想》第7期，2007年11月。

港粵語那樣[5]，與時俱進發展成一套能夠涵蓋現代事物與概念的論述書寫語言。於是戰後新生代在這方面的唯一選擇就是學好已歷經數百年歷史發展，並且自我現代化了的現代白話中文——國語。

以北方官話為標準的國語和閩南語或客家話都屬漢語系統下的方言，只是因為歷史與政治因素，前者幾百年來被用作共通語。由於同屬漢語，在論述書寫上轉換其實不難，當然發音就另當別論了。因此台灣戰後新生代在教育體制的強制下，在渡台的思想與藝文人士的薰陶下，在豐富的白話文學與論述的出版品中，很快就掌握了國語這套作為論述與書寫的現代語言。不僅掌握了這套語言，還多所發揮，我在一篇文章如此提到[6]：

> 如此在光復之後，我們看到一批受過日本教育的老一輩作家，在1950年代開始就有文學作品出來。到了1960年代，新一代的台灣文學創作者更如雨後春筍，紛紛冒芽茁壯，甚至長成大樹。新一代的台灣文學創作者或許在發音上還是講不好「標準國語」，但寫出精彩的中文作品毫無問題。這個時代產生了陳映真、黃春明、季季、施叔青、王禎和、七等生、李昂等本省作家，甚至開創了「鄉土文學」的流派，引發風潮。當年初讀這些作家的作品，發現他們就正寫著當下在地的事物，而那個用來傳達當下在地情境的語言，除了一些地方口語外，竟就是從小學習的國語。國語如此已成為我們的文學表述語言了。
> 同時鄉土文學不僅是戰後台灣新生代學習國語的第一次文學高

5 〈關於東亞被殖民經驗的一些思考：台港韓三地被殖民歷史的比較〉，《思想》第28期，2015年5月。
6 〈台灣人的國語經驗——尋回失去的論述能力〉，《思想》第7期，2007年11月。

峰，也反過來對現代白話中文做出貢獻。現代白話中文在其幾
百年的成長過程中，必須不斷吸收各地的方言精華，才能成為
全中國的現代語言。台灣的鄉土文學作家在其文學創作中大量
引入方言母語的詞彙，呈現出豐富的生命情境，正是在繼續豐
富著國語做為文學的與生活的語言功能。

台灣鄉土文學對現代白話中文文學的貢獻有目共睹，國語作為
台灣人思想論述的語言工具則更早就呈現了，即是前述在六〇年代
發生的「中西文化論戰」，我在同一篇文章如此說起：

對五四時期的補課，不只限於閱讀新舊書籍，甚至還以思想論
戰的方式實際發生了一次，即李敖以《文星》雜誌為基地所點
燃的「中西文化論戰」。……其中很重要的另一個意義則是，
本省知識青年首次以國語為論述工具，參與了這場論戰。……
回溯光復後的歷史，即可清楚看到這個恢復的足跡。1950年代
還是個蟄伏過渡的時期，雖然《自由中國》緊扣著台灣的政經
情勢，但基本上還是來自大陸的知識分子在主導。到了1960年
代，就已經有不少本省籍知識青年，能夠純熟地運用國語來書
寫與論辯了。當文星雜誌引燃「中西文化論戰」時，諸多參與
論戰的殷海光弟子都是本省籍的，如何秀煌、許登源、洪成完
等。他們雖非主角，但都能洋洋灑灑、下筆成章，運用中文的
邏輯思辯能力，比起多是大陸渡台知名學者的對手如胡秋原、
徐復觀等，毫不遜色。在這裡，論辯的是非與結果只是其中一
面，而本省籍知識青年能無礙地以國語來論述、挑戰大陸渡台
學者，卻又是十分有象徵意義的。

　　自此而後，無論在「民族主義論戰」與「鄉土文學論戰」的七〇年代，還是政治與社會運動勃興的八〇年代，本省人掌握駕馭國語的能力已經不在話下，甚至如今太陽花運動的新生世代也只能用國語來論述辯駁。可以說，戰後台灣人重新掌握國語做為思想、言說與書寫的語言，是1949「宋室南渡」意義中的一大事件，唯有在此物質基礎上，各種思潮包括新儒家才有發展空間。當然如今在年輕一輩中，國語的普遍使用甚至取代了生活閩南語，這問題就不在本文的討論範圍了。

　　如前述同樣問題，若無1949，而只有1945，這種情況會發生嗎？應該是不太可能的。因為1949包含著退守台灣的國民政府的迫切感，以及隨著渡台的文化界、教育界的各種人士所形成的語言與文化環境。若只有1945，如前述台灣可能還會留在現代國語文化的邊緣地區。所以1949在這方面還是意義重大的。

　　以上所談只是1949意義的幾個方面，總的說，就長遠歷史來看，1949事件的豐富性是不能被目前藍綠統獨的爭鬥所局限的。

對新儒家的期待

　　最後讓我們回到前面提到的問題，在面對西方三大現代啟蒙思潮的進逼、籠罩與陷入困境之後，新儒家今天能夠承擔起撥雲見日的任務嗎？我們先來回顧一下1949年之後六十多年來新儒家在台灣曾經扮演過的角色。

　　在1949年跟著國民黨撤退來台的傳統文化人士，大略說來除了新儒家外，還有一貫道與佛教高僧等。這些人物與國府的關係，除了早期的一貫道外，大致相安無事。其中不少僧侶後來開創適應現代社會的「人間佛教」場域，在社會上形成巨大影響。相對而言，

在台灣的新儒家就比較局限在學院與文化界裡，而缺乏社會影響力。因而他們在當年追求「進步」的知識青年中就比較缺乏吸引力，也沒能形成具有改變社會的政治動能，在社會上一直有著「保守」的形象，被「進步」知青視為「落後」中國的苟延殘喘。

可以說，來台灣的新儒家這批人除了可數幾個外是不干政、不介入社會的。雖然有些新儒家在大陸時期曾經在政治思想上有過重要貢獻，比如張君勱關於民主社會主義的論述[7]，但從台灣思想與社會開始活躍的六十年代起，到政治與社會運動蓬勃發展的九十年代，我們甚少看到新儒家的人士投身其中。或許我孤陋寡聞，似乎只有從五十年代起就在台灣思想界活躍的徐復觀先生，曾經捲入幾個「戰役」。在六十年代初期李敖於《文星》雜誌捲起的中西文化論戰中，徐復觀介入論戰的對手是西化派的自由主義者，結盟者是前述的國民黨左翼。而在七十年代末期的鄉土文學論戰中，當陳映真等人的鄉土文學派初舉左翼旗幟，對抗有著政治資源的文學上的現代主義派，而陷入危險處境之際，徐復觀拔刀相助。這兩次論戰都不是單純的思想論戰，而與台灣後來的政治發展有密切關係，也都不是以新儒家為一方對手。或許當年台灣的環境讓新儒家難以施展身手，而徐復觀的參與只是他個性所致。

另外一個與新儒家有點關係的論戰是發生在1972年底台灣大學校園的「民族主義論戰」。1971年台大的保釣運動打開了學生爭取言論自由、校園民主與關懷社會的風潮，但接著美國總統尼克森改變對華策略，宣布訪問北京，而中華民國也隨著退出聯合國之際，國府遂陷入被孤立的恐慌中。在這種氣氛下，台大發生了「民族主義論戰」，與台大哲學系有關的一批保釣派師生遭到校園內的國民

7　感謝錢永祥補充這段信息。

黨、自由派與台獨派學生的文字圍剿，並被扣以「紅帽子」。那時唯一出面支援保釣派的同學是位提倡中國文化本位的「文化民族主義者」，如今想來他的思想資源應是與新儒家有關[8]。

　　舉出以上幾個例子主要想說，在六、七十年代台灣社會從思想到行動的轉折中，新儒家人士的活動除了少數個案外──或許是筆者孤陋寡聞，似乎只局限在思想界與學術圈。而從七十年代迄今幾十年來，台灣在各方面都歷經巨大變遷──改朝換代、兩岸離合、經濟興衰、社會轉型等，各方各派都使出渾身解數之力，參與到這一連串的變動與亂局之中。但似乎未見新儒家旗幟鮮明的介入，不論是以論述、入仕還是運動的方式。

　　儒家是要入世與干政的，儒家的理想是要在入世與干政中實現的。當然有時因為時不我與，只能沉潛收斂，尤其是台灣在這幾十年來主要是由上述那三大西方思潮在主導所謂「進步」的標竿，而國民黨及其被過度連結的「中華文化」，一起被這些「進步派」打入「封建落伍」的地獄，這種局面可以理解確實很難讓新儒家有個發揮的空間。

　　然而，如今在歷經新世紀波譎雲詭的世局變化，西方社會似乎已經耗盡了其思想資源，對當下的全球困局顯然也已力不從心，而台灣也在藍綠爭鬥不休的糾纏中看不到出路。在這樣的局面下，或許新儒家將如楊教授所期待的，在這番多年的保留火種與沉潛發展之後，終將能夠旗幟鮮明的出手，為東亞地區甚至全世界指出一條可行之路。但是，這還要有個條件，就是入世與干政，要能形成文化運動、社會運動，甚至政治運動。這是對新儒家的期許，如此也才不枉費1949的正面意義。但不管如何，筆者還是十分敬佩楊儒賓

8　請參閱拙作《青春之歌》第八章與第九章，台北：聯經，2001。

教授對1949事件提出這麼一個新視野的勇氣，也希望這麼個新視野能有助於我們走出兩岸如今的困局。

　　鄭鴻生，現從事寫作，著有《青春之歌》（2001）、《踏著李奧帕德的足跡》（2002）、《荒島遺事》（2005）、《百年離亂》（2006）、《母親的六十年洋裁歲月》（2010）、《尋找大範男孩》（2012）等。

中華文化的現代性難題：
從儒學的雙重性看《1949禮讚》

張道琪

　　早在1910年代，中國的知識分子即針對中華文化傳統與現代性的問題展開論戰，圍繞彼時帝制中國面對的危機，無論政治、經濟、社會、文化都需要新的改革。隨著中華民國的建立，舊的體制被摧毀，新的社會秩序建立，接下來的問題便是：新的中國是什麼？新的中國需要什麼樣的文化內容？面對過去深厚的文化內容，該留存什麼？割捨什麼？

　　關於文化存續的問題在中華民國發展的過程中討論不斷，從國體憲法的論戰、新文化運動，以及之後的大大小小論戰，知識分子們依自己秉持的知識體系提出主張，形成派系。這些知識分子除了是理論體系的提倡者之外，同時也是新的「中國」體制的建立者與參與者，比如新的憲法、金融體制、教育制度，以及各種新的產業。隨後連年戰爭帶來的巨變摧毀了正要步上軌道的中華民國，並以另一個「新中國」——中華人民共和國取代之。

　　在中國政治巨變中，文化的爭論並未止息之際，許多不認同立基於馬克思主義的中共的人，跟隨國民黨到台灣。從1949年之後至少五十年的時間，「台灣」作為「中華民國在台灣」，毫無疑問是現代化之後的「新中國」的一部分，主流論述在等待國際共產主義失敗的那一天，較有人道主義精神、尊重傳統的中華民國可以「反

攻大陸」，證明其選擇的文化論述在歷史上的成功。然而儘管1991
年蘇聯垮台，國際共產主義失敗，被分離的兩個中國卻不是像想像
中那樣自然的合而為一。弔詭的是，號稱「改革開放」後的中國不
再堅持共產主義的文化論述，政府開始重新討論起中國文化傳統、
討論儒學。然而在海峽這一岸的台灣，卻因為島內方興未艾的民主
運動和解殖論述，開始思考「自己是不是中國」。儘管社會文化的
認同不斷變動，政治的現實仍然擺在眼前，兩岸沒有統一，台灣也
不算獨立。存在於統獨之間的中華民國成為尷尬的存在，原本自命
為中華文化「正統」，擁有道德至高性的國家論述，轉而成為飄盪
於海峽之上的幽靈。然而，「幽靈」也有其貢獻與價值，甚至希望
就地轉生，落為具有實質意義的文明實體，挽回逐步走向滅亡的政
治命運。

《1949禮讚》內容摘要

　　楊儒賓教授的《1949禮讚》一書的主旨，正是重新詮釋1949以
來中華民國帶到台灣的學術和文化，希望重新建立「漢華文化」在
台灣的意義。楊教授認為，1949年不只給彼岸帶來了「新中國」，
也給台灣帶來了成為「新台灣」的契機。從這個觀點重新理解「中
華民國到台灣」的意義，就不再只是壓迫者與被壓迫者的關係，還
有移民帶來的文化融合與新生的契機。儘管這本書是對著當前台灣
社會而寫，其主要內容卻不是處理實際上的社會或文化議題，而是
嘗試把「中華民國」的論述與當前的台灣社會縫合在一起。
　　《1949禮讚》是一本文集，多半是作者在期刊上發表的短文或
活動講稿，不是以縝密的成套論述出現。如作者所言，這本書「只

是個人尋找自我定位的紀錄」[1]。這本書的出現，既是楊教授個人自我定位的追尋，也反映了其同代人的矛盾與掙扎。全書分成四個部份：1949論、1949與民國學術、1949與兩岸儒學、1949與清華大學。這樣的安排大致上可說是由大至小、由理論至現實。

在「1949論」的部分首先讚揚1949年對台灣的文化意義，把它放在漢人移民潮的脈絡之中。1949年來台的移民集團帶著整體中國格局的縮影，帶來了世界級的文物及中國頂級學術機構。作者認為這些珍貴的大陸因素如留在原有的土地，很難躲過中共從反右到文革等一連串的政治風暴；正是因為來到台灣，才到達了大陸與島嶼兩個地區都不曾發展出的文化高度。儘管1949年也帶來了歷史與政治的枷鎖，但台灣人的精神卻衝破了這些枷鎖，發揚出「比中國還中國，也比非中國還非中國的新華人文化面貌」。作者認為「1949的意義要在歷史走過一段路頭後，驀然回首，其豐饒的圖像才會經由苦痛的自我否定而顯現出來」。

順著這個論調往下展開，作者接下來談論民國學術。（本書中談及的「民國學術指的是包含1911到1949，以及1949年以後中華民國在台灣所建立的學術內涵。）面對複雜難解的中國／台灣情結，作者選擇的論述路徑是回到1945年光復之前的台灣，尋找台灣文化和中華民國的內在連結。處於日治時期的漢人具有強烈的「祖國情懷」，在日本人的壓迫下，隱藏的台灣意識與漢族或漢文化意識正在醞釀。作者認為，台灣意識的本質是基於現代國家系統建構下發展茁壯的政治意識，但是漢文化意識則是個文化概念，上可回溯到明鄭時期。台灣的「光復」本來可使台灣意識與漢文化意識作良好的連結，但1945年以降的施政不當摧毀了這樣的連結，中國逐漸被

1　見本書自序。

視為台灣意識的對立面。討論到這裡，作者其實沒有對1945甚至1949以降，台灣如何修復並重建漢文化意識作出清楚的解釋，只是模糊的說台灣意識成長於雙重結構的中華霸權格局之下。面對可能「解放台灣」的中華人民共和國威脅，白色恐怖對台灣文化和學術自由的壓迫是顯而易見的，但是台灣的人文力量卻穿透了白色恐怖的迷障，沿著「同族文化」的基本面發展成長。中華民國帶來了人員、文物、機構三大因素，豐沛的資源協助台灣的人文研究和主體性成長茁壯。作者認為：「1949此象徵年份引進的中國格局，不能只從政治權力的角度著眼，而當放在台灣四百年文化史的發展上，判斷此格局給台灣帶來了什麼樣的機會。筆者認為正是在『納中國於台灣』此一格局下，台灣的人文學術環境才有機會發生急遽的變化。」

「民國學術」其實是中共用來總結中華民國時期的學術發展的用語，共產黨持掌政權之後，批判、整編民國學術的內容，使得民國學術在原有的土地上憑空蒸發。然而若把民國學術的主流簡單劃分為文化傳統主義、自由主義、社會主義三大塊，歷經共產主義三十年實驗之後的中國大地，其實仍延續了這三塊思潮的激盪。中國改革開放後燃起很長時間的「民國熱」，即是藉由重新討論民國時期的學術內容，滿足對現實世界的不滿。彼岸的中國早已不用老套的共產黨語言面對中華文化；他們正在處理「中國性」的現代出路問題。台灣人民要與當代中國對話，不可能不用到這個詞語。作者認為，「中華文化」一詞的內涵是浮動的，這個詞語終會擺落民族主義的色彩，它的面貌會越來越本土，同時也越來越國際。如果消解了19世紀以來強烈的主權思維，累積了足夠傳統力量的台灣漢文化，其實也可以參與「中國文化夢」。作者甚至提到：「如果真有台灣參與在內的中國文化夢，台灣的政治糾結也許反而可以迎刃而

解。」[2]

接下來的第三部分，討論「1949與兩岸儒學」。在前面「民國學術」的部分，作者提及民國學術在當下中國持續發揮影響力，特別標舉了當代儒學在中國處理「現代性」議題上的作用，在「1949與兩岸儒學」這個部分就更深入的論述儒學如何以及應當如何在兩岸社會發揮影響力。1949年以後的台灣已經率先處理過了傳統文化和現代資本主義發展以及民主政治的問題，新儒家與自由主義者完成初步的整合，在實際經驗以及理論上雙重證明了民主轉型的可能性。作者認為儒學的傳統典籍中原本就有民主的原始理念，後續發展的儒學論述可以為社會自由提供資源，「儒家的民主生活」應該成為新台灣的理念。走筆至此，為了論證「新儒家」與台灣社會的現代化轉型之間的關係，作者開始回顧台灣現代化發展的歷史。作者特別提出1911年梁啟超訪台的事件，連接台灣儒學的政治現代性。彼時台灣人正處於日本殖民統治之下，台灣的知識分子需要建構一套論述用以對抗日本殖民統治。讀書人彼此組織，建立詩社，這些詩社與晚明東林黨、復社的性質接近，都是具有政治意識的文人結社。1911年，梁啟超受林獻堂之邀來台，與台灣學人多有交流，啟發林獻堂等人開始嘗試議會路線，在日人統治之下爭取民主自由。其後，1949年國民政府遷台，渡台新儒家開始在台灣講學，作者寫道：「島內的儒家傳統和大陸的儒家傳統也完成了整合，新儒家在台灣找到落實的立基處，台灣儒家實踐傳統也在大陸新儒學的挹注下，深化了儒學的內涵。」[3]

本書最後一個部分「1949與清華大學」，收了與清華大學有關

2　見本書162頁，〈台灣的創造力與中華文化夢〉篇。

3　見本書199頁，〈在台儒家與渡台儒家〉篇。

的四篇短文。清華大學正好是討論中國現代性的好例子，以庚子賠款退款成立的清華學堂，既是恥辱的象徵，也是光榮的象徵。作者認為，這是中國的兩種現代性的具體交涉，其一為反抗西方現代性，另一個是中國原生現代性的傳承。1949年一眾原清華大學師生隨國民政府遷台、復校，使民國時期的學術得以在台復興、傳承，並且在多年之後兩岸重新接觸之時，發揮文化影響力。

「新中國」與「新台灣」已然誕生？

整理本書的摘要之後，接下來筆者將提出閱讀此書所產生的疑問與想法。本書前序王德威教授特別點出：「台灣政治在太陽花運動後有了大翻轉。在反中成為時尚的此刻，本土的愛台的楊儒賓無疑甘冒大不韙，寫出統獨兩面都不討好的文字。」隱然有不解當今世道之意。太陽花運動是否對台灣政治形成大翻轉姑且不細論，作為「太陽花世代」的同輩者，倒是可以理解，為何被作者及其師友視為「常識」之論，不為年輕世代所接受。

首先，《1949禮讚》一書主要的立論是，肯定中華民國的價值，翻轉1949年的歷史意義，認為這一年的兩岸分治，正好是「新中國」與「新台灣」誕生的契機。然而我們要問，「新中國」真的降臨了嗎？「新台灣」真的誕生了嗎？分離「新」與「舊」之間，究竟依據什麼標準？

楊儒賓教授在本書中沒有對這個問題做明確的定義，不過按照楊教授這個脈絡的一般性理解，當共產中國在1978年宣告「改革開放」，不再堅持以共產主義改造社會開始，「中國」彷彿就從「鐵幕」中回來了。不過，讓我們回顧一下稍早之前國民黨統治的中華民國如何論述中共：「毛共匪幫是中華民國的一個叛亂集團，對內

殘害人民,罪惡如山,乃全中國人民尤其是大陸上七億同胞之公敵;
對外肆行顛覆侵略,為聯合國所裁定之侵略者。」[4]中華民國政權用
來論述中華人民共和國之所以為「匪」,並不是中共依據共產主義
理念執政的成敗(他們早已認定共產主義必定失敗),而是其對人
民的統治方式,以及對外的侵略性質。換言之,即是以「民主」和
「自由」作為中華民國與中華人民共和國最大的區別,改革開放後
的中國顯然走的不是這條路。歷經十年的經濟初步改革之後,1989
年爆發了八九民運,希望推動中國政治改革,最後卻導致了六四天
安門事件的悲劇,自此二十餘年中國埋首推動經濟發展,壓制民間
力量,鞏固專制統治。幾十年看下來,「中華人民共和國」不只沒
有像許多人期盼的隨著經濟發展越來越民主、尊重傳統文化;相反
的,越來越多人談論起當今中國與古老中華帝國的相似處,社會資
源由有權集團壟斷,宮廷政治興起,吏治腐敗。中國不但沒有變
「新」,反而披著現代經濟的外衣,走回帝國統治的「老」路上。

　　那麼,在海峽的這一側,新台灣是否已然誕生?按照本書的論
述方式,台灣在中華民國到來之前只是一個不具主體意識的地方,
中華民國1949年的到來帶給台灣具有主體意識和國家體制的機會,
而正好因為中華民國在實質統治疆域上與台灣完全重疊,才「在一
種更深層也更悠遠的意義上,新台灣從此誕生」[5]。如果以追求台灣
主體性脈絡的語言來說,所謂「更深層也更悠遠的意義」,就是「沒
有壓迫,就沒有所謂『台灣人意識』」[6]。「中華民國」在台灣人的
「獨立」意識產生過程中扮演的角色並不是親切的同族同胞,而是

4　1971年10月26日,〈中華民國退出聯合國告全國同胞書〉。

5　見本書頁32,〈1949的禮讚〉篇。

6　許曹德,《許曹德回憶錄》。

重演殖民角色的壓迫者，至少在台灣解嚴、開放民主選舉之前，扮演的都是這個角色。理論上作為同文同種的華人政權，卻做了與其他異族統治者類似的事，在長期受壓迫的歷史當中，台灣人終於意識到自己不可能作為其他任何國家的一部分，必須自主自立。那麼，回過頭看，如果沒有中華民國，或者不是中華民國，台灣意識是否就不會產生？

本書盛讚的日治時期漢人結社文化，他們成立的組織名稱就叫「台灣文化協會」、「台灣民眾黨」，為了對抗日本殖民統治，台灣意識早已萌芽，與中華民國是否到來並沒有必然的關係。至於中華民國是否賦予台灣成為獨立國家的契機，其實是個更複雜的問題：從台灣人自己的理解，台灣作為中華民國，是一個確實存在的政治實體；但是作為中華人民共和國的中國一方面不承認中華民國作為另一個中國的可能性，另一方面也不認為台灣／中華民國是獨立於中（華人民共和）國之外的政治實體。不只是不承認，中華人民共和國從來不放棄消滅台灣／中華民國存在的空間。而「中華民國」在民主化之前未曾以台灣的角度思考這塊土地的未來，在民主化之後也很難務實的以台灣為主體實行政策。從這個角度看，「新台灣」不只未曾在1949的格局下催生而出；相反的，從1949年開始，台灣就被鑲嵌進兩個中國政權相爭的結構之中，難以獲得新生。

「1949論」的弔詭之處便在於此，嘗試論證中華民國代表的「漢華文化」的價值，其實是從雙重否定的結構中推出。中華人民共和國擊敗中華民國，卻不能完全消滅中華民國所推崇的文化價值；中華人民共和國自身的失敗，證明了中華民國做為失敗者的成功；台灣民主價值的確立，也反證了1949年潰逃到台灣的失敗事件之成功。所謂「塞翁失馬，焉知非福」好像可以用來形容中華民國作為政權的成敗，然而「1949論」並非繫於已確立的事實，而是仰仗充

滿變動性的國際局勢。「新中國」或「新台灣」並沒有在1949年時斷然出現；無論在政治上或文化上，從1949至今，兩者都仍在追求自己未來的道路上掙扎前進。

民國學術與兩岸學術自由

　　至於民國學術，民國時期（此指1911~1949）通常被認為學術自由、大師輩出，在許多方面都有突破性的發展。民國時期眾學者的學術成就，以今日發展更完整的學科體系來看，並不是不可超越的高度；但是回到當時的物質條件，他們確實創造了難能可貴的成績。

　　無論學術成就如何，學術的發展與社會環境背景有很大的關係，社會文化和政治影響力也會對學術的內容和偏好形成影響力。在思想自由或具多重典範的社會裡學術或文化較容易有豐富的內容，如果政治上傾向維持統一思想，在文化上排他性高，就不容易發展出豐富的學術內容。以中國漫長的歷史來說，從春秋戰國時期的百家爭鳴到秦漢大一統王朝之後獨尊其中一家思想，從外在的角度來看，就是政治形塑學術的證明之一。而科舉考試制度形成，又限制科考內容於四書五經之後，許多讀書人窮盡一生精力鑽研幾本聖賢書，失去了從廣闊的世界學習的機會。縱然古時亦有不少讀書人深知帝王統治和科舉制度對讀書人造成的影響，卻缺乏根本反省整套社會文化制度的機會，儘管可以在文化上多加批判，在帝制中國的背景下卻沒有機會改造這套制度。直到民國成立後，在推翻帝制、新的政治運作模式尚未穩定之時，才出現了鬆綁的機會。新時代的讀書人可以在多元的教育體制下接受教育，無論是舊式學堂，洋務運動時成立的各式專門學堂，新式的中學、大學，乃至於出國留學，有機會接觸到除了修身齊家的道德論述和傳統經典之外的學

術內容。以這些接受過新式教育的知識分子為底，才有機會發展出
新文化運動，改變傳統文化對社會的影響力。而從晚清開始大眾傳
播方式的改變、新的城市文化興起等，也促使民國時期的社會文化
呈現多元繽紛的面貌。

　　經過連年的戰爭，兩岸分治之後，中國大陸的學術與社會文化
經過不斷的政治運動和制度改革，逐步被改變成社會主義社會的風
貌。改革開放後，大專院校調整回原本的綜合型大學，對社會團體
的控制一度降低，但是中共從來沒有放棄思想掌控。中共發展出來
的意識型態管理方式遠勝中華帝國時期，一方面打造政治教材，透
過大學的黨支部掌握人事行政權，利用共青團掌控菁英學生；另一
方面，在習近平上台之後，開始加強對社會團體和名人的管控，各
類民間組織和宗教團體都在逐步打壓的清單之中。在這樣的情況
下，學術和文化的發展都必須在無害政權維持的前提下進行，要追
求更深遠的學術或文化，可謂難如登天。楊儒賓教授在書中談到，
「台灣可以用台灣文化實體化中國文化，以中國文化實體化中國
夢，這種抉擇應該會有豐沛的歷史動能的。如果真有台灣參與在內
的中國文化夢，台灣的政治糾結也許反可以迎刃而解。[7]」把這段話
具體的講出來，其實就是希望台灣能激發中國內部的文化發展，發
展出與中共官方思維不同的中國文化。這樣的提法之對話的對象，
應該是在中國大陸的知識分子，以及全盤否定「台灣」中有中國文
化成分的人，希望他們認識並發展中華文化中光明的那一面，作為
鼓舞未來發展的論述。但事情顯然沒有這麼容易，「民國熱」熱到
一定程度，終須面對與官方意識形態的鬥爭[8]。

7　本書頁162，〈台灣的創造力與中華文化夢〉篇。
8　如遭中共控制的媒體將民國熱批評為「對歷史的侮辱」，再次定調

關於民國學術如何在台灣／中華民國的環境中繼續發展、發揚光大，《1949禮讚》中的提法有些過度推論，並且忽略了政治和社會層面的影響。在中國的現代國家化發展過程中，中華民國從未放棄進行對出版物的審查與控制，也是第一個運用監禁、暗殺等手段對付與主政者思想不同者的現代化國家機器。1949年到台灣之後，蔣氏政權繼續運用這種手段治理台灣社會，白色恐怖不僅是呼應世界冷戰格局的產物，也是蔣氏政權一貫以來對應異己的做法。「民國學術」的輝煌成就並不是中華民國的附屬品，反而是「民國時期」在中國的學者和文化人，根據他們自己對國家社會的關懷所發展出來的學術成就；「中華民國」作為國家機器，對當時的學術發展不見得是友善的。「民國學術」的成就，與其說是在1949後的「中華民國」的環境下成長茁壯，不如說「中華民國」限制了這些學術和文化內容的傳播和影響力；如果沒有台灣學者和文化人的加入，和對民主自由追求的長期社會運動，「民國學術」至今仍可能在國家機器的宰制下勉強生存，難以發揮更多更深遠的影響力。

兩岸儒學與傳統文化的現代化

現代化的議題十分複雜，經濟的轉型、社會制度的改變、文化模式的轉變同時發生，交互應響，產生複雜的變化與結果。《1949禮讚》書中關於傳統思想現代化的討論主要集中在兩岸新儒家的發展。以往談當代新儒家比較著重於「渡台儒家」的發展，這本書比較特別的地方在於提出了一套論述，把台灣儒家實踐傳統和大陸新

（續）──────────

國民黨政權在歷史上的腐敗性 http://opinion.huanqiu.com/editorial/2014-10/5161367.html

儒學連結在一起。作者認為梁啟超訪台的「二二八事件」以及其後的議會運動路線對台灣儒學實踐影響重大，而這些參與者及其後代組成的「櫟社」與大陸渡台儒家往來密切，因而促進儒學發展的融合及深化。

就目前歷史學一般性的看法，台灣的士人結社文化和反抗運動自成脈絡，梁啟超訪台講學的確鼓舞了一部分當時的士人，但是要將這件事情當作中國大陸新儒學的「體外受孕」就太牽強了。以當時的背景來說，「台灣文化協會」鼓吹「助長台灣文化」（以當時背景來說就是以漢人為主的漢文化），「議會設置請願運動」向梁啟超「取經」，都是用來對抗日人統治的思想工具。到了日治末期，議會路線已被證明不可行，左翼的台灣共產黨也被瓦解，幸好日本在二戰中終於戰敗，台灣人抱著「簞食壺漿以迎王師」的心情期待中華民國的到來，但是接下來的統治卻讓台灣人大失所望，無論是二二八事件還是1950年代以降的白色恐怖，都是處在政治的轄制之中。到了這個階段，在台灣的「在台儒家」與「渡台儒家」身處相同的環境之下，但是彼此的心境卻有不少差異。

楊教授在本書中轉述徐復觀先生的學生洪銘水教授的話道[9]：「從二二八事件以後，台灣居民在心態上可謂一國兩制，氛圍始終尷尬。徐先生當時未曾擔任一官半職，他不需要承擔國民黨執政之失的責任，但他在情感上覺得需要這樣做。」綜觀當時的文人學者及諸多知名人士，有這種心情的當不在少數；即使難以影響政局，在情感上他們仍然感覺需要為政治的成敗負責。問題是：這種情感是如何產生的？這種情感如何影響他們面對現實政治的變化？時至今日，或許仍然有不少儒者陷於這種情境之中，也影響了他們對現

9　本書頁203，〈在台儒家與渡台儒家〉篇。

實的看法。

　　1980年代時，台灣社會興起了一股普遍討論「儒家文化可否發展資本主義」的風潮。對應當時台灣經濟起飛，許多學者舉辦了大量的研討會，撰寫無數的文章，以亞洲四小龍的經濟成功證明儒家文化可以成功發展資本主義，這樣的「成功」對應的是1949年以前資本主義在亞洲各國的「失敗」。然而中國經歷漫長的改革開放，每年經濟都高速增長，2000年以後就有人認為「中國崛起」，而後中共在2012年十八大時開始重新討論起「中國模式」，認為「中國模式」證明中國發展「具有中國特色的社會主義」的成功。

　　無論是1980年代「東亞模式」中關於「儒家資本主義」的討論，還是2012年後「中國模式」中關於中國文化內涵的討論，「儒家」這兩個字都是作為一個話頭出現，因為用法太過廣泛，而難以真正界定這個詞的意思。在這個過程中，中國政府沒有隨著經濟發展讓出社會空間，讓人們自由交流思想，反而是透過各種嚴密而細緻的手段，讓人們服膺於政府的喜好。改革開放以後的中國政府失去了詮釋社會主義的正當性，開始尋找另外一套語言系統鞏固其統治的合理性，與傳統專制帝制共存兩千餘年的儒家文化正好符合其需求。港台新儒家的後人在1990年代開始進入中國講學，除了傳遞港台新儒家對傳統經典的認識之外，也傳遞了對民主自由的看法，並與中國的學者互有往來。2004年起，中國政府在世界各地大力推廣孔子學院，教學中文的同時幫助世界了解中國的文化及意識型態。同時中國國內也有越來越多人投入研究傳統、詮釋傳統文化在今日扮演的角色以及應該扮演什麼樣的角色，他們稱自己為中國的「新儒家」。中國的新儒家與港台新儒家雖然多有往來，但對於傳統文化現代化的發展方向看法有許多的差異。

　　部分中國新儒家明確的反對自由、平等、民主等普世價值，並

且藉由重新詮釋傳統經典，合理化目前中國的專制統治。在處理政
治哲學時，中國新儒家很少評論統治者，反而是較多談如何教化百
姓、改善世風等問題。有些學者重提「公羊學」，要託古改制改變
當今的政治問題，但是在現實上沒有實現的可能，學者們也沒有實
行推廣的意思。當遇到中外人士具體評論中國的問題時，中國的新
儒家又會跳出來為「中國」辯護，也難怪作為牟宗三弟子的李明輝
教授會在接受中國媒體採訪時直接了當的說：「我不認同『大陸新
儒家』。[10]」對於當前提倡傳統文化的人來說，真正的問題其實不
是傳統文化，而是在詮釋及發揚傳統文化時，面對的現代價值選擇。

面對現實：作為統治工具或公民文化的當代儒學

　　總體來說，《1949禮讚》一書嘗試重建中華民國到台灣的歷史
意義，藉此在「反中」情緒蔓延的今日，重新強調中華文化傳統在
台灣的重要，重建「漢華文化」的意義。雖然楊儒賓教授一再強調
文化穿透政治力量的重要，但是這種「文化」的提法充滿對政治語
言的呼應，表面看似文化論述，其實仍然是政治思想的表達。

　　有個形容台灣年輕世代國家認同的詞彙「天然獨」，意指年輕
世代自然認同台灣是個主權獨立的國家。有別於上個世代的「當然
統」，他們不再認為自己必然與中國血脈相連。以筆者在中學任教
的經驗來看，隨著學生一屆屆過去，他們「天然獨」的成份明顯越
來越高。這個現象與教育體系不見得有關，而是他們在探索世界的
過程中自然感受到的「邊界」。強行灌輸他們「必須繼承中華文化」

10　《澎湃新聞》，2015/1/24，〈專訪台灣儒家李明輝：我不認同「大
　　陸新儒家」〉。

的概念是很奇怪的，但是在日常生活中他們很自然的吸收各種文化，並無礙於理解歷史、世界和自身的位置。與失落的認同相較，更大的問題是如何讓他們對文化產生「品味」，而非流於粗暴俚俗。

　　另外一個值得討論的有趣現象是，隨著台灣社會嫁娶外籍配偶的比例增高，有些孩子的童年時代是在中國或東南亞鄉間度過的，他們如何理解「中華文化」和「台灣」呢？有個孩子是這樣展現他的世界觀的。某一回他不小心碰歪了懸掛在教室黑板上方的國父像，其他同學一直罵他，要他把照片扶正，他生氣的大喊：「那是你的國父，不是我的！為什麼那麼兇！」

　　對於當前持續發展中的台灣文化而言，本來就不可能自絕於中華文化傳統或中華民國帶來的文化影響，不過在社會持續涵化蘊生的同時，現實社會和政治的抉擇本來就會影響文化發展的方向。對於一直以來擁護中華民國建立的文化價值作為台灣社會主流的人來說，最大的困難就是必須承認這種文化價值不再是台灣社會的主流。過去中華民國曾經嘗試以武力或國際政治角力影響中國大陸的政治發展，兩岸開放交流後又轉以文化論述和經濟發展影響中國大陸，但事實證明中國具有他們自己的主體性和生命力，對於外在的影響，即使是血緣相近文化相同者，也不可能全盤接收，反而會依照目前現實去選擇接受哪些部分。如此一來，在台灣談論以中華文化打造「文化中國」夢，其實就沒有太大的意義，在台灣和中國大陸兩邊雙重的不符所需。

　　回到傳統文化的現代化議題，如果把儒學當作是傳統文化的代表，當代儒學面對的問題是，究竟要發展傳統儒學的哪一部分用以「現代化」？如果發展用道德修養統治百姓的那部分而不提其他部分，很容易變成當權者的統治工具；而如果發展眾多儒者自我教育、互相討論的精神，其實就是當代的公民文化。如此一來，其實也不

用擔心「中華文化」的滅絕了。

張道琪,中學國文教師、國立清華大學社會所中國研究組研究生。

致讀者

　　我們都活在時代之中，但每個人捲入時代的大小深淺有別。在這一代的台灣知識人之間，林孝信比多數人都更與時代同脈動。從60年代末期開始，他無私地投身多個陣線上的反抗，一身畫出了台灣社會數十年來求變的軌跡。幾年前《思想》編委王智明已對他做過訪談，但雙方都以為未定之稿尚待後續補充，所以並未立即發表。未料孝信突然去世，雖然還有無數問題有待與他對話商榷，如今也只能啟用這篇未定之稿紀念他的未酬壯志。個體生命有限，但人間的進步事業不會告終。相信這篇訪談對於無數繼起者會有啟發。

　　本期同時發表梁曉燕女士的訪談，呈現了另一位在介入之中思考、反省時代的傑出人物。二十餘年來，曉燕在中國大陸民間致力耕耘文化、環保、農村教育等議題，積極培育民間的自我組織能力，在一個「後極權」的荒蕪環境中催生社會力量。她有關公民社會與民間力量的思考兼顧政治改革與社會發育，她的行動倫理則強調「生活」應有的豐富內容，均見其深刻之處，發人省思，值得參考。

　　在台灣的文化組成中，宗教與信仰占有莫大的分量；即便無心的遊客，也會注意到城鄉街巷觸目即是的宗教盛況。但在《思想》這樣一份介入社會的文化刊物上，關於宗教的討論卻一直不足。感謝編委汪宏倫的努力，又獲得中研院社會學所齊偉先教授大力協助，本期推出「宗教的現代變貌」專輯。專輯四篇文章所探討的政教關係、廟宇系譜、慈善事業等現象，都是當前台灣宗教生活的核心爭議。我們盼望今後能繼續開發與宗教有關的深入討論。

　　今年是中國的無產階級文化大革命五十週年。1966年5月16日，中共發布了《五一六通知》，史家視為文化大革命的正式開端，自此十年翻騰，對中國、對中共、對國際共運都造成了莫大的衝擊，對當時瀰漫世界各地的反抗意識也產生可觀的影響。這場空前的「革命」（或者「浩劫」）的教訓深遠，不能聽任官方的失憶政策加以掩蓋湮滅。去年底《思想》開始約請作者回顧文革的不同面向，將陸續發表。本期朱學勤以長篇書評的形式談上海文革，即是第一篇。朱學勤先生與夫人當時分別是初、高中學生，從文革初起就捲入浪濤，對文革十年歷程有切身的經歷；事後又與文革造反派交往，對那個時代及其「造反」的政治，多有深刻的反思。

　　楊儒賓的《1949禮讚》提出了一套與眾不同的台灣史觀，雖然爭議性大，但對於當前幾種主流論述均形同臥榻之側異軍突起的挑戰，思想解放的意義不可輕估。我們推出「反思1949史觀」專輯，即是想要在這個涉及歷史與認同的大問題上促成健康的爭論。話說回來，台灣的主體性當然並非能由檯面上的「大」文化論述所窮盡；無論新儒家、自由主義、國民黨的大中國民族主義，以及地下的左翼與地面的本土意識，都是今日台灣自我意識的關鍵成分。不過這些因素如何競爭傾軋，如何相互滲透與排擠，最後又如何在無奈之中勉強共存甚至彼此借鑑，這個過程可能才是台灣歷史最突出的「加法」性格所在。換言之，在來源的多元之外，一種強調社會集體學習過程的角度，對理解台灣的歷史軌跡，也是值得列入考慮的。

編　者
2016年初夏

思想30
宗教的現代變貌

2016年5月初版　　　　　　　　　　　　　　　定價：新臺幣360元
有著作權・翻印必究
Printed in Taiwan.

著　　　者　思　想　編　委　會
總　編　輯　胡　金　倫
總　經　理　羅　國　俊
發　行　人　林　載　爵

出　版　者　聯經出版事業股份有限公司　　叢書主編　沙　淑　芬
地　　　址　台北市基隆路一段180號4樓　　封面設計　蔡　婕　岑
編輯部地址　台北市基隆路一段180號4樓　　校　　對　劉　佳　奇
叢書主編電話　(02)87876242轉212
台北聯經書房　台北市新生南路三段94號
電　　　話　(02)23620308
台中分公司　台中市北區崇德路一段198號
暨門市電話　(04)22312023
台中電子信箱　e-mail：linking2@ms42.hinet.net
郵政劃撥帳戶第0100559-3號
郵撥電話　(02)23620308
印　刷　者　世和印製企業有限公司
總　經　銷　聯合發行股份有限公司
發　行　所　新北市新店區寶橋路235巷6弄6號2樓
電　　　話　(02)29178022

行政院新聞局出版事業登記證局版臺業字第0130號

本書如有缺頁，破損，倒裝請寄回台北聯經書房更換。　　ISBN 978-957-08-4733-8 (平裝)
聯經網址：www.linkingbooks.com.tw
電子信箱：linking@udngroup.com

國家圖書館出版品預行編目資料

宗教的現代變貌/思想編委會編著．
初版．臺北市．聯經．2016年5月（民105年）．
360面．14.8×21公分（思想：30）
ISBN　978-957-08-4733-8（平裝）

1.學術思想　2.文集

110.7　　　　　　　　　　　　　　105007347